JN315141

銀嶺に向かって歌え

クライマー小川登喜男伝

深野稔生

みすず書房

書斎の小川登喜男。「1930. 9 月」の日付（小川のアルバム）

小川が描いた山の油絵（三号）。
徳本峠から見た明神岳(右)と岳沢から望む穂高岳のようだ

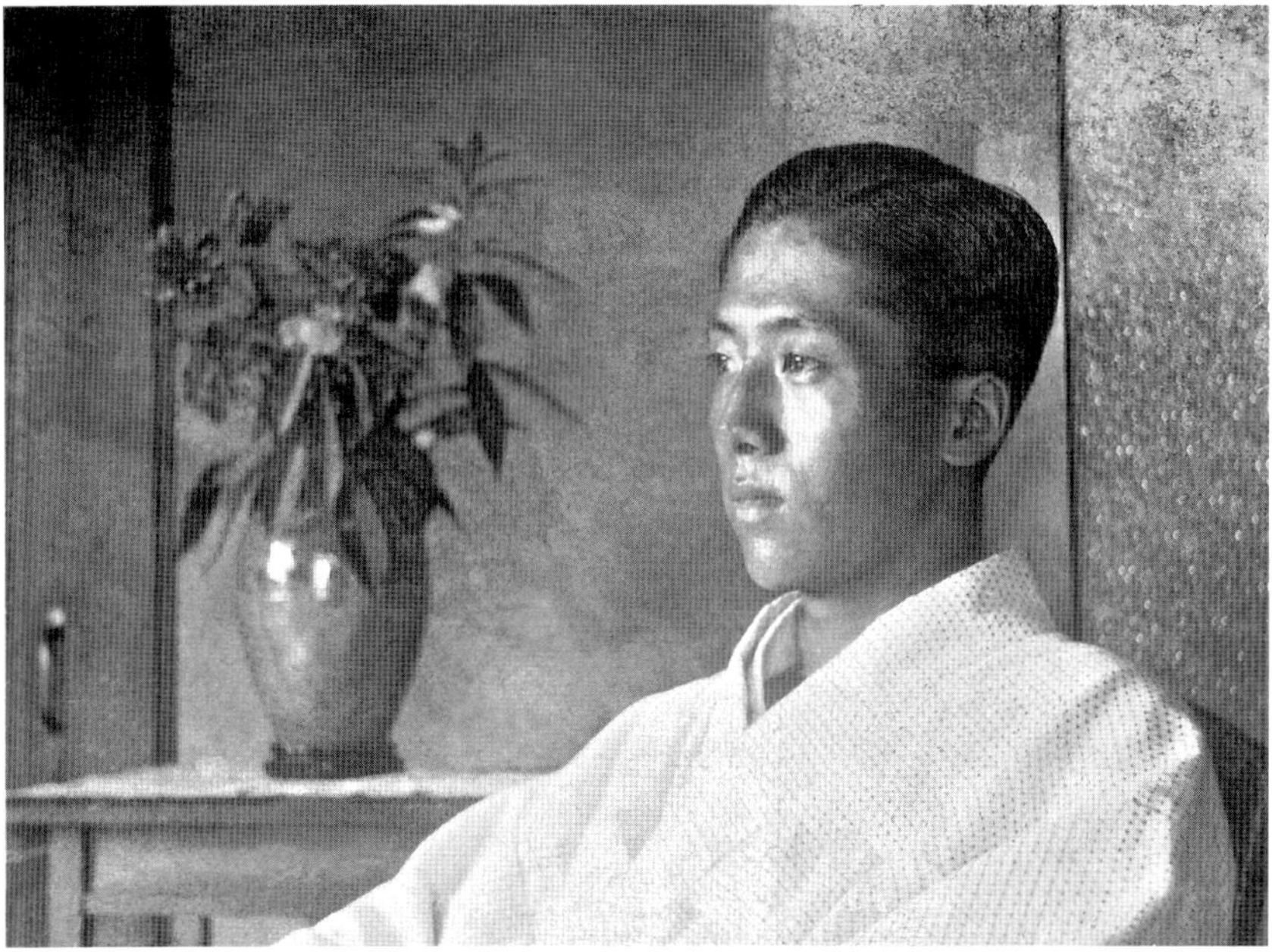

麻の蚊絣を羽織って決めた、在りし日の小川。小川が着て涼んでいるのは細い麻糸を平織りした上等な上布と思われ襦袢の半襟が覗く。1930年8月4日の日付があるところから、22歳になったばかり。谷川岳奥壁初登攀の約ひと月後の肖像（小川のアルバム）

銀嶺に向かって歌え――クライマー小川登喜男伝◇目次

■用語解説

アルバイト（独・Arbeit　登山では労力、苦労を意味する俗語）
アンカーレッジ（英・確保用の足場として使える岩棚）
アンザイレン（独・確保のためにザイルで相互の身体を結びあうこと）
アンセム（anthem 聖歌、賛歌）
ウインド・クラスト（英・風で硬く凍結した雪面）
おかん（登山俗語・着の身着のままの野宿、露営）
オーバーハング（英・傾斜角度が垂直以上の岩壁）
カラビナ（独・バネ式の開閉部がある安全環）
ガリー（英・岩壁に食い込む急な岩溝）、クーロアール（仏）ルンゼ（独）とほぼ同じ
カールボーデン（独・圏谷底）
カンテ（独・岩角、岩稜）
クラック（英・身体の入らない煙突状の岩の裂け目、割れ目）
カミーン（独・身体の入らない煙突状の岩の裂け目）
ワイドクラック（英・身体の入る程度の岩の裂け目）
クレバス（英・仏・氷河や雪渓の深い亀裂）
コル（仏・山のたわんだ凹所、鞍部）
ザイル（独・登攀用ロープ）、ロープ（英）
ザイテングラート（独・側稜。穂高では涸沢から登る岩稜の固有名詞）
シール、シールスキン（アザラシの毛皮。スキーの裏に貼りつけて後滑りを防ぐ）
ジャンダルム（仏・主峰を守る衛兵のような岩峰。穂高や劔岳に固有名詞の岩峰がある）
シュカブラ（強風によって雪の表面にできる硬い波状の文様）
シュリンゲ（独・補助ロープやテープをリング状に結んだもの）
ショルダー（メンバーの膝や肩を足場として難場を越える方法）
スラブ（英・一枚岩）
セラック（仏・氷河や雪渓が崩壊してできる氷の塔）
ゾンメルシー（独・短くて幅の広い残雪期使用のスキー）
チムニー（英・身体が入るほどの煙突状の岩の裂け目）
チョックストン（岩の裂け目や狭い谷に挟まった岩石）
ツァッケ（独・アイゼンの爪）
ツェルトザック（独・簡易用の非常テント）
デブリ（仏・英・雪崩によって堆積した雪塊）
トマの耳（谷川岳の頂上部は二峰に分かれそれぞれトマの耳、オキの耳と呼ばれる）

トラバース（英・岩場の横断）
ナイフエッジ（英・ナイフのように鋭い岩角）
ナーゲルシュー（独・靴底に鋲を打った靴。鋲靴）
野しゃがみ（不時露営）

バック・アンド・フット（煙突状に割れた岩場を背中と足を突っ張って登る技術）
バック・アンド・ニー（煙突状に割れた岩場を背中と膝を突っ張って登る技術）
ハーケン（独・岩の割れ目に打ち込む金属性の楔、ピトン）
ハイマート（独・Heimat　生まれ故郷）
ビヴァーク（独・露営、不時露営と予定の簡易露営がある）
バンド（英・岩棚）
ピトン（仏・岩の割れ目に打ち込む金属性の楔、ハーケン）
フィンガージャム（クラックに入れた指を摩擦にして登る技術）
フリクション（英・摩擦）
プロテクション（英・確保用支点）
ラントクルフト（独・氷河や雪渓と谷壁とのあいだにできた亀裂）
リス（ハーケンが打ち込めるほどの岩の割れ目）
リッジ（英・岩稜）
リッペ（独・肋稜。岩壁上に突き出た稜状の急な岩）
リングワンデルング（方向感覚を失い円形に堂堂めぐりすること）
リンネ（独・仏・山頂に向かって食い込む急な岩溝。ルンゼ）
ルンゼ（独・岩壁に食い込む急な岩溝）、ガリー、クーロアールと同じ

第一話　国境稜線に立つ――一九三〇年夏

七月一七日、キスリングに汗をしぼられ

風の音ではなかった。霧が雨粒に姿を変えて襲ってきたのだ。灰色の岩肌が血に染まるように黒変してゆく。鉄箱に雷鳴が反響した。無数の飛沫が壁にたたきつけ、閃光とともに暗い虚空へと躍り込んでいった。

大降りのなかを動くのは危険だった。見えない下方を確保したまま、小川はつま先立ちの足場を確かめた。誰かの動きを感じるたびに、はっとしてロープを引き締める。田名部も高木もさぞかし窮屈な思いをしているだろう。

一ノ倉沢の奥壁に取りついてから八時間が経つ。雨の洗礼をひとしきり受けたあと、少しは動ける状態になった。沈殿した霧に目をこらしながら、小川は不思議と快い放心を味わっていた。

きのうは湯檜曽《ゆびそ》の温泉場を出たのが、午後一時半。照りつける太陽の下、カサ高い麻ロープや天幕で重くなったキスリングザックに汗をしぼられ、延々と歩いてきた。トンネル工事のトロッコ道を歩

くのも煩わしく、口をきくのも億劫だった。おまけに土合の飯場では一升あまりの米を譲ってもらうのに時間を費やし、一ノ倉沢が見える地点に着いたのは夕刻四時をまわっていた。

田名部がうめいた。おい、すごいぞ……。正面奥に見える壁は、稜線まで千メートルはありそうだ。沈んだ森のはるか上方、圧倒的な岩の大伽藍がげっそりとそげ落ち、虚構の壁画のように立ちはだかっていた。岩壁は銀灰色をまとい、夏の開放的な残照にさえ陰鬱な表情を隠さなかった。三人は天幕を張るのも忘れ、暮れのこる壁にしばらく見入った。夕闇がまったく呑み込むまで、壁の凹凸を記憶しようとした。闇と融けあってゆく岩襞《いわひだ》を目で追いながら、疾駆するおのれの一挙手一投足を夢想した。

谷川岳とは、どんな山なのだろう。慶応の部報に大島さんが「近くてよい山」と報告し、写真も載っていた。「あまり長く上を見上げていると首が痛くなって、しまいには寝て見た」と、仲間の成瀬岩雄に宛てた手紙も見せてもらった。その大島亮吉《りょうきち》が二年前の三月、思いを残したまま穂高に逝ってしまった。尊敬する登山家が発見した山の貌《かお》を、一刻も早く自分の目で確かめてみたかった。三人の思いはひとつだった。

蚊の猛襲に悩まされて、まどろみも破られがちな夜が明けた。天幕から顔を出すと、あいにく霧のベールが岩壁の半分近くまで垂れ下がっている。昨日とは打って変わった湿っぽい空気が、天幕にまとわりつくようだ。だがはるばる仙台からやってきたわれわれが、今日をおいて一ノ倉沢にまみえるチャンスはないのだ。気が急いて、朝食もそこそこに出発した。

岩を嚙む流れを飛び跳ねながらいくこと三〇分、右から小さな谷が入ってくる。狭い岩床に人の踏んだような跡があり、導かれるように巨岩が積み重なった広場へと出る。今度は左手から一ノ沢とおぼしき急峻な谷が入り、正面には見たこともないぶ厚い雪渓が口を開けていた。

——真夏でもその谷には雪がびっしり詰まっている。

——実物は知らないが、氷河とはああいうものではないか。

成瀬の部屋で聞いた話のとおりだった。たかだか海抜六〜七〇〇メートルなのに、こんなばかでかい雪の塊がうずくまっている。靄《もや》をはき出し、融けた水を涎《よだれ》のように滴らせて口を開ける雪渓は、まるで聖域への侵入を阻むメドゥーサだ。見知らぬ世界に踏み込んだ軽い興奮が、三人をなんだか大地の果てにでもやって来たかのような気分にさせた。

ここは真っ直ぐは進めないので、急な草付き壁の右手を高巻きするしかない。そして巻き上がるにつれどんどん追い上げられ、今度はロープの確保なしに下れなかった。今日のメンバー、二年生の高木力《つとむ》にはしっかり教え込んだつもりだが、草付きどころか本番の岩登りには慣れていない。それでも田名部繁という不死身のパートナーがいる。少々の難関にひるむ男ではない。どんな苦境に陥っても、彼がいるかぎりいつも前向きな姿勢に励まされてきたのだ。

鋲靴がよく食い込む堅雪の上、朝の微風を心地よく頬に受けながら登っていく。衝立《ついたて》のような岩の下部に近づくと両岸が迫り、喉のように狭くなった。近寄るにつれ、雪渓が切り裂かれているのが眼に入る。これがクレバスというやつだろう、亀裂の巾は一メートル余り。なんとか飛び越せないものか……。そうは思うものの、向こう側の縁《へり》が高いのだ。出鼻をくじかれてことばが出ない。

「ブロックを掘り出そう。そこにロープを懸けて下へ降りるんだ」

沈黙を破って田名部が口を開いた。追い詰められたとき、いつも田名部の奔放な奇策に救われてきた。交代でピッケルを振るい、雪の周りを掘り出してブロック状の頭をつくる。堅い雪片が八方に飛び散るため、ときおり目に入って閉口した。その六〇センチほどのダルマの首にロープを懸けると、田名部は迷わず全体重をかけた。

「慎重に行けよ！」

「大丈夫さ」

ぶら下がりながら、するすると地底の洞窟へと降りていく。田名部の合図で高木も下り、もどかしく小川も後へ続く。

「本を読んでおくと、いつかはいいことがあるな」

田名部が自慢げにつぶやいた。アイディアがうまくいったことで緊張がほぐれ、不快な寝不足気分も吹っ飛んだ。ふたたびロープを結び合い、岩棚を左上して雪渓の切断面に向かい合う。五〇度ほどの雪壁を、ピッケルでステップカットしながら登る。すると十回ほどのカットで、あっけなく上に出てしまった。風が変わり、谷底の空気が冷えていたことに気づく。

雪渓上は、雪崩に根こそぎはぎ取られた草や、灌木の死骸に覆い尽くされていた。傾斜もしだいに強まり、青白く氷化してきた。強烈な雪崩の圧力なのか、鋲靴も食い込まないほど固い。ピッケルは一本しかなかった。小川はていねいにステップを切りながら、じりじりと登ってゆく。スリップが許されない、息詰まる時間がつづく。雪渓の上部には、岩壁からたたき落とされてきたものだろう、塔状の氷塊が突き立っていた。

「おおー！」

「これが谷川かぁ」

写真でしか見たことのない氷河のセラックのようで、みな初めての光景に歓声とも感動ともつかない声を上げた。そしてセラック帯を抜け出てラントクルフトを飛び越えた先に、ようやく奥壁が待っていた。時計を確かめると午前八時半。

ひと息入れるまもなく、小川は雪崩によって磨きこまれた一枚岩に取りついた。縦に走る一本の凹角に目をつけたようだ。逆層の、指も入りそうにないクラックをどうコントロールしたのか、ためらいもなく身体を運んでゆく。身をくねらせながら岩の弱点を攻略してゆくさまは、まるで蜥蜴《とかげ》のようになめらかだ。

百メートルも登りつめただろうか、狭いテラスにたどりついた。ちょうど右上の本谷と思われる方向から水が流れ込んでくる場所である。霧が上から降りてきて、さかんに東側の空へと渦巻いてゆく。渦のあいまに薄日が差すと、湯檜曾川を覆う厚い森が見えてきた。登ってきた雪渓が、今にも這い上がってくる錯覚を覚える。

「休める場所はあるかー？」

「オーライ！」

落石の堆積部を避け、小さなテラスに肩を寄せて陣取った。そこはちょうど三方岩に囲まれて前方だけが明るく、巨大な鉄箱にでも閉じこめられた気分になった。ピーチュルルー……イワツバメが群れをなして、大伽藍の守護神のように闖入者《ちんにゅうしゃ》を巡って乱舞した。

順調に登りはじめたと思ったとき、慌ただしい音をさせて驟雨《しゅうう》がやってきた。雷鳴が反響し、雨脚が岩壁を黒く染めながらたちまち無数の滝となって乱れ落ちてゆく。垂壁の上と下、それぞれの足場に分かたれた三人は小鳥のように立ちすくむ。大自然の洗礼を受けながら、しばし空想にふける。

細かくなった雨のなか、なおも岩溝を登ってゆく。正面に濡れた壁が現れた。ちょっと厄介に見え、左手に割り込む細い溝を登る。次は草のついた右岸の胸壁をルートにとる。六〇度を超えているか、と見当をつけたそのとき、雪渓の崩れるにぶい音が腹に響いた。こうなると岩を掻く鋲靴の音、触っただけで飛んでゆく落石の反響まで神経に障る。何かの暗喩でもあるかのように。

かなりの急勾配で、手がかりの大きい岩場が続いた。ほとんど平らになって見える雪渓が股の下に覗いている。すると、また四〇メートルほどのチムニーに突き当たった。中途半端に外へ開いていて、見るからに悪い。小川はすでにピトンを使うことなど忘れているらしく、真っ直ぐ迫ってゆく。

身体の半分も入らないワイドクラックに肩をねじ込みながら、あるはずの手がかりを求めて煙突登りで登ってゆく。手がかりがなかったら、もどれない。ぞっとする光景だった。岩溝はついに裂け目のように狭くなり、出口がオーバーハングとなっている。墜落のイメージが現実味を帯びてきた。

後続が確保するすべもなく、トップは濡れたハング状の喉を滑りやすい鋲靴で乗り越そうとするのだ。身体を空間にさらして踏ん張ったとたん滑ったら、空中へ投げ出される。戦闘的な小川もここではかなり緊張を強いられているのか、動きが止まっている。そして、奴の集中力はそこを超えたらしい。下からは空中で優雅にバレエでも踊っているように見えるのが、不思議だった。

ロープにしがみつきながら、必死になって小川の後を追う。田名部はここに来たことが正しかったのか、つい自信がもてなくなった。

気違いじみた悪場を終えて集結したとき、みんな腹ぺこだった。が、どうしたことか、飯は飯盒に入っているというのにおかずになるものがない。ザックの底を探っても角砂糖の一個、塩のひとつまみもない。ヘマをした——呑気さ加減をたがいになじり合いながらも、苦笑するほかなかった。やむなくボンボンや板チョコのかけらをほおばって、早々に行動再開だ。

しばらく草付きの壁がつづいたあと、行く手にまた岩壁が立ち上がった。可能なルートは、壁を切り裂く一本の岩溝しかないようだ。そこはまた一〇メートルほどの直立した深いチムニーとなっていて、近づくために足場のない岩をトラヴァースしなければならない。小川はその壁めがけて横切ってゆく。ひざの摩擦までも総動員しながら懸命に、じわりじわりと近づいてゆく。

狭いチムニーの入口は確保態勢をとるのもやっと、二人の立つ場所はない。セカンドの高木が登り着くと同時に、トップは背中と足を突っ張りながら登りはじめなくてはならなかった。

草付きの外傾した台地に達したとき、午後四時近くとなっていた。この先どんな悪場が現れるのか、果てしなく広がる壁にみな焦燥を感じはじめていた。台地の上からさらに五〇メートルばかりの壁が待っていた。手がかりが雪崩に磨かれていて丸く、今度ばかりはさすがの小川も動きが小さい。それにピトンを打ち込むリスもなさそうだ。

しかしそんなときでも、小川が見せる表情は変わらない。直感で弱点を感じとって踏み込んでゆく。初めての地にやってきた者とは思えないふるまいである。細面《ほそおもて》で、稚な顔が残る男のどこに強靭な精神力がひそんでいたのか。

田名部が小川と初めて岩登りをしたのは、つい二年前の秋だった。あのときは仙台から福島の霊山《りょうぜん》まで足を伸ばし、ひときわ高い岩場の真下に天幕を張った。赤い三日月の夜だった。眼前にそびえる黒々とした岩に向かって、小川が「アヴェ・マリア」を捧げていた。澄んだ歌声だった。ふだんは無口な男が、その寡黙さを埋め合わせでもするように山へのアンセムを口ずさみ、岩場では果敢にふるまった。小川のバランス感覚に天性のものがあるのを、あのとき仲間のみんなが認めたのだ。

そして……ずいぶんと長い時が経ったように思われた。途切れた水平雲の遠くに、蜃気楼のような笠ケ岳の姿が浮かんだ。ひと休みしたあとふたたび根気のいる行動が開始され、ロープがたぐられる。すると、どこまで続くのかと思われた岩場がふっと尽きたのだ。時計を見ると午後六時をまわっていた。

まだ草付きが同時行動を許さず、一人が動くあいだは二人がじっとしていなくてはならない。草は露を含んで足払いを狙っており、トラップにかからないための苦々しい努力を払わせた。ようやく緩斜面となったころ、山影がいっそう濃くなってきた。一時間後、草壁は斜度を失い、ついに国境稜線へ脱出したことを知る。

「終わったぞ」

「やったな!」

普通に立てる場所の幸せといったら――――! ワイヤのように堅くなったロープから解放されると思うだけで、安堵する。装備一式をザックにしまい「トマの耳」らしきピークに立ったとき、ついに闇がすべてを支配した。

「おい、諦めた。今日はこの辺でしゃがんじゃおう」

田名部が投げ出すように言う。小さな岩陰すらなく、ずぶ濡れの身体を寄せ合って野しゃがみを決め込むしかない。二人は替え衣をもっていたが、小川は純毛のシャツという着の身着のままだった。三人を覆う一枚の布もなかった。草の上に腰を下ろし、黙りこくってロウソクに火を点ける。マッチの炎が揺れ動いて、覆い被さる三つの顔がほの赤く浮かび上がった。

わずかばかりのお菓子を片づけると、もう口にできるものはなかった。それでも禁断の地に足を踏み入れてしまった甘美な感情が三人を満たしてくれた。巨神の懐に抱かれたちっぽけな人間たち……。

メディテーションの時間だった。みんな、ロウソクが燃え尽きるまで炎を見ていた。おしゃべりも途切れがちになったところで、小川はいつものように訳のわからないドイツ・リートを、天涯へ向かって口ずさむのだった。

膝の上に顔をうずめてうとうとしはじめる。が、寒さが唐突に身体を貫いて揺り起こす。仕方なく貧乏揺すりをして、発熱を促そうとした。「おい、月だ！」誰かの声で、思わず飛び上がるように顔を上げる。いつのまにか、東の空に下弦の月が昇っていた。今は明かりがなによりのごちそうだ。こうしてひたすら光に焦がれながら、夜をやり過ごす。

午前四時、空に赤みが射した。まもなく太陽が顔を出すだろう。「行こうぜ」田名部がさっさと腰を上げ、二人もだまってそれに続く。もう行く先を失うこともあるまい。恐怖心を打ち消すための、子供だましの冗談もいらなくなった。早く土合《どあい》の温泉に身を浸したい。

小径を見つけ、南の空はるかにかすむ月痕を背に草の斜面へと飛び込んでいけば、男たちの夏休みは終わる。下界はようやく、いつもの蒸し暑い一日が始まろうとしていた。

一九三〇（昭和五）年七月、このとき彼らはクライミングにおける新しい時代の扉を開いたのである。終始トップをつとめた小川登喜男が二二歳の誕生日を迎える一週間前、田名部繁も二六歳直前、若者のもつ好奇心に導かれた小さな巨人たちの足跡だった。紀行は二ヵ月ほどのち、小川の筆によって地方紙を飾り、予言めいた一行で締めくくられていた。

谷川岳は、岩登攀を志す人々の聖地となるであろう。

先人、大島亮吉の道筋

一〇月も末、利根川上流の上牧《かみもく》温泉あたりから北方を望めば、重なり合う山々の上で銀色に光る「耳二つ」が目に入るだろう。トマの耳、オキの耳と呼ばれる双耳峰は、多くのクライマーが生死を賭けて挑んだ日本三大岩場のひとつ、谷川岳の象徴である。

上牧温泉から清水街道をさらに北へと進んで水上温泉を経ると、やがて土合《どあい》口から天神平駅までの二三〇〇メートルを結ぶ「谷川岳ロープウェイ」の乗り場駅。乗り場駅からさらに北西へ、舗装された道を三キロメートルほど奥に入れば一ノ倉沢の出合に至る。岩場全体が見渡せる地点にカラー写真付きの案内板があり、「谷川岳の登山史」と題するおおよそ次のような説明文を見る。

> 信仰の山、生活の山から「近代スポーツの山・谷川岳」への転機は一九二〇年（大正九年）のことでした。（中略）大島亮吉の「近くてよい山なり……」は、一九三〇年（昭和五年）の谷川岳登攀史上記念すべき年を迎えさせ、天才クライマー、東北帝大の小川登喜男らの登場となる。七月、青学大の小島らが二ノ沢左俣を一ノ倉沢初登攀に成功すると、数日後小川パーティは初見参で三ルンゼを初登攀し、幽ノ沢、マチガ沢と初登攀を重ね、冬季初登攀も次々と成功させました。
>
> （後略）

案内板は言うまでもなく、数々の登攀ドラマを生んだ舞台、一ノ倉沢の見学者のために設置されている。

谷川岳は小川登喜男らの初登攀以降、にわかに登山者が押し寄せる山となった。登れないという心理の壁を、小川たちが越えたのである。その反面、死亡事故のあまりの多さに社会問題ともなり、魔の山と呼ばれるまでになった。一九六六年には群馬県条例によって「危険区域」に指定され、二〇一二年の時点で死者八一四人に及んでいる。これは世界の山に例を見ない数字と言ってよいだろう。

一ノ倉沢の岩壁群を見に訪れた人々は、案内板の説明文を読んで一度は小川登喜男という名前に接する。そしておおかたは彼がどういう人物なのか、それ以上を追求するすべもなく忘れ去ってしまう。多くの伝説的な登山家のように、小川登喜男は山で早世することはなかった。人はこれを、語りつがれるドラマがなかったと言う。

昭和初期といえば、こんにちにくらべてはるかに情報伝達の遅い時代である。話題になりつつはあったが、谷川岳はまだ上州の知られざる一山域にすぎなかった。東北帝大生の小川たちが仙台の地からはるばるやってきて、いきなり一ノ倉沢の核心に切り込んだきっかけはどこにあったのだろうか。足跡をさかのぼってゆくと、慶応義塾山岳部員の大島亮吉（一八九九年九月四日〜一九二八年三月二五日）という人物に行き当たる。

大島亮吉は案内人もいなかった谷川岳を、一九二七（昭和二）年三月から九月まで四回にわたって訪れている。その二回目の山行が、慶応義塾山岳部部報『登高行《とこう》』七号に報告された。世に紹介された谷川岳東面最初の記述である。そこにあるのは簡単なコースタイムと

主として谷川岳の岩壁の下調べに行きたるなり。総ては尚研究を要すべし、近くてよい山なり

という短い所感だけであった。この付記はかならずといってよいほど引用される名文句として、今では日本登山史上の成句となった感がある。

七号にはまた、一ノ倉沢全景の写真も掲載されており、雪から露出した黒い岩の連なりは見る者に鮮烈な印象を与えていた。アルピニズムに目覚めた登山家たちにとって、穂高岳、剱岳に次ぐ第三の山、谷川岳の登場であった。

山岳雑誌で最も早い月刊誌『山と溪谷』の創刊が一九三一年である。したがってまだ登山専門の商業誌がなかった当時、慶応は学校山岳部でありながら自分たちの部報『登高行《とこう》』を一般に販売していた。巻末にも広告を出して「第二年、第三年残部僅少あります。お需めの方は第二年一円、第三年一円五〇銭、小為替にてお申込下さい」とバックナンバーの購買をも促している。

広告するまでもなく当時トップクラスの登山家集団がどんな山をめざし、どう登っているのか、慶応の部報は情報に餓えていた岳人たちによってむさぼり読まれていた。『登高行』は、それに応えうる上質かつ最先端の登山記録で満たされていたのである。

とくに第五号からは、大島亮吉の方針で愛書家に応えるようなフランス装本の体裁をとっていた。前小口と地《けした》が化粧裁ちされず折丁のままに製本され、アンカットのページを読者自身がペーパーナイフで切り開きながら読み進むという贅沢《ぜいたく》な趣向である。自分用に装丁し直すことでその本を読む最初の人となる、所有欲を満足させる総重量八〇〇グラム、四〇〇ページ超の大冊。一大学の部報とはいえ、書物と向き合う本質をわきまえた、昨今の山岳図書をはるかにしのぐ存在感がある。

東北帝大生の小川登喜男もこのような書籍に接しながら、大島の登山姿勢に深く傾倒するひとりとなっていたのである。真の登山とはどういうものなのか、登山によって自分が何を達成しようとするのか、小川はこれらの本に接しながら成長していったのである。

谷川岳の報告が載る第七号は、一九二九年七月の発行である。小川たちがそれを手にする一年四ヵ月前、大島はすでに冬の穂高に消えていた。

一九二八年三月二四日、大島をリーダーとする慶応山岳部の一行四名は、北尾根から前穂高頂上に登るべく涸沢の岩小屋で一夜を明かす。二五日は午前零時起床で行動を開始、午前一一時には四峰のピークに立つ。このあと三峰、二峰と越えれば待望の頂上である。ところが峰頭上でにわかに天候が悪化し、撤退を迫られる。そして大島が叫ぶ。

「マンメリイは言った、危険区域を過ぎてから往々に間違いはある！」

仲間の安全に気を配っていたその大島自身が、突如ピッケルを片手に挙げて真っ逆さまに転落したのである。のちの報告書には「突如涸沢側に転落し濃霧の中に没す」と記される。二八歳、四月から慶応の教職に就くばかりであった。遺骸は六月になって発見されたが、大島の死は慶応のみならず当時の登山界に大きな衝撃を与えた。

大島は折しも小川が仙台へと移り住む一週間前、穂高で墜死した。先駆者と仰ぎ見た人物の突然の死は、なおのこと強烈なシンパシーをかき立てたにちがいない。

ところがその二年後、一九三〇年に入ってまもなく小川は亡き大島との運命的な邂逅を体験する。彼の登山人生、そして日本の登山界にとって新時代の予兆と言ってよい出会いである。期せずして仲介を果たしたのが、成瀬岩雄（一九〇五年〜一九八四年）という男であった。

成瀬は東京武蔵野の成蹊《せいけい》高校を卒業後、一九二九年に東北帝大へ入学した。大学では小川より一年後輩にあたるが、年齢は成瀬のほうが三歳上であった。二人は成瀬の入学早々の五月二六日、山岳部長が阿部先生から渡辺万次郎先生へと交代する披露の会で同席している。しかし、大勢の参加者のなかでこのときはたがいの存在を認識していない。

成瀬は東北の山を登りたくて、東北帝大にやってきたという。ところがなぜか、山岳部に顔を出す機会は少なかった。部室備え付けのルーム日誌にも、一九三〇年一一月に開かれた役員会に名前を連ねているくらいで、ほとんど登場することがなかった。

成蹊高校は伝統のある七年制高等学校で、イギリスのパブリックスクールにならって発足したため、洗練された都会的な校風をもっていた。成瀬は四年で卒業したようだが、聖心幼稚園、そして白金小学校から成蹊中学に進んだいわばお坊ちゃま学校育ちである。一方、東北帝大山岳部はバンカラをもって鳴らす二高出身者の気風が根強く、成瀬はそんな空気に馴染めなかったのかもしれない。東北帝大に入ってからも成蹊時代の仲間や、慶応の山岳部員と行動を共にすることが多かった。

成瀬は一九二二年ころから、冬は福島・山形県境の吾妻山群へたびたび出かけている。一九二四年四月には単独で山麓の五色温泉から青木小舎まで歩き通し、翌日硫黄精錬所へ下っている。

慶応山岳部のパーティとはよく行動を共にした。一九二五年の暮れには、青木小舎を中継にして家形山そして高湯へと下った。一九二六年の二月は一〇日間ほど青木小舎に泊まりこみ、スキー練習をしたり東大巓《ひがしだいてん》や東吾妻山に登った。このときの報告は『登高行』七号に載っているが、メンバーは大島亮吉、早川種三、大賀道昺《どうへい》ら慶応勢一二人に混じって一人だけ「成蹊高等学校成瀬岩雄」が入っている。

一九二六年五月は大島と二人だけで秩父の山旅をし、瑞垣山《みずがきやま》や甲武信《こぶし》岳の山々を楽しんだ。一〇月には大島やほかのメンバーとともに上州の武尊山《ほたかやま》へ登った。一九二七年二月になると大島のほか早川種三、大賀道昺らと吾妻の東大巓、栂森山に同行する。今で言う大沢下りであろう。九月になると、大島と二人だけで谷川岳の赤谷川《あかや》を遡ってもいる。

二人は一連の山行を共にしながら友情を深め、費用を出し合ってロンドンの書店に山関連の洋書を注文したりする間柄となっていた。成瀬は「彼が軍隊生活を終える最後のころはよく軍服で僕の家にやってきて、帰営時間を気にしながら夜遅くまで山の話にふけり……」（『大島亮吉全集』）と書いている。大島が慶応卒業後、一年志願で赤坂連隊に入ったときの話である。

さてそんな成瀬が一九三〇年一月、例年のように微温湯《ぬるゆ》温泉から硫黄精錬所小屋へとスキーを進めていたとき、荒れ狂う吹雪のなかをスキーでやって来る一人の男に出会う。偶然同じ目的地をめざす、小川登喜男であった。小屋での自己紹介で、はじめてたがいが東北帝大山岳部であることを知る。翌日二人は一緒に五色温泉へと下り、仙台へ向かう汽車のなかですっかり意気投合する。無口な小川がいったん山のこととなると、目の輝きや話しぶりで別人のように見えたと成瀬は振り返る（『山岳』第六三年「小川登喜男君を憶う」）。

その後、小川は成瀬の下宿をたびたび訪ねるようになった。ときには夜を徹して話し込み、遅くなるとシュラフを借りて泊っていった。小川は、尊敬する大島亮吉とは六歳も年下の成瀬が親友であったことに羨望した。「自分も一度は会ってみたかった」と悔しがっていたという。

また成瀬は大島との付き合いが深かっただけに、蔵書家でもあった。小川は成瀬のいないときでも部屋に上がり込んで本棚を物色、「君のいない留守にだいぶアルパイン・ジャーナルを勉強したよ……」などと嬉しそうに話していたという。「時には黙って影の如くスーッと僕の部屋に上がり込んできて、勝手知った僕の書架から例の手紙〔注：大島亮吉からの書簡〕や、山の本を引っ張り出して読み、黙ってスーッと消えてゆく」といった具合であった。

谷川岳東面の報告が載る慶応の『登高行』第七号はまた、その巻頭が大島の遺稿で飾られていた。「登山史上の人々・遊戯的登山派の闘将マンメリイ」と題するもので、一九世紀後半のイギリスが生んだ登山家アルバート・フレデリック・ママリー（Albert Frederick Mummery 1855-1895）の思想を述べた、長文の論考である。本邦初のママリー論であった。

古典的名著とされる『アルプス・コーカサス登攀記』（*MY CLIMBS IN THE ALPS AND CAUCASUS*, 1895）を著したママリーは、「より高く、より困難を」の登山思想を掲げた近代登山の先蹤《せんしょう》として知られる。そして登山史に名をとどめることとなった生涯一冊の著書の上梓から一週間後、インド・カシミールの難峰ナンガ・パルバット（八一二五メートル・世界第九位）に赴き、三九歳で帰らぬ人となっている。のちに多数の死者を出して「人食い山」と異名をとった山の、最初の犠牲者である。

大島はフランス語を専攻していたが、ほかに慶応卒業後は外語学校専修科に入ってドイツ語、イタリア語を学んでいる。英語にいたってはほぼ独学でマスターした。外国登山家の訳本などもまだない時代であったから、登山に関連する文学を打ち立てるべく語学の猛勉強をしていたのである。母校の慶応で教鞭を執るようになったら、将来は山岳文学の講義をもちたいとも言っていた。

日本には純粋な遊び（ママリーの言う unmixed play）として、あるいは無償の行為として山に登り、審美的に山を語ろうとする山岳文学のジャンルはなかった。近代登山、とりわけアルピニズムはイギリス人によってもたらされた異国文化である。その本質を、大島亮吉は明治の先人たちとは違った感覚で取り込み、モダンな文化として憧れを育んでいた。大島が近代登山思想を学ぶためには西欧の登山家が書いたものを原書で読み、研究するしか方法がなかったのである。

ママリーの三六〇ページにおよぶ原書を翻訳するうちに、大島は新しい登山文化の息吹に触れ、深く魅せられてゆく。天金が施されたアンカット装本の重さは二〇〇〇グラムに迫るもので、一ページ一ページを切り開きながら読み進む作業は、否《いや》が応でも内容に引き込まれる仕組みになっていた。確信に満ちた一言一句を熟読玩味しながら、多感な大島にとってあたかも登山哲学の書となっていったのである。

ママリーへの信奉を篤くした大島は、『登高行』の担当となったさいにその装丁までママリーの原書をお手本とし、アンカット装本にしてしまうほどであった。

ママリーは明言する。「登山の真の愉悦は、登山者自身のみの能力をもって登るところに存在する」「ベッドに横たわりながら手掛かり足掛かりを知り尽くして、一歩一歩を思い描けるガイドについて登るなど、当世ふうの衣服に身を包む骨なしの仕事にふさわしい」。

その真意は、登山請負人がそらんじているような山を捨てて新しい地平をめざせ、という偏狭なまでの姿勢にあった。そこに真の登山者の姿があると主張、攻撃的な激しい調子でアルパイン・クラブの流儀と対峙した。

英国山岳会（The Alpine Club）は、従者を伴った貴族社会の登山をする誇り高い名士会であった。スポーツとしての登山は安全性を最善としており、その土地の案内人が氷に斧で刻んだ足場を伝って登るのが正統であった。自分で勝手に登る者が出れば遭難が多発、紳士のスポーツとしての権威に傷が付く。アマチュアのガイドレス登山は秩序を乱す野蛮な行為の象徴である。アルパイン・クラブはそれを無謀の行為として恐れ、ママリーを過激人物として異端視したのである。ちなみにここで言うアマチュアとは未熟の同義語ではない。ガイドで生計を立てる職業案内人ではないことを意味している。

大島がママリー論を書き進めたさい、原文のもつ力には遠くおよばないとしながらも「文中に生動する何等かの力強きもの在るを」と感動し、あえて引用した箇所がある。最終章の「PLEASURES AND PENALTIES OF MOUNTAINEERING」（登山における喜びと罰）という印象的な一章である。この非常に難解で凝った、詩のような原文の一節を抜き出してみよう。

「The true mountaineer is a wanderer, and by a wanderer I do not mean a man who expends his whole time in travelling to and fro in the mountains on the exact tracks of his predecessors—much as a bicyclist rushes along the turnpike roads of England—but I mean a man who loves to be where no human being has been before, who delights in gripping rocks that have previously never flat the touch of human fingers, or in hewing his way up ice-filled gullies whose grim shadows have been sacred to the mists and avalanches since "Earth rose out of chaos." In other words, the true mountaineer is the man who attempts new ascents.

真の登山者というもの、それは一個の彷徨者である。彼はイングランドのturnpike（有料道路）を突っ走る自転車乗りのように、人の後を追いかけながら時間をつぶすような輩ではない。私の言う彷徨者とは、だれもまだ到達したことのない地を愛し、人が触れたことのない岩に手をかけ、大地が混沌《カオス》の世界から生まれて以来、神聖な霧や雪崩だけに磨かれてきた氷の山襞に、おのれだけの径を刻もうとする者である。そう、真の登山者とはつねに新しい登攀を試み、山との限りない闘いを喜ぶ者なのだ。

（注：Turnpike　道路所有者が使用料を払わない者にpike〔遮断棒〕で道をふさいだところから。大島の訳語

は「銭取道路」)

大島はよほどこの部分が気に入っていたらしく、「山への想片」(『山とスキー』一九二四年)というエッセーのなかにも新訳にしてそっくり引用している。そして一九二七年、大島亮吉は案内人もいない谷川岳にやってきた。ママリーが示唆するように山は自分の足で見つけるものであり、また登山とは自力で登ってこそ真の歓びが得られることを悟ったのである。

I am free to confess that I myself should still climb, even though there were no scenery to look at, even if the only climbing attainable were the dark and gruesome pot-holes of the Yorkshire dales. On the other hand, I should still wander among the upper snows, lured by the silent mists and the red blaze of the setting sun, even though physical or other infirmity, even though in after æons the sprouting of wings and other angelic appendages, may have sunk all thought of climbing and cragsmanship in the whelming past.

目を輝かすような美しい風景など、なくたっていい。ヨークシャー渓谷の暗く怪しげな甌穴《おうけつ》しかないとしても、それでも私は登りつづけると告白しよう。老いぼれて肉体が言うことをきかなくなり、あるいはいつしか天使のように翼が両肩に生えるとかして、登攀能力など未来永劫不要になったとしても、霧の静寂《しじま》や落日の赤い炎に魅了されて、私は高嶺の雪を追い求め彷徨《さまよ》うだろう。

ママリーに心酔した大島は、「マンメリイはかの古代ギリシャの競技者の如く輝ける四肢と曇らざる額と永遠の若さと明朗快活なる精神とを有せし理想的なる近代の競技者たりしなり」と讃えた。

ママリーの生涯は純粋な遊びとしての登山からたくさんの喜びを享け、そしてまさしくPenaltyで終わったのだが、その精神は大島の体内に植えつけられ、受け継がれた。そして大島自身も同じ軌跡をたどるというめぐり合わせのなかで、あたかもママリーの教えの殉教者となってゆく。

小川登喜男がママリーという存在から啓発を受け共鳴するのも、大島の論考に拠るものであったことはたしかである。東北帝大卒業前夜、一九三一年三月一〇日付になる山岳部のルーム日誌に、控えめな言いまわしながら次のようにしたためる。「英国山岳会の正統派の人びとは、踏みならされたルートをとって山に行くことを主張した。だが、彼らによって異端視されたMammeryの〈真に山へ行く人は常に新しいルートを見出し、全力をもってその完成に突き進む人である〉という考えも、人が山へ行く一面から見れば真実だと思われる」。

小川は成瀬の部屋を訪ねるたびに、大島からの手紙を読みたがったという。「まるで骨董品の掘出し物にでも手を触れるような」おももちで、くり返し手にとっては何かと亡き大島の話をさせようとするのであった。なかでも目を釘づけにしたのは、やはり谷川岳の岩壁を間近に見たときの文面だった。

谷川は直立八百メートルの岩壁もあって、ものすごいところ、穂高以上かも知れません。あまり長く上を見上げていると首が痛くなってきたので、しまいには寝て見ました。

日本にもまだこんな山があったのか。人の手の感触を知らない岩と、大島亮吉の遺した山を求めて小川の旺盛な好奇心は谷川岳へと一直線に向かってゆく。そして成瀬と出会ったまさにその数ヵ月後、閉ざされていた一ノ倉沢奥壁に初めて楔《くさび》を打ち込む男となるのである。

＊

人はなぜ、山に登るのだろうか。明治時代、志賀重昂《しげたか》の『日本風景論』に導かれて新しい自然観に目覚めた人々がいた。彼らによって、頂上に立つというただそれだけを目的とする新しい登山法が生まれた。さらに彼らがなしとげた探検的登山を受け継いで、山案内人の手を借りながらも近代登山の概念を押し広めていった若者たちがいた。

そこに連なる大島亮吉は案内人に頼らない自律した登山者をめざし、積雪期登山や岩登りなどバリエーション・ルート登山に目を向けはじめていた。

大島はさらに、登山行為が人間の精神に働きかけるなんらかの力があることに気づき、自分の生きる意味を問いかける。登山を通して自我の探求をしようとしたのである。その行為をまっとうしようとする者には死の影がつきまとう。できるだけ安全な登路をとる登山から、生死がからむ登攀へと進化してゆく過程で、なぜ山を登るのかそして山をめざす自分は何者なのか、内省的・形而上的なものが際だってくるのは避けがたい道である。

大島が立っていたのはまさしく時代の分水嶺であったが、みずから予言したように志半ばで死んでゆく。そして衣鉢を継ぐべく現れた小川も、大島の思いを具現化しつつ死生観をつむぎ、苦悩する男となる。小川はのちに「激しい登攀によって喜びを知った者は神から火を盗んだプロメテウスとなって、ただ自然を愛する自由な旅人の率直さを失ってしまう」と書くにいたるのである。

小川登喜男はどんな思いをもつ登山家だったのか、そもそも人はなぜ山へ向かうのか。これからしばし、彼らがたどった登山という思索の旅に出てみよう。

第二話　東北帝国大学山岳部の生い立ち——一九二三年春

東北帝大スキー山岳部が創設されたのは一九二三（大正一二）年だが、前史ともいうべき活動が何人かの学生によって行なわれている。理学部の藤瀬新一郎、柏木民次郎、内地留学の額田敏、理学部院生の立上秀二、工学部応用化学の深町富蔵、二高出身の小島一政などの面々であった。

同じ仙台の先輩校ともいえる第二高等学校は、一九一四（大正三）年六月に山岳部の設立を見ている。慶応の山岳部は一年遅れて一九一五年、一九一九年には学習院山岳部、早稲田大学山岳部は二〇年に設立された。一九二二年の明治大学、一九二三年になると東京帝国大学スキー山岳部と、大正時代は学生山岳部がぞくぞく名乗りを上げた時代である。

一九二二年三月、藤瀬と立上による吾妻連峰の鉢森山や東吾妻へのスキー登山がおこなわれている。同年一〇月下旬には吾妻の家形山から東大巓への藪をついての縦走が藤瀬、深町、小島らによってなされた。このときは六日間をかけ、大坪温泉を経て米沢に下っている。

一二月下旬になると藤瀬、柏木、深町、立上ら一五〜一六人が集まり、山形の五色温泉で初めてのスキー合宿が開催された。そのなかのスキーに達者な男たちは、スキーを駆使して高倉山（一四六〇メートル）の頂上に立った。

深町はこのスキー合宿のあと、鳥海山を登るために単身山形へおもむき、村上集落に一週間ほど滞在する。しかし連日の吹雪に閉じ込められて行動は思うにまかせず、七合目と思われる所まで登って下山した。深町の東北の山への渇望はまことに大きいものがあった。

旧制一高出身の深町富蔵は東北の山を歩きたいばかりに、一九二二年四月、東北帝大工学部の応用化学科にやってきたのである。片平丁に隣接する二高山岳部委員の小島一政と知り合い、その縁を利用してテントを借り出しては当時踏み跡もない南蔵王や、名号峰《みょうごうほう》から雁戸山までの藪の中でビヴァークしながら歩いていた。入学早々の六月下旬に行なった深町と額田による名号峰から雁戸山への北蔵王縦走は、きわめて早期に位置しており、初縦走とみなしてもよいだろう。

帝大にはもう一人山好きで通った男、額田敏がいた。額田は一九一八年ころから東北帝大に理学部の助手として内地留学をしていた。内地留学とは、官庁や会社などの職員が現職のまま大学や研究機関に派遣され、与えられた研究を続ける立場である。

一九二四年一月八日、慶応山岳部の槇有恒や早川種三、大島亮吉らが三年前に続いて蔵王越えを狙って入ったが、そのとき夕日に光る荘厳なまでの雪原を雪煙とともに滑降してくる一人の男を目撃している。彼らに畏敬の念を抱かせたのが、額田敏であった。

夕日に光った荘厳な白妙の姿に見とれて居ると、不帰滝《かえらずのたき》の鞍部を唯一騎雪煙を上げて下ってくる。此んな天気を良くもつかんで登った彼の人は幸福な人だと羨んだ。後で聞けば東北大学の額田君だった。

（『登高行』第五号、一九二四年一二月）

額田が老案内人を頼んで初めて刈田岳に登ったのは、一九一九年三月末である。このときはまだスキーを知らず、足袋に藁靴だったという。その後スキーを覚え、刈田岳を単独行するまでになったらしい。スキーを履いたときのスタイルは、軍隊の払い下げらしいカーキ色の服に、同じ色の三角頭巾を深々と被っていた。両足をそろえてピンと伸ばし、物干し竿ばりの単杖を斜めに構えて腰を前傾させ、両肩はしっかり張った滑降姿勢だったという。さぞかし威厳のある滑降体勢であったろう。

額田は学生でなかったので山岳部には所属しなかったが、日本山岳会で論客としてならし、数多くの山行を重ねて一家をなした。山岳雑誌『ケルン』への紀行も多数寄せた。一九三三年四号に「蔵王小屋と白樺ヒュッテ」、さらにゆったりした筆使いの紀行文「春の蔵王・沼尻行」を書いた。二〇号（一九三五年一月）には「冬の蔵王山」と題して雪に埋もれた帝大蔵王ヒュッテの貴重な写真を残し、山岳写真にも堪能だった。『山岳』（第三六年、第二号、一九四二年）には四〇ページにおよぶ「高所に於ける人体の抵抗と順応および高山病」と題する詳細な論文を書いた。後年日本大学に奉職、教授となっている。

一九二三年一月になると、額田は柏木、深町とともに峨々《がが》温泉から刈田岳まで登り、熊野岳そして山形側の高湯へと山越えを果たした。一月一四日には藤瀬、額田、柏木、立上、小島の五名が泉《いずみ》ヶ岳にスキー登山で立っている。二月三日から四日にかけて藤瀬、額田、柏木が案内人を雇って安達太良山スキー登山に成功した。案内人のワカン不調でかえって足手まといになる始末だったが、安達太良山の冬季初登頂と考えてよいであろう。東北の山にも、こうして近代登山行動の成果が学生たちによって少しずつ勝ち取られている。

さて深町は、一九二三年二月になると立上秀二と連れだって岩手山へ登りにいく。のちに放送演劇作家となる立上が、著書『雪艇彌榮《せっていいやさか》』のなかでそのときの様子を書いている。

二人はあらかじめ津軽街道沿い（二八二号線）の一本木にある、小学校の校長宅を宿にお願いしていた。老校長は学士様が来るからなのであろう、羽織袴の正装姿で「これはこれは珍しいものを履いてござったなぁ」と出迎えてくれたという。スキーを履いた見慣れぬ出で立ちに肝を冷やしながらも、受け止めてくれたのである。

明治維新以降、旧制高校や帝国大学の若者は華族令嬢から町娘までが憧れる存在であった。江戸時代の藩校生のように、お国の宝として学生のふるまいが特別視される風潮があった。事実、彼らは社会に出れば高い学歴を背景に文句なく指導的立場に就いていった。とくに旧制高校の学帽にマント姿は、学歴貴族の象徴であった。

二人が頂上へと近づくにつれ吹雪となり、雪も硬くなってきたため最後はスキーを脱いで頂上に立った。下山途中、スキー滑降を始めたとたんに深町は転倒、勢いで片方のスキーを流してしまった。やむなくワカンで歩くことになったが、場所によっては新雪で胸まで潜るようなありさまだった。雪の中を泳ぐように下る深町を、立上は辛抱強く待ちながら滑ったという。現在の馬返しコースを登ったと思われるこの山行は、当時の登山状況から岩手山の厳冬期初登頂として記録してよいだろう。

二人は予定より遅れ、前夜泊めてもらった一本木小学校の校長宅へたどり着く。「まぁ、よく帰ってござらした」と老夫婦がふたたび謹厳的態度をもって出迎えてくれた。食事を終えて通された座敷には、真っ白なシーツの布団が敷かれていた。深町はいよいよ寝る段になって「失礼」といいながら汚れた合羽を着たまま、倒れ込むようにきれいなシーツの中へもぐり込んでしまったという。

深町は着古して汚くなった合羽をつねに着ていたため「汚れの富蔵」のニックネームを頂戴していた。汚い合羽に話題がおよぶと「だって君、これでも作った当時はとても綺麗なものだったぜ」とまじめな顔で強調するのが常であった。合羽を着て真っ赤な羅紗の手袋を付け、両杖を祝辞朗読のように前へ突き出して七尺ほどのスキーでぼんぼん飛ばしていた姿は、吾妻の五色スキー場などで話題だったという。

深町や額田らと知り合うことになる福田昌雄は、一九二〇年に北大予科へ入学、一九二三年になると東北帝大へ助手として転学した。帝大山岳部に長く在籍して大きな影響をおよぼした人物である。また福田が帝大に入る同じころ、小樽商高時代から実践スキーで名を馳せていた「ジロさん」こと高橋次郎が、法文学部の一年生に在学していた。このジロさんも、やがて帝大山岳部になくてはならない存在として頭角を現す。東北帝大山岳部の土台となる人たちである。

一九二三年三月に実施された藤瀬、柏木、額田、深町による吾妻硫黄精錬所合宿では、慶応山岳部員と同宿となっている。ほか同年春の栗子山スキー登山（藤瀬・柏木・案内人）、一二月の大朝日岳（藤瀬、深町）、一九二四年に入った三月二日、五色温泉のある峠駅から栂森スキー登山（藤瀬、額田、高橋）など、アルペンスキーの達人高橋次郎、テレマーク・スキーの名手藤瀬を中心として、さかんな冬山登山が行なわれた。

一九二三年は「東北帝国大学体育連盟スキー山岳部」が創設され、暮れには第一回目のスキー合宿が峨々温泉で催された。このとき二高も合宿をしていて、はちあわせのような形になった。二高はバンカラで反俗の校風を旨としていたが、帝大の合宿は毎夜豪勢な酒盛りを催し「雄大剛健」の二高とは対照的だった。

一九二四年暮れには、峨々温泉をベースにして二回目のスキー合宿が実施された。参加者は二〇名を越えたが、まだスキーをもてあまし気味で賽ノ磧の新道小舎辺りでは難行苦行の態だったという。もっぱら直滑降、制動、転び方の練習であった。そこで深町らはスキーの名手である高橋次郎を講師にして、部員にスキー技術を習得させることにした。

高橋次郎は一九二三年四月に帝大に入学し、その後文学部の助手となった。小樽高商時代からスキーの名手として名を馳せ、東北帝大スキー山岳部の誕生に一役買っている。小柄でがっしりした体格の人だったという。「ジロさん」が部員たちに敬愛されていたのは、ただ一人のスキー・コーチというだけでなく、明るく求道的で真摯な人柄ゆえであったろう。峨々温泉の主人竹内直也を説得して、帝大生専用のスキー乾燥室を造らせる念の入れようだった。

合宿が終了するとジロさん、深町、六角英道らは刈田岳へ登った。みずから登山家ではないと宣言していたように、ジロさんはスキー滑降の専門家であり実際に山へ登るのはあまりないことだった。

額田、深町の船形山縦走

一九二四年、額田と深町は宮城・山形県境にまたがる船形連峰に入った。五月一一日から一四日にかけた四日間の探検であった。二高ＯＢの沼井鉄太郎、佐々保雄らによる横川からの船形山縦走登山の一年ほど前にあたる。額田はすでに前年の五月に、定義《じょうげ》から大倉川の古道をとって船形山へ登っている。今回は船形連峰を主尾根伝いに歩く計画である。約束していた深町がやっと仙台に帰ってきた。待ちかねたとばかり、さっそく買い物をして出発した。

1924年3月末から4月初旬にかけての温湯温泉から吾妻行。左が柏木民次郎、右は深町富蔵（帝大アルバム）

「高橋次郎先輩歓迎会」於ブラザー軒。1935年12月18日（帝大アルバム）

まずは泉ヶ岳と北泉とのあいだに住む案内人、早坂三蔵の小屋を訪ねた。とは言っても仙台から丸一日の行程がかかる奥深い場所である。行ってみると小屋の前の小さな池に岩魚の群れが泳ぎ、残雪を潜って流れ込む水音のみが聞こえる静寂境であった。二人は理想的なたたずまいに顔を見合わせて頷き合う。

木の幹をくりぬいて作られた丸太の湯槽がある。山人《やまびと》の早坂は「吹雪の日は朝から風呂を焚いて入り、串刺しの団子を食うと何とも言えない」などと話をしてくれた。ゆったりした環境に一夜を過ごす幸せに思いを馳せる。

次の日、怪しい空模様のなか早坂を先頭に出発、北泉の山腹を回り込んで桑沼を見た。大木の朽ち倒れる原生林を歩きつづけ、割山《わりやま》滝が五〇メートルほどの高さから水を落とすところに出た。三本桜沼を経て升沢集落に至り、道の辺の垣根にもたれて小憩する。

なだらかな道を辿ってゆけば湯谷地を取り囲んだ木の間越しに、船形山頂と薬師森がくっきり浮かんでいる。草鞋につけた金カンジキが雪に食い込んで、心地よい登りとなった。船形山と蛇ヶ岳との鞍部に出て、夏道を探しながら登ってゆく。夕方近く、船形山の頂上に着いた。遠く月山は夕日に赤く、近くは白髭山、楠峰、仙台カゴがひと目でそれとわかる突出を見せ、面白山、大東岳、神室《かむろ》岳、はるかに双耳峰を見せる雁戸山などがずらり。頂上から少し南側に下りた蛇ヶ岳手前で露営する。焚き火をしながらささやかなごちそうを頂き、三人は一枚の毛布にくるまって寝た。

翌日もよく晴れたが、雪が凍って滑りやすい。二人とも急斜面で足を滑らせ、根曲がり竹の上に飛び込んでしまった。案内人は慎重に山刀を光らせながら足場を切って、雪上を渡っている。

三峰の頂上に達して食事をとる。まだ午前の九時半だ。藪の上に横臥すると背中がぽかぽか暖かく、現世の憂苦をはなれた至福のひとときをむさぼった。午前中に三峰を降りられれば大丈夫と言っていた案内人は、倒木の上で横になりで鼾《いびき》をかいていた。

北泉に登りつめて東面の急斜面をそのまま一直線に下る。六時前に小屋へたどり着くと、風呂が炊きあがっていた。気がつくと自分たちの足ごしらえはぼろぼろ、深町のザックのポケットも壊れていた。大事にしていた山刀は、どこかへ落としてしまっていた。この山行は額田によって「船形山より泉岳」と題して『山とスキー』三九号（一九二四年七月）に発表されている。

一九二七年の春、深町、柏木、額田の三名が今度は残雪の南蔵王を踏破した。蔵王、船形の山々は仙台の学生たちにとって、いつでも親しめるホームグラウンドであった。蔵王における同様のルートでは一九二八年と二九年、それぞれ二高生も足跡を印している。

穂高や劔岳のクライミングも、夏ごろから部の行事としてなされるようになった。創設以来スキー合宿はあったが、夏季は個人山行にまかされていた。クライミング主体の合宿が生まれた背景に、標準化された技術の習得方法には組織的な訓練が必要と判断されたからであろう。

一九二八年の合宿では、飯豊連峰のセンダク沢から烏帽子岳など、帝大山岳部には東北にいまだ眠る未踏の地の開拓をねらう二高的な活動と、中央の穂高や劔でクライミングの技術を習得しようとする動きと二つの方向が併存していた。飯豊の石転び沢の遡上が「日本山岳会の『山岳』にも記録がみられない」ということで計画されてもいる。

しかし二高（旧制第二高等学校）によって「我らの叙事詩」と唱われた飯豊連峰の開拓は、着々と進められていた。石転び沢からの飯豊本山登頂も、すでに一九二六年五月に二高生によってなされていた。

二高と同じことをやっても、さりとて中央の山で追随するようなことをやっていても「らしさ」を出すことは難しい。慶応やそれにたいする早稲田山岳部にもそれぞれカラーの意識が強くあって火花を散らしていた時代である。学生たちにとって校風は重要な関心事であった。東北帝大山岳部でこのあと登場する小川登喜男がなしえたことは、結果的に中央の登山界をも飛び越えてしまう大仕事であったと言える。

これ以降の時代になるとどこの学校山岳部でもそうなのだが、部独自の歴史をつくる仕事を求めてヒマラヤ遠征に向かう時代がやってくる。大きく目立つ登山のほうが誇りをもてるし、集団としてのアイデンティティを集約しやすい。それはとりもなおさず、個人の発想による登山よりも組織の業績や部員数が評価軸となり、集団登山の伝統につながってゆく。

第三話　三日月のアヴェ・マリア――一九二八年四月

トキ坊入学す

一九二八（昭和三）年が明けた一月早々、東北帝大山岳部にとって嬉しいできごとがあった。新しい部長の阿部教授が大学本部に掛け合ってくれて、法学部教官室を部室に使う許可が出されたのである。スペースも広く、窓も比較的大きい部屋に自由に出入りできるので、一人前になった気分であった。こうした措置は一九二〇年以降に学校が打ち出した思想善導策の一環であろうと思われ、学友会の発足にともなう全学的な文化・スポーツクラブの誕生が見られた時期と一致する。

山岳部として居住性のよいルームができ、部員間のまとまりも生まれるきっかけとなった。その結束のもと、飯豊連峰や北アルプスの夏合宿へとかつてない多くのパーティが繰り出される。

四月になると、元気のよい新人が一挙に七名入部というのもニュースだった。人の出入りが激しくなって、新しい部屋も手狭に感じられるほどであった。新入生のなかに、髪を七三に分けた白皙《はくせき》の青年といったふうの男がいた。法文学部心理学科に入学した小川登喜男である。同じ東京高校からやってきた「ブチ」こと出淵《いずぶち》国保（法文法・のち矢作製鉄の社長）、ほかに安藤正一（Bochico 法文法）、橋浦、佐山英駿（Aichun 法文法）、「ボシ」こと赤星平馬（法文法・のち小岩井農場会長）、八高出身の「George」こと枡田定司《さだし》（工学部金属）の姿もあった。

先輩となった田名部繁（工学部金属）は、新入生のなかでひとり物静かな小川が気になった。いかにもノーブルな顔立ちからして、東京の中流家庭に育ったお坊ちゃんにちがいない。背はそれほど高くなく、一六五センチほどの細身。名前はそのものずばり「登り喜ぶ男」、TOKIO。顔にはまだ稚さをのこしていて、早くも「トキ坊」というニックネームを頂戴している。二高気質の強い田名部から見れば、こんな華奢な男が汗臭い部室にいることさえ違和感を覚えた。山は男の城だと思っている。音楽とか天文学でも似合ってそうな男に見えた。

小川が出た旧制東京高等学校は、一九二一年に設立された官立のエリート校である。東京市中野の地に、わが国初の七年教育制（尋常科四年・高等科三年）を敷く高等学校としてスタートした。大正リベラリズムにふさわしく都会的でスマートな校風をもち、その軽快なイメージからひところ「ジュラルミン高校」の異名で呼ばれていたこともある。小川はそこの第一期生で、山岳部をつくってまで山へのめりこんでいたらしいが、どういう事情か仙台へやって来た。

小川にとっても仙台は東北の一地方都市くらいの認識しかなかったし、東北の地には自分がめざす高い山も岩山もなく、登るに値する山はないと思っていたふしがある。

小川の登山記録で最初に現れるのが一九二四年、東京の八王子市にある高尾山（五九九メートル）から小仏峠《こぼとけ》への縦走である。尋常科四年、一六歳であった。縦走した八名のなかには、一緒に仙台へ来た出淵のほか、後年世界的な名指揮者となる朝比奈隆などがいた。この年には小川がリーダーで針ノ木岳から槍ヶ岳までの長距離縦走も行なわれている。朝比奈隆はお目付役の立場で同行したという。このメンバーでガリ版刷りの文芸同人誌「峠」が発行されたり、一九二五年には新設の高等科に進み東高《とんこう》山岳部が創設されている。

ちなみに同級には日向方斎（のち関西経済連合会会長）や清水幾太郎（社会学者）、宮城音弥（心理学者）、内田藤雄、平井富三郎などいずれも後年名をなす面々がいた。開校時の募集定員が八〇名、たいして三〇〇人を超える応募を突破したいずれも優秀な学生だった。

小川の山歴は、ほかに一九二五年七月の黒姫山と戸隠山登山が見える。この山行は一般募集であったため、先生のほかに案内人一名、人夫二名がついた。経験不足のメンバーが多く、黒姫山には弁当も持たずに登って牛肉の缶詰で昼食としたり、鎖場のある戸隠山に登れたのは小川ら三名にすぎなかった。八方睨《はっぽうにらみ》、奥社を経るうちに暗くなってしまい、ただ一つのちょうちんを頼りに、宿坊のある中社《なかしゃ》にたどり着いたという経験をしている。すでに大きな山をリードしていた小川にとっては、不完全燃焼の登山だったにちがいない。

八月には東高山岳部初の夏山計画として、上高地からの槍ヶ岳登山があった。このとき槍の頂上に立った小川は、仲間と別れ単身穂高岳までの縦走を敢行する。まだ一七歳の少年であること以前に、キレットが深く切れ込む槍穂縦走は当時なかなかの難コースであったと想像されるが、無事下山を果たす。小川の天賦の才をうかがわせる山行となった。

一九二七年には熊沢ら七名と名を連ねて、八王子にある陣馬山《じんばさん》（八五五メートル）に登った。翌年には、小川たちのリードによって三ツ峠でのクライミングのトレーニングもされるようになった。

東高山岳部は、このの ち上高地の小梨平に大学山岳部と肩を並べてベースキャンプを張り、穂高周辺を登りながらクライミング志向を高めてゆく。小川がリーダー、小山善之（のち皇太子侍従医）、熊沢誠義、内田桂一郎らがサブ・リーダーとして活躍した。穂高連峰を一望できる涸沢では、慶応山岳部が発見して知られていた岩小屋があったが、小川たちは別にもう一つの岩小屋を見つけ、前進基地として利用するようになった。大学山岳部に一歩もひけをとらない活動をしていたのである。

そんな小川のことであるから、東北帝大山岳部の新人にしては早熟と言ってよい登山経歴をもっていたことになる。

一方の田名部は学年では小川の一年先輩だが、年齢は四歳も上である。東京本郷の日大一中から旧制二高に入り、東北帝大へと進んだ。二高時代は山岳部にこそ入っていなかったが、部員以上の活躍をした。部員ともよく一緒に山へ登りこみ、山をこなしてきた自負をもっていた。一九二五年五月、残雪の蔵王越えも体験している。暮れの峨々温泉合宿で二高の黒崎大吉から初めてスキーの手ほどきを受けて本格的な登山に目覚め、東北帝大山岳部に入部した。そして小川と出会ったこの時期、クライミングへと目覚めてゆくのである。

さて新入会員の歓迎会もあとまわしにして木村愿（ゲンチャン）、村橋俊介（オシュン）、吾郷友次（Ago）、安藤の先輩たち四名は、四月下旬、蔵王南端にそびえる不忘山《ふぼうさん》を登りに出かけた。仙台午前二時発の汽車は一時間ほどで白石に着き、荷物の整理もそこそこに歩き出した。吾郷が猛烈な空腹を訴え、庚申塚のあるところで朝食をとった。夜が今まさに明けようとし、目的の蔵王連峰が姿を現した。

五時ころには鎌先温泉に至った。道すがら落葉松の若芽が、朝日をはらんで萌えていた。落葉松林を抜け、視界が開けると不忘山の大きな姿が迫ってきた。今は残雪豊富だから登拝道にはおかまいなしに登れそうだった。木村と吾郷はゾンメルシーを履いてさかんに気炎を上げていた。

ゾンメルシー（Sommer ski）とはドイツ語で夏スキーを意味し、やや肉厚で幅広、とりまわしのしやすい短いスキーである。革製のバックルで靴の甲を押さえ、歩くために踵《かかと》が上がる仕組みになっていた。この操作術を覚えないと、残雪の山では足がもぐって行動がはかどらないのである。

八時三〇分、標高一〇〇〇メートルほどの台地で大休止をとった。歩きやすい雪田を拾いつつ尾根に達すると、あとは狭い尾根通しに一気に頂上三角点へ。高山を思わせる頂を踏みしめたのが、一一時四〇分。残雪豊かな屛風岳東壁が目の前に迫って見え、初めて見る壮大な光景に一同は驚きをかくせなかった。

正午ちょうど下山開始、下りは二名がゾンメルシーで、あとの二名は腐った雪に苦しめられながら歩いて下った。鎌先温泉を横目で見ながら通過、白石駅に着いたのは五時半、一四時間をゆうに超えるアルバイトであった。疲れはあったが、みな意気軒昂のうちに山行が終結した。

なお不忘山から屛風岳への登山は、これよりずっと早い一九一六年五月下旬に旧制二高山岳部の小倉謙ら五名がなしとげており、仙台へやって来た学生たちによってさかんに登られていることがわかる。

同じ二九日は、「Solo・ゾロ」のニックネームをもつ廣根徳太郎（物理）が、仙台近郊の笠岩でロック・クライミングの練習を行なっている。笠岩は仙台の西に広がる郊外、権現森の南山麓にある小規模な露岩である。帝大山岳部としてきわめて早期の岩登り記録とみられる。

五月五日から六日にかけて、いよいよ新人歓迎登山の日である。五日は峨々温泉に泊まり、翌六日は八時に峨々温泉を出発した。新人が入ってくれれば、先住民たちは先輩面をするのが通例だ。一行は標高差約一〇〇〇メートルの雪の刈田岳へ三時間半という短時間で登った。歓迎登山ともなると先輩の威信を示すために、ふだんより厳しい特訓が下されるのである。当時のルーム日誌には「一同のびて、だらしなき事甚だし又遺憾なり」と残されている。

刈田岳の東に残る大きな雪渓で、ゾンメルシーの訓練も受けた。トキ坊は東高時代すでにスキーを経験しているが、ほかの新人たちと一緒に明るい空の下でめいっぱい身体を使うのは、気持ちのよいものだった。

ところでこの歓迎山行には、新人がそれほど参加した様子がない。ルーム日誌に見るかぎり小川、横井、橋本くらいで、ほかに安藤、木村、泉、村橋、吾郷、廣根らの先輩を見る程度である。山岳部といってもとくに部の規約もなく、二高のような伝統も実績もない。もともと全国の高校から集まっていて年齢もまちまちであり、先輩・後輩という序列意識が薄かった。山岳部に登録したといった程度で、一人で二つのクラブに所属している者も稀ではなかったし、出身高の仲間と一緒に行動することも多かった。行きたい者が自由に誘い合っては山へ入っていたのである。

五月一三日から四日間かけて、田名部は平山砂男と二人で泉ヶ岳から北泉、桑沼への山行に出かけた。桑沼は大正九年発行の『山岳』（日本山岳会会報）に、二高出身の沼井鉄太郎が「桑沼付近は我々の間では秘密になっていた」「メルヘンの生まれる南ドイツのワルドを想像する、森に包まれた湖」と熱い心で報告していた場所である。

初日は根白石《ねのしろいし》から歩き出し、牧場跡のつぶれかかった小屋で遠雷を聞きながら寝た。二日目は泉ヶ岳の東山麓を通る道を桑沼まで歩き、湖面の幽邃《ゆうすい》さに浸った。そこから大倉山の急峻な横っ腹を藪をかき分けながら這い上がり、尾根上に出る。尾根は喬木帯となって歩きやすく、北泉の山頂にはわりあい容易に立てた。

北泉から泉ヶ岳とのあいだにある瘤を越え、少し下ったところにあったシナノキの大木の下に天幕を張った。夕方から突然雷鳴とどろく暴風雨がやってきた。二人は素っ裸になって走りまわりながら天幕の防御工事をする始末だった。夜も九時ごろになって雨が止み、フクロウの声を聞いたときやっと落ち着きを取りもどした。

一五日は終日暗い雨で、チンデン（沈殿：停滞のこと）に終わった。一六日、食料も尽きてしまったため下山しかない。今回の山行では風雨のなか、半裸で走りまわりながらテントを修繕した苦い思い出だけが残った。

田名部は、矢継ぎ早に山行計画を打ち出した。次は以前から憧れていた南蔵王縦走である。不忘から先は道がはっきりせず、屛風岳を伝うには残雪期を選んだほうがよいことがわかっていた。前年に木村愿《げん》らが実行しているので、記録を参考にして臨んだ。

五月二六日、平山とともに出発。仙台から汽車で白石、そこから歩きはじめて鎌先温泉へと、大筋決まったルートなので気は楽だった。反面、田名部は初めての山に入るとき、不安とやる気が交錯して興奮するたちである。バンカラを気取ってはいるがじつはなかなか寝つけず、今回こそへばるのではないかと気弱になってしまうのだった。

白石の町を暗いうちに通過、空を見上げると雲が重く垂れ込め先行きが悲観的である。鎌先温泉から先は尾根伝いの小道となり、やがて炭焼きの道が錯綜した。たどり着いた一一五八．七メートルの三角点は、巨岩が点在する平坦地だった。灰色をした大岩のくぼみに水がたまっており、二人は貴重な水を大事にすすって渇きを癒やした。道は笹のなかに続いていて、抜けてゆくと頂上が間近に見えた。

不忘山頂上に立ったのが一二時ちょうど。屏風につづく尾根は壁のようにそびえ立ち、崩れ残った雪庇が斜面に張り付いていた。田名部は冬にここを登ったら、どんなにか痛快だろうと思った。

アイハギノ峰を越えて南屏風に登りはじめるうちに、道は消えてしまう。ハイマツと残雪のなか、猿のように両手足を使って進んでゆく。長い稜線をへとへとになりながら進み、午後四時、北屏風を越えて芝草平に下った。水のしみ出す場所を避け、ほどよい平地に天幕を張る。中に入って落ち着くと、雨と風の音が妙に寂しく感じられた。

二七日は杉ヶ峰を越え、刈田峠に出て上山道《かみのやま》を遠刈田温泉へとめざした。いよいよという段になって混み入った残雪に道を失い、三時間も迷う始末。長く迷走した下りの果て、上山道にひょっこり飛び出す。疲れた身体を引きずるようにして遠刈田温泉にたどり着いた。夕刻、仙台へ帰る軽便鉄道の窓から、不忘山の優美なすそ野が見えた。そのとき雨と寒さ、藪漕ぎそして彷徨《ほうこう》、苦汁をなめたすべてを忘れた。なぜか懐かしさのようなものが心の底から湧き上がり、二人で微笑みを交わすのであった。

五月の終わり、三〇日から部としての山行で南蔵王の屏風岳行と岩手県にある早池峰《はやちね》山の二班が出た。小川は同じ新人の安藤、橋本とともに早池峰山行に参加し、六月二日の夕方六時過ぎ、元気に帰仙する。早池峰山では途中で道を失い半日もの藪漕ぎを強いられたが、香ばしい栂の葉を敷いた上に寝ることができた。月に守られるような一夜を過ごし、「私はその快い一夜を忘れることができない」とのちに東高《とんこう》の部報に思い出を寄せることになる（『東京高校山岳部部報』第一号、一九三三年）。新人たちの山岳部入部は、まずまずのスタートを切った。

小川は山行となると物おじするところもなくどこへでもついてくるし、部室への出入りも頻繁になった。部内のうわさでは、東京高校時代からかなりの経験を積んでいるということだった。無口で覇気がなさそうに見えて、じつは筋金入りのようだ。付き合ってゆくにつれて、仲間の小川を見る目がようやく変わっていった。

小槍でつぶれたポケットのトマト

一九二八年七月、部として初の北ア・上高地合宿が発表され、計画会には二三名という多数の参加者を見た。法政大学、京都帝大、大正大学、甲南高校、松本高校などからも夏季合宿の計画書が届いており、大学間での情報交換は案外さかんだった。東北帝大の夏季登山計画書の表紙デザインはさっそく小川が担当し、「小川君が南画にその才能を振るう」とルーム日誌に残されている。

立山、劔、薬師、白馬・黒部、飯豊、上高地から穂高とかつてない多くのパーティを繰り出すことになったが、東北帝大としては当時の学校山岳部のあり方ととくに変わったところはなかった。

七月一五日、田名部は第一班として平山、村橋ら部員六名と立山からザラ峠、針ノ木峠までの山行に出かけた。途中雨に降り込められた室堂で、これから劔岳に登るという小川、吾郷、安藤の一行を大勢の登山客のなかに見つけた。山岳部は部員それぞれの山行で、フル活動しているさまが見える。

七月三〇日、いよいよ夏合宿がはじまった。OBの廣根徳太郎、彦坂忠義（ヒコ・火子栄）、清水、村橋、木村らは松本駅から島々へ向かい上高地へと向かった。夜から降りはじめた雨は次の日も一日止まなかった。上高地に着いてテントを張り、卵どんぶりを作ってみなで黙々と食べた。

翌三一日も雨はやまなかった。ここで小川が顔を見せたのである。のちのルーム日誌には「小川君に偶然会す」と書かれているが、これは偶然ではなかった。小川は一行よりもひと足先に上高地に着いており、東京高校のテントで帝大合宿パーティを待っていたのだった。小川の話では、東京高校山岳部後輩の熊沢誠義と二人で小槍に登ってきたのだという。槍ヶ岳の西側に屹立する高距一〇〇メートルを超える岩峰である。

「お疲れ！　うまく登れたんだって？」

「ナーゲルが、二本引っかかるだけの足がかりでした。かぶり気味のところは、上着のフリクションも動員して」

「確保はどうした？」

「ハーケンにザイルを巻き付けた。身体が半分しか入らないチムニーなので、ポケットのトマトつぶれちゃった」

小川は静かに笑った。取りつきから四〇分ほどのちには頂上にいたというから、彼は自分たちがまだそれほどもたない岩登りの経験を、すでに豊富にもっている。そしてクライミングは身体能力をぞんぶんに使う点で、あきらかに小川を夢中にさせている。

小槍は六年前の一九二二年に烏川口のガイド浅川博一の案内を受けた松本市の寺島、土橋の二人によって初めて登られている。三日後に平賀、赤沼が有明の中山彦一のガイドで第二登を果たした。翌年に慶応の青木勝、佐藤久一郎、波多野正信らがガイドレスで登ったさい「去年登った人が置いていった麻のザイルが残されてあった」と『登高行』に報告している。

八月一日は廣根、彦坂、清水、村橋、木村の五名が手はじめとして焼岳に登った。翌二日は木村が抜けて、四名が霞沢岳《かすみざわだけ》を登った。

四日、廣根をはじめとする小川ら七名（木村、彦坂、村橋、上田、清水）は上高地のベースキャンプを六時半に出発、岳沢から重太郎新道をとって一一時三五分、前穂に立った。そこでゆっくり休んだあと、濃霧のなかを奥穂、北穂まで縦走、午後三時過ぎには涸沢小屋に下りている。翌日は悪天のため停滞、翌六日に涸沢岳に登って上高地へ下りた。その夜、小川はそれまでいた東高《とんこう》のテントから引っ越して、やっと東北帝大の仲間入りをする。

八日になって廣根、小川、吾郷の三名は上高地から涸沢の岩小屋へ向かった。約五日間の食料、一人当たり約一七キログラムを背負っての行動だ。岩小屋は涸沢を根城とする学生たちの便利な、憧れの場所となっていた。大島亮吉も『登高行』に「涸沢の岩小屋のある夜のこと」を書いており、のちには慶大と早大間で場所取り争いになったこともある。小川らは二〇〇メートルほど下に別の岩小屋を発見していたので、そこをベースにするつもりであった。

三名は翌九日、岩小屋を六時半に出て、五・六のコルへ登った。そこから北尾根を、この三月に墜死した「大島亮吉君を弔いながら三時間を要して」（ルーム日誌）登りつめた。頂上に一〇時四〇分に到達、さらに明神岳まで縦走して夕刻の七時三〇分、上高地のテントへと下った。ルーム日誌には「岩小屋にありし廣根、吾郷、小川が前穂北尾根、明神を一日にして突破し夕方七時天幕を襲う」と記されている。

八月一〇日、小川、吾郷、廣根はその日も岩小屋へむけて出発した。翌一一日になって奥穂高岳にザイテングラートを経由して登り、ジャンダルム、さらに天狗岩のピークに立った。天狗岩から往路をもどり岩小屋に帰還。一二日は休養日とされたが、廣根と小川は休まず北穂へ向かっている。

一三日はいよいよ岩小屋を引き上げ、上高地のベースキャンプへもどる。途中、屏風岩の正面ルンゼ（北壁・Ⅱルンゼ）を偵察した小川は「屏風岩は雪崩に磨かれていて、クリンカーとホブネル（鋲の一種）だけでは滑るおそれがある。トリコニーの新しいものか、またゴム底の新しい地下足袋が良いと思う」と、ルーム日誌に書きとめた。

小川は屏風岩がよほど気になるらしく、翌一九二九年にも穂高に遊んださいに登ろうとしたが、金沢医大生の遭難騒ぎがあって中止している。屏風岩の登攀はひとつの課題となった。

この合宿で小川の実力が証明され、みなに一目置かれる存在となった。メンバーがすべて上高地に集結して、長かった東北帝大の合宿も終了した。しかし小川ひとり東京高校のテントにもどって現役部員の指導を続け、つごう二週間も上高地での生活を楽しんでいる。穂高の山々での毎日は、小川にとって輝く青春を象徴するものとなった。

さて田名部は一〇月、大東岳と神室岳の二つの山を登る計画を立てた。仙台の西、秋保《あきう》の奥にそびえる二口《ふたくち》山塊では盟主的な山で、とくに神室岳には径がなく秘峰の趣がある。直前に二高生の久野久らも大東岳と南沢から神室岳に立っているが、情報交換はなかった模様である。

一〇月一〇日、袖山左京を伴って出発した。雨模様が続いたあとの澄んだ大気に、二人とも気をよくして秋保電鉄の人となる。長町のはずれにさしかかると、蔵王連峰が薄紫にけむる全容を現していた。そして電鉄の終点、秋保温泉を後に歩きはじめると、紅葉で黄色味を帯びた大東岳のずんぐりした頭が見えてきた。二人は感嘆の叫びをあげながら歩いた。

本小屋から山道へ入る分岐点には、山神碑が立っていた。錯綜した道に一時間も迷ったあげく、炭焼き小屋を見つけた。やがて煙が立ちのぼり、夕飯のうまそうな匂いが腹を刺激するころ、谷には夜のとばりが下りた。じきにヘッドランプの光のもと、貧しいが満ち足りた食事が始まった。田名部はいつものように、人っ子一人いない山中で夜を過ごす幸福感に浸った。食後のひととき、レモンティをすすりながらブナの枝に懸かる無数の星を眺めて過ごすのは、最高の贅沢だった。

翌朝五時、雨に遭わないうちに頂上に立とうと、ザックを軽くして出発した。道は不明瞭で、ブナの巨木のあいだに密生している根曲竹を漕ぎながら登ってゆく。三時間後、二人はやっと一〇坪ばかりの頂上に立った。しきりに走る黒雲の彼方に泉、北泉、後白髭山の連なりが切り絵のようなアウトラインを見せていた。この山行に満足したためか神室岳登頂は見送りとなり、翌日仙台へと帰った。

ルーム日誌に綴られたアンソロジー

東北帝大山岳部の部室には、一冊の大学ノートが備えつけられていた。部員同士の連絡事項や行事の情報を共有し、また部内の出来事や感想などを自由に書けるルーム日誌である。日誌を書き継ぐという、帝大山岳部の伝統のはじまりであった。

木村愿《げん》と思われる筆跡で、ルーム日誌の扉に第一声としての緒言が見える。

山岳部諸君へ。僕はRoomの壁である。このルームたるや、以前法文の先生方の一人が、磨かれたリノリュームのその上で毎日悠々と学問されていた教室なのだ。それがなんの悪縁か、このたびとうとう山岳部のルームになってしまった、と言うと何の支障もなく君たちの所に来たと思うと大間違いだから、迷いの夢浅きうちに良く申し渡しておく。この部屋はいとも職務の城壁に閉じこもって俗外の風に触れざらんとする諸役人より、千辛万苦ののちようやく佐藤丑次郎先生と阿部久三郎先生のご好意、尽力の結果、君たちの入ることを許されてきたのだよ。しかもそれまで僕は無聊をかこつこと数ヶ月、久しぶりで君たちの声を聞いてやっと心持ちが良くなった。君たちよ、押しの一手でこの根城を見捨てないでしっかりやりたまえ。なお僕は壁であるから落書きされることを待っている。君たちの考えを知りたいから。

昭和三（一九二八）年一月二〇日

ノートには連絡事項にまじって、ときに飾り気のない心情が吐露されたり、やがて交換日記の様相を呈することもあった。誰かがちょっとした考えを披露し、それを部員が読んで感想やら意見を述べる。そして包み隠すことなく連ねられる山への思いまでが、仲間うちの気安さで書かれた。日誌を通してみずみずしい会話を重ねるうちに、部員には兄弟、家族のような連帯感が生まれていったのである。

部員たちは勉強そっちのけで、山岳部ルームに通い詰めた。そうするうちに、小川も山への思いをモノローグとして書き連ねるようになる。内輪のメモ書き程度で、ぶっつけ本番で書き散らすので読みにくいものがある。クセ字の走り書きや、ドイツ語のスペル混じりに書きなぐったものも多い。

小川は一九二五年に東京高校へ進学したさい、理科乙類を選択しているが、そこは医学をめざす者が多かった。当時の理乙はドイツ語が第一外国語だったから、普通に使われていたのである。盟友の田名部によれば小川はフロイトを原書で読んでいたと証言しており、ドイツ語の多用から正確な文意をはかるのは、今となっては容易でない。

部室でストーブを囲む部員。「或日のルーム」のキャプションがある。左の横顔を見せるのが小川、その奥に吾郷、SOLO、MORI、右端の着物姿は不明（枡田か）、左手前白シャツで後ろ姿が田名部（帝大アルバム）

田名部繁

ルーム日誌に描かれた「ルームの壁」の顔

また科学でも信仰でもない近代登山は輸入文化としての背景があり、言葉のもつ概念を正しく理解するためにはむしろ日本語では補えないものがあっただろう。

若い香りを漂わせ、多感な思いを閉じ込めたことばは、ときに詩文のごとき光を放っていた。もとより公表する意図をもって書かれたものではないため、それだけに当時のナマの雰囲気を伝える格好のアンソロジー（anthology 詞華集）となった。慶応やほかの山岳部のように会報をもたなかった初期の東北帝大山岳部にとって、これらのノートはもしかすると、外部を意識した正式な会報より強い絆をもたらす媒体だったかもしれない。

蔵王ヒュッテができてからは、ルーム日誌とは別にヒュッテンブッフも置かれるようになった。これもまたとない当時の様子を語ってくれる、タイムカプセルとなった。

はじめのころのルーム日誌は、ほとんど連絡事項だけが連ねられている。ここでは読みやすくするため、文意を損ねない程度に最低限に修正し、一部を覗いてみよう。

一〇月一二日

一週間ぶりで巷にあらわれたついでに寄ったら、誰もいないので独りで部屋の中を見渡して三〇分ばかりいた。（正午、次郎）

消耗 an sich な顔をして次郎氏ルームに現る。

登喜坊、久しぶりで顔を出す。愿《げん》、友次ともに欠席。夕べのたたり。

広根氏一発蔵王へ出かけた。よい天気でのびて居るのだろう。

一五日
小川、木村、安藤、橋本、田名部、吾郷
田名部氏に写真来る。
吾郷、小川、田名部、霊山《りょうぜん》に行く支度。
岩永氏より写真来る。素晴らしい。

一六日
安藤、一〇時に来室。「山岳」を持ってくる。
一二時に木村、吉報をもたらして来たが誰もいないので一寸がっかり。
吾郷、小川、田名部、霊山へ行ったはず。
写真は多くなった。

一八日
一時、小川来る。霊山の話を聞く。

一九日
写真いよいよ集まった。心配しながら集めたのも初めのうちだけ。今は如何にして陳列するかを
心配している。ともかく最近にない充実した仙台での展覧会ができると思う。

カルトン（注：仙台市内東一番丁にあったレストラン）二階で写真展を開く交渉に、次郎氏と行く。交渉成り、二七日ころ三日間開く予定。（安藤）

二五日
写真を全部整理する。九時、万端の準備ができた。明日の陳列を待つばかり。

二六日
Carton にて終日展覧会の準備を為す。愿、吾郷、彦坂、田名部、森、橋本、ジロさん。小川↓
徹底的にサボリやがった。

二八日夜
次郎さんへ塩釜よりご来客。初めて次郎さんが赤くなった由。
しかし番人一同、お相伴に与りたり。
田名部、平山、安藤、小川、広根、吾郷、木村。のちワンデルング。
支那ソバ、焼き鳥、黄金焼き、シューマイ。
途中雨が降ってきたので、ともかく無事解散。
赤い風車に電灯《あかり》がつけば　軽い楽の音　女は踊る
唄う小唄はバレンジャー　ムーランルージュは赤風車《あかふうしゃ》

クライミングはバドミントン・スタイルで

ルーム日誌にあるように、一〇月一六日から一七日にかけて田名部、小川、吾郷の三名は福島県の北部に位置する奇岩怪石の山、霊山《りょうぜん》へクライミング研究に出かけた。田名部はこの山行が小川との初めての山行であり、また自身もこれが岩登りの初体験であった。

仙台から伊達駅まで汽車賃が一人分八八銭、伊達から掛田まで三四銭という安さであった。掛田からは乗合自動車、あとは小春日和のなかを重装備で歩いて霊山のふもとにやってきた。岩場はおもに

霊山の岩場にて。トップの小川と下方は吾郷（帝大アルバム）

西南面のひときわ大きい壁を登ることにして、水の流れる傍らに格好のキャンプサイトを見つけた。

天幕を張ってしばらくすると、宵の明星がキラキラと瞬きだした。頭上の岩壁はのしかかるようにそびえ立ち、どこか遠い異世界の山にでも来た気分にさせてくれた。赤い三日月の下、小川がひとり岩壁に向かって「アヴェ・マリア」を諳《しら》べていた。小川の歌は、切なさを越えてどこか浄化される響きがあった。どうもこの男は神経質そうで口数が少なく、とっつきにくいけれど歌声が透きとおっている。純真な男にちがいないと田名部は思った。

翌日のクライミングはオーダーを小川、田名部、吾郷の順に決めた。ザイルは三〇メートルのものを使った。中折れ帽スタイルの小川は細身なのに腕力が異常に強く、運動神経もおそろしく発達しているようだ。いきなりの強傾斜も、苦もなく取りついてスルスル登ってしまう。あまりのためらいのなさに摑んだホールドがはがれ、登攀姿勢のまま落ちかけたこともあった。田名部がすばやくザイルを引いて、岩角にテンションをかけて事なきを得たのだが。この山行で、田名部は小川の天性のバランス感覚と、岩場での度胸あるふるまいを目の当たりにさせられた。

そういう田名部も人一倍腕力、体力には自信があった。そしてどんな山でもとことん追求しなければ気がすまない性分をもっている。ひとつ登ると、また新しい山のアイディアが始末に困るほど生まれてくる。これからは岩登りを覚えて、次の新しいステップを踏み出さねばと心底願っていた。そんなタイミングに小川と出会ったのである。

小川は東京から来たばかりの、一見良家の坊ちゃんタイプ。しかも口数が少なく他人のことにはあまり関心をもたないふうだ。身体つきは細身にしか見えないが、そうではなかった。帰りぎわ汗にまみれた上半身をせせらぎで拭いていたとき、小川の背中には広背筋が羽根のように発達しているのを見た。ほぉ、奴はこれで羽ばたくんだ。この筋肉さえあれば、なるほど身体のひとつくらい軽々持ち上がるだろうと田名部は納得する。英国貴族のバドミントン・スタイルを気取る、流行《はやり》の表向きと違って流れている血はとびきり野生の血らしく、田名部にはそのアンバランスなところが面白かった。霊山の岩場で出会った二人は、正反対の性格にむしろ快さを感じ、たがいにこれから長い付き合いが始まる予感をもつのだった。

ところで、小川たちがとっていたバドミントン・スタイルというファッションは、慶応の大島亮吉が流行らせたものらしい。一九世紀後半、イギリスで出版されたスポーツ叢書『バドミントン・ライブラリー』(*The Badminton Library of Sports and Pastimes* 全33巻) というスポーツ・レクリエーションの本に、そのヒントがある。イギリス国内で行なわれていた伝統的なスポーツや新興の近代スポーツの歴史と現状を解説した本である。ハンティング、ゴルフ、テニス、ポロ、フットボール、クリケットなどのなかに「マウンテニヤリング」と称する登山分野の一冊がある。大島自身がロンドンの書店から取り寄せたものか、あるいは慶応の先輩槇有恒がヨーロッパから持ち帰ったものか不明だが、慶応部員には親しく読まれたようだ。

この重厚な叢書は、イギリスの貴族ヘンリー・サマセット (第八代公爵 1824-1899) によって創案され、スポーツとレジャーを包括的に解説した百科全書として一九世紀末に順次出版された。したがってバドミントンという名称は、バドミントン村にあるヘンリー・サマセット邸の「バドミントンハウス」が発祥となる。一九世紀の中ごろここで行なわれた羽根板突き遊びが、現代のバドミントンにつながっているのである。この地は乗馬やハンティングなど、スポーツがさかんな地として古くから知られており、ロンドン市内の本屋でバドミントンの本はと尋ねると、乗馬かハンティングの本かという答えが返ってくるほどという。バドミントンとは、貴族が流行らせたスポーツ全般と同義語なのだろう。「僕達のグループの皆んなが大好きなひとつの山の繪がある」という書き出しではじまるように、『登高行』第五号に一葉の銅版画が紹介されている。『バドミントン・ライブラリー』中のC・T・デントによる挿画を、大島は自分たちの部報に転載していたのである。

「British hill weather」と題するこの銅版画は、ヘザーランド（荒地）特有の霧に包まれた岩陰にもたれ、パイプをくわえた紳士が羊飼いの案内人とともに霧の晴れるのを待っている構図であった。画のなかの彼は、友人とともに案内人を連れ荒れ果てた山地を訪れたのだろう。岩や谷を登り、丘の小さな頂きをたどりながらやってきた。人けのない不毛の丘陵になんの目的もたずにやってきて、あちこち登ったりしてさまようのである。

大島らは、天気がかんばしくないときや疲れたときに、パイプをふかして小憩をとっている紳士の態度に惹かれた。悪い天気だからすぐ帰ってしまう、というのではない。少々良くない天候でも、自然のうつろいとして楽しむのである。厳しく危険な山を追究する一方で、大島らはこの絵に漂うつかのまの安息を愛した。「すごい登山修業」、それにとりつかれて汲々するばかりでなく、いや厳しさに心がくじけそうになればなるほど、心の余裕が欲しい。

緊張を持続させる行動は、やがて肉体ばかりでなく心のくつろぎを要求する。ひと休みするアルピニストには、瞑想的な精神があらわれる。イギリスではこれを「ザ・スピリット・オブ・ザ・ヒルス」、山岳の精霊と呼んで尊んだ。

年々進歩する登山技術や装備と目的意識の先鋭化の一方で、絵に見るような古いもののよさや憩いを大事にする山登りを見直したい。昔の人は、粗末な食べ物を食い不便な格好をして歩いていたではないか。「氷河のかたわらの堆石の間でピッケルを抱いては平気で寝ていたんだ」（叢書にはその様子を描いた絵が挿入されている）。

バドミントン・スタイルの服装は二、三〇年前の古くさい型の洋服、フロックコートの古ズボンを直したもの、帽子は品のいい古物、靴だけは鋲のしっかり打ってある、底の固くて厚い外国の靴、「それに煙草をのむやつはパイプを持っているといい」のである。古い服といってもすり切れそうなものではなく「型の古いのがいいというんだ。二、三〇年前の時代がついていなくっちゃならない。チョッキは是非いる。そして型は上衣と同じような古臭さがいい。それから帽子はやわらかい品のい

「British hill weather」（C. T. デント、1892年、*The Badminton Library of Sports and Pastimes* より）

いのがよい」「厚地のゴッゴツした、襟をちょこんと小さく折った上衣、二列ボタンの折襟つきのチョッキのかくしから太い時計の鎖をぶら下げて、重そうな、鋲のいかめしいネールドブーツを履いたマウンテニーヤ」の格好である。要するに「山登りにおいて静観と安息との幸《さち》を求めるようにしていることなんだ」という。

さまよう場のひとつの例として、大島がたびたび訪れた知り合いの牧場を上げているが、しかしこうした山上の牧場をぶらついているばかりが、バドミントン・スタイルじゃない。「それぱかりじゃあないよ」「何よりもまず山登りだ」一方で過酷な挑戦があって、対比として求める静観のスタイルなのである、と。

『登高行』にはもうひとつ「涸沢の岩小屋のある夜のこと」というエッセイのなかに、一葉の写真が挿入されている。前穂の北尾根に向かい合って二人の登山者が後ろ姿で並び、パイプをくわえてくつろいでいる姿である。フェルト製と思われるソフト帽をかぶり、白いシャツにチョッキ姿は上着を着ればそのまま紳士の正装となる。登山は紳士のスポーツであり、おしゃれが欲しいというメッセージがこめられたのである。登山という遊びを発明したイギリス・モードは、大島が「ある山に登るグループの持っているムード」として発信したことで、たちまち学生たちに広がり、ついには社会人登山家のあいだにも流行するファッションとなったのである。

船形山塊・黒伏山南壁行

一九二八年の一〇月下旬から一一月にかけて、小川、田名部、吾郷、森、安藤、平山の六名は、黒伏山《くろぶしやま》の南壁をめざして出かけた。言い出しっぺはもちろん小川である。船形連峰の西に連なる山の南面に、東北では最大級の岩壁があると聞いていた。地形図では扇状の岩記号が、三〇〇メートルほどの規模で描かれている。登りごたえのありそうな壁だった。装備はザイルを二〇メートルと四〇メートルを各一本、ピトン（ハーケン）は三本用意した。

午後三時ころに仙台を発ち、福島まわりで米沢、そして山形駅に着いたときは夜の一〇時をまわっていた。雨は止む気配もなく降りつづいて寒かったが、駅のベンチで小川も吾郷も図太くよく眠った。仙山線の開通はのちの一九三七年一一月になってからで、山形へは福島まわりで行ったほうが近かったのである。

翌朝は神町《じんまち》方面へタクシーを使って向かい、間木野《まぎの》の集落から歩きはじめた。天気がよくなってきたせいか、寒気が強かった。よく踏まれた谷あいの道を登っていくとつづら折りの道となり、頭上に黒伏山が頭を出しはじめた。紅葉のなかにそこだけがえぐり取られたような鉱物質の大きい壁が見える。槍のように尖ったピークがあり、右手には逆落としのようなバットレスが傲然と光っていた。

さらに登ってゆくと、壁が正面に立ちふさがるような険しい全景を見せてきた。近づくためには、いったん谷に降りて対岸から登り返さなければならない。谷を渡り南壁の左手上部、槍ピークを頭の片隅に描きながら藪の中を登った。地形図では扇状をした岩記号の左下に沼があり、どんなところか一時間ほど探してみたが、見つけることはできなかった。さらに藪を漕いで登るとふいに小径に出た。地形図上にはない径である。そこから東方向に少し進んで、小さな沢のほとりで天幕を張る。

翌二日、昨日観察して岩溝に見えた正面壁に近づいた。壁の下に立ってみると、遠望したときの予測とは大違いのまるで手がかりのない強傾斜、それも大きな節理の逆層であった。この人数、この装備で素手で取りつくのは初めから無理である。

やむなく西側へと藪を漕いで、取りつけそうな岩場を探しあてた。オーダーは小川、田名部、安藤、平山、森、吾郷と、一本のロープにはちょっと多すぎた。ゲレンデ探しのつもりもあったから、この上にテラスでも見つかればいいと考えた。田名部は二番手についた。

取りつきのスラブは、小川が田名部のショルダーで切りぬけ、右手に出る。岩と藪がミックスしたきわめて不愉快な登りを、一〇メートルほど登った。腰の強い灌木にザイルが絡まって、思うようにロープが伸びない。トップはさらに右に向かって凹角を登っていった。しかし上方は藪が連続しているように見え、ラストの吾郷が一時ロープを解いて左方にトラバースして登る。一〇〇メートルほどの登りで、松の木のあるテラスに着いた。

気を取り直しふたたびアンザイレンして登った。やがてスラブに出、小川が上方いっぱいにピトンを打つ。叩くにつれて音が鈍くなり、打ち込んだと見たら先端が折れてしまった。もう一本も、鈍い音をさせて折れた。やむなく吾郷にショルダーをさせて一段上に登った。登りつめた一枚岩でピトンを打って登ろうとしたが、これも折れてしまう。こんな粗悪なピトンを使っては確保などできない。

結局、槍のように尖ったピークの直下まで登ったあげく、武器が尽きてあきらめた。小川ひとりが黙々とトップで高度を稼ぎ、最後まで粘ったもののクライミングは未完に終わった。ルートは斜度七〇度くらいの、クラック・クライミングという印象だった。こんな壁での六人はいかにも多すぎた。はじめから偵察と初心者のトレーニングを兼ねてやってきたのだから、仕方がない。みな沈黙して懸垂下降で下り、天幕に帰ったときはすっかり闇に包まれてしまった。

三日は起きがけから雨。小やみになったのを契機に天幕をたたみ、御所山小屋（現在の柳沢小屋）まで歩いた。きれいに整頓された小屋でしばしくつろぎ、夜はみな安心したようにぐっすりと眠った。

四日、この日は降雪を見たが一時的なものらしく、大倉川に沿う道を仙台方面へと抜けることにする。シナの樹の二本の巨木のあいだを、しっかりした道が続いた。楠峰の北側を巻いて大倉川左岸に続く道は、山形方面から宮城側へ定義温泉の湯治にも使われた古道である。ブナの大木に包まれた道を歩きつづけて途中でまた日が暮れたため、炭焼き小屋を見つけそこにもぐりこんで寝た。翌日は午前中も早いうちに定義温泉へ着き、そこから馬車道をかなり歩いて白沢に出て仙台へと戻った。

黒伏山の南面は、東北地方最大の岩壁をなしている。落差二五〇メートルを超え、一帯が逆層の一枚岩となっている。逆層とは、屋根瓦のような下方に傾く節理をした壁で、手がかりや足がかりに乏しい状態を指す。下から見ると手がかりに見えるブロックは、外傾したいわば瓦の断面なのである。四〇年以上あとに筆者が登ったころは、中央ルンゼのグレードは取りつきでも五級+とされたから、昭和初期時に登る対象とはとうてい思われない。こんにちでも第一級レベルの壁であり、当時の装備と技術、人数の多さからよく登りつめたものと思われる。

黒伏山南壁が弱点を縫って初めて登られたのは一九五三年一一月、仙台一高山岳部の三原千秋、渡辺、鹿野のパーティによってであった。その後数多くの試登、初登攀争いを経て中心部に位置する中央ルンゼが完登されたのは一九六六年九月一六日から一八日にかけての、仙台山想会員の高橋二義と武田捷による登攀であった。このパーティはハーケンの連打と吊り上げを駆使して登り、壁中で二回のビヴァークを強いられている。

さて山岳部が隆盛に見えるなかで、あるときルーム日誌にOB高橋次郎による鋭い苦言が書き込まれた。ルーム開設から一年を経過し、そろそろ山岳部のあり方が問われる時期になっていた。

それは「ルームにザイルやナタやピッケルを飾り付けて、何を表現しようとしているのか」と書き出しから鋭かった。最近の登山家は服装や持ち物で、らしさを表現しているのではないか。それは衒気《げんき》である。登山の格好をすることが登山家ではない。整理整頓もしないままルームにそれらしい飾り付けをする前に、ひとりひとりもっと厳しい山をめざそうではないか。「部は烏合の衆であってはならない」と結ばれている。ジロさんの真摯なお小言によって部員は活を入れられた格好であった。

あとに続くルーム日誌には、反省のような書き込みがいくつか見え、またルームがきれいに片づけられるようになった。しかしながら学生のことである。そう容易にまじめ一方へと突き進むわけはなかった。日誌には「朝一〇時ルーム出勤…Jiroさんの評になるほどと思われる。ルーム開設一年、なにをしておったか？　と言われたとき、これに答えうる何かを我々は持っていない。集まるとすぐ酒の話が出る…」などの書き込みが見える。こうした内部から仮借ない指摘が出る状況はたるんでいるように見えるが、帝大生の山への真剣な一面を現してもいる。東北帝大山岳部らしい活動はどこにあるのか。アイデンティティがなければ、部はたんなるサロンにすぎなくなる。そろそろまじめに考えなければならぬ時期に来ていた。

一二月一五日、ジロさんの手製本『アールベルグ・スキー・テクニック』五八部が完成した。帝大山岳部関連による初めての本であり、表紙のデザインや本文の絵の木版を協力したのは小川であった。これが翌年、博文館からの四〇〇ページにおよぶ『アールベルグ・スキー術』（一九二九年一二月刊・高橋次郎著）となって実を結ぶのである。高橋次郎は、文字どおり日本スキー界の第一人者であった。

一九二五年に発会した全日本スキー連盟は一九三二年に改組されたが、高橋は直後から連盟の役員となり、一九三六年、ドイツ開催の第四回冬季オリンピックの選手団の監督を務めている。日常の登山活動には関わらずとも、帝大山岳部が冬季登山へと踏み出すために不可欠な指導者であった。その存在なくして山岳部員たちの飛躍はなかったと言っても過言ではない。

のちに『ケルン』二〇号（一九三五年）に寄稿した「スキー界の迷羊に与ふ」のなかで「昭和三（一九二八）年の末、東北帝大山岳部のルームで『アールベルグ・スキー・テクニック』というパンフレットを書いた時（中略）試験台になってくれた人々の中には、いま日本の山岳界乃至《ないし》スキー界で名をなしている小川登喜男、田名部繁がいた」と敬意を表して書かれている。そんなジロさんも一九二九年春には法文学部の助手を辞め、東京へと旅立った。一九三〇年四月、ルームに立ちよって「述懐」をルーム日誌に書いている。その後一九三二年には、小樽商高教授を勤めていることがわかっている。

山々が雪化粧をしはじめると勉強など手につかなくなり、部員たちはスキーの準備で忙しかった。そして正月恒例になったスキー合宿の準備会も催される。合宿地への、スキーやその他の荷物の発送もしなくてはならなかった。ルーム日誌には「今日も皮屋へ行った。リングの皮はとってきたが、手紐はまだだ。気がせいても思うように交渉が進まない」といった小川の書き込みが見える。勉強そっちのけで冬山の世界へ、みな思いを馳せていた。

こうしたなかに部員たちによって「我々はなぜ山にのぼるのか」といった若者らしい真摯な思いも書き交わされていたことを見逃してはなるまい。ルーム日誌は現代ふうに言えば、ブログやツイッターのような役割も果たしていた。

一二月一二日

なぜ山に行くのか？　これは誰しもが尋ねまた誰しもが考えている大きなひとつの疑問である。よく人は「好きだから行く」と答えるが、それは我々山を志す者にとってはあまりにも安直な逃げ口上ではないか。むろん好きだから行くに違いないのだが、そこにはもっと根本的な深いあるものがなければならない。高きに憧れることは人間の本能であると言えばまたそうであるが、もう少し深く考えてみるとき山は確かに生きており、そして危険に満ちたその外観のなかに豊かな暖かい魂を持っていることをすぐに感ずることができる。

困難な登山の後に立ち得た頂上での、あのなぜとも分からぬ胸騒ぎはいったい何であるのか？　山を感じ山と合致したこと、すなわち自分という者を知ったことではないのか？

その瞬間には、いつも泣けるくらいに強く自分を知ることができる。そして自分を知るということは、何という法悦であろう。山の持つ神秘なる何ものかは、また自分のなかにある神…それを神と呼ぶなら…である。神？　否自分はこれを自然と呼ぼう。自分はいつも宗教を論じない。しかし自分の見つめるある高きものを、自然という言葉をもって考えている。プリミティブな宗教と言わば言え。自分のなかにある自然は、山というものによって強く意識されるのではなかろうか。つまり山の持つ何か、は自分の持つ何かと同一なのではなかろうか？

山はまた自分に生命の尊さを教えてくれる。猛々しい吹雪のなかに山をめざすとき、またキラキラ光る蒼白の氷に歩を運ぶとき、生くることの喜びを山はしみじみと教えてくれる。山は危険であればあるほど自分に生命の尊さを教えてくれる。そして生命の尊さを知ることは生くることの喜びでなくて何だろう。山はまた我々に瞑想を与えてくれる。親しく自分の接した山を下りて麓のタンネの森の中で一服の煙草を吸いながら静かに物を思うときはまた、尊い瞬間なのだ。そのとき山はまた新たなる姿で自分の心の中に生きてくる。そして考えることすべてがなんと素晴らしい純粋さに満ちていることであろう。
我々はいつも弱った心を持って山に入っても、きっとhealthyな心を持って山を出る。山で得た純粋な生命の喜びが我々山を志す者の耐え難い山恋いの心となるのであろう。(Tanabe)

一二月一九日
昨日の雪はまだ融けぬ。有望。朝八時半ころより小川、安藤、木村の順にて続々ルームに来る。ワックスを塗ってさっそくひと滑り。スキーが到着しないので、みんなジリジリしている。

一九日
雪が降りに降るので平地行進の練習をやった。一時ころからルームを脱走、師団のところで滑る。どんどん降るから明日もいいなと思う。久しぶりで鬱憤を晴らしたけれど、早くタンネバウムの間に、ふっくりとした雪の斜面にシュプールと自分自身とを見出したいと思った。スキーが来なくてやきもきする。(小川)

冬山の転戦――狼スキーのエピソード

一九二八年の暮れから待望の北海道合宿に入った。クリスマスの日から翌二九年一月三日にかけた、宮川温泉でのスキー合宿である。これは北海道出身の次郎さんにいろいろ手配をしてもらった。参加者は木村、深町、高橋、吾郷、田名部、小川ら一二人、それぞれの都合で現地集合とした。

宮川温泉（現鯉川温泉）はニセコアンヌプリの麓にあり、雪質がよいことで知られていた。ここで数日間スキー練習をしたあと一二月二九日、馬場温泉へと足場を移し、まずチセヌプリを狙った。

はじめはブナとシラカバの林で雪が深く、ラッセルに苦労しながら進む。標高八〇〇メートルを越えていくと雪質は一変して固く締まってきた。チセヌプリが頭を見せはじめ、西方にはシャクナゲ岳が真っ白な山容を誇っている。凍りついた斜面は歩きにくかったが、スキーを履いたまま歩き通し、一三一五メートルのチセヌプリ頂上を踏んだ。ここで安藤、泉、村橋の三人はもときた馬場温泉へと下った。

小川と田名部はさらに東へ、ニトヌプリ（山）との鞍部をめざした。ニトヌプリは一八〇〇メートル、ニセコ連峰のひとつである。鞍部から硫黄川左岸を滑って、（今はない）小川温泉へと下った。その後、温泉前のゲレンデでの熱心な練習中、小川はいつものように思いきりのよいジャンプをしてスキーのトップを折ってしまう。

三〇日は降りの弱い天候を見て、小川温泉を出た。北側の急斜面をシールで一気に登る。地形図に描かれた岩場は想像していたほどのことはなく、あっさりとイワオヌプリ（硫黄山・一一一六メートル）頂上に達する。温泉から一時間二〇分の行程であった。

猛烈に降り出した雪のなかを南側の急斜面に出て滑降、ニセコアンヌプリとの鞍部に降りた。そこから視界が閉ざされそうに降りこむ雪のなか、ニセコの西尾根に取りつく。風に逆らいながら一心に登ってゆくと、一〇〇〇メートル付近から硬いシュカブラの斜面へと変化した。尾根の南側には大きな雪庇が見えた。強く吹きつける風のなか一三〇〇メートル峰から滑降開始、急斜面を飛ぶように降りながら小川はまたスキーが折った。これではスキーが何本あっても足りない。一四時過ぎにニセコ頂上に立った。風雪がますます強く、身体が翻弄されて感慨に浸るいとまはなかった。南峰の東をからみながら、深い新雪のなかを長く快適な斜滑降で降りた。今度こそ風下に回りこんだ快適な滑降だった。宮川温泉には一五時三〇分に無事到着となった。

小川は思いきりのよい滑降をするためか、よくスキーを折った。これはルーム日誌にもたびたび出ており、仲間うちでも有名だったようだ。当時のスキー板は、小川のような過激な滑りには適さない軟弱な単板だった。

田名部の回顧のなかに、蔵王ヒュッテができたあとの信じられないようなエピソードがある。


ある日の夜、小屋で小川が例によってマドロスパイプをくわえながら、新しく手に入れたシュピッツェに、自分で狼の頭を刻んだ得意のスキーを自慢していた。「どうだい、すばらしいベントではないか」と言いながら、左手で板の中央部を持ちながら右手でその先端を握って、グイグイ曲げていた。ところがあまり曲げすぎて、ついにパシッ！　なんと狼を彫りつけた先端が折れてしまった。そのときの小川の顔つき。あわてて折れた先端を押しつけてみたが詮もない。見ている私も枡田もまったく弱った。小屋でスキーを折ったのは、小川くらいのものであろう。（注：一九三〇年一月の蔵王ヒュッテ合宿）

こうした寸劇を演じた小川はまだ若者であり、そそっかしい一面もあったことを忘れてはなるまい。腕力も人一倍強かったのだろうが、それにしても軟弱なスキー板で、当時の人びとはよく滑っていたものだと感心する。

オオカミは小川の好きなモチーフであった。このエピソードは、気のおけない仲間と一緒にいる安堵感と、一方で荒野の一匹狼でいたいという願望との矛盾を象徴しているようである。

帝大のスキー合宿は最後の最後まで吹雪いて、終了となった。ところが小川と田名部、深町、小林先輩の四人は、さらに冬の山を求めて札幌でみんなと別れて十勝へ向かう。一月三日は皮肉にも晴天であった。旭川から上富良野そして吹上温泉へ移動。荷物は馬橇《ばそり》に預け、三名はタクシーを利用した。途中、夕張岳方面が真っ白に照り映えて、惜しい一日を印象づけた。

茶屋からは背の高いタンネの森の中を歩いた。十勝岳は噴煙に包まれて見えなかったが、富良野岳、上ホロカメトック山、美瑛岳の連山が氷に彫琢された姿を惜しげもなくさらしていた。吹上温泉は三時に着き、三〇分ほどルートを偵察する。

一月五日、まあまあの天気のなかを、温泉から順調に登った。シールはよく効くが、高度を上げればいずれスキーを脱ぐようになる。はじめは痩せていた尾根も途中から摑みどころのないだだっ広い斜面となって、確かなルートファインディングを要求された。グラウンド火口を渡りきって、硬いシュカブラ地帯となったところでスキーをデポした。火口壁を右に登ってゆくと、突然強風地帯に飛び出した。凍りついた斜面はアイゼンのツァッケがよく効いたが、吹雪のなか顔をかばいながら登るのは容易でなかった。頂上へは西へ回り込み、季節風を正面から受けるようにして登りつめた。

十勝岳から引き返すあいだじゅう強風にさらされた身体が、すっかり冷えた。新雪も深くなって足首から靴の中に雪が入り、これが強風を受けて凍った。田名部は、ゲートルをしっかり着けていなかったことが悔やまれた。途中で風を避けながら靴を脱ぎ、氷を削り落とす。指も顔も凍傷になりかねない危険な作業だった。スキーデポ地点にもどってスキーを履いたが、靴が完全に凍りついているため自由が利かず、投げ出されるような転倒をくり返しながら下った。

彼らの装備を写真から推察すると、小川と田名部の上着はツィードかなにかのジャケットだけである。深町はラシャコートをはおりオーバーズボンはなく、登山靴の上にゲートルを巻いて雪の進入を防ぐだけのようであった。北海道の厳冬期の山を考えると、そうとうに貧弱な服装であり、これでよく行動していると驚かされる。それぞれ中産階級以上の家庭出身者と推察されるが、仕送りが山にだけ出費されてしまう貧乏学生であったことはたしかであろう。

なお、十勝岳の冬期初登はこれより九年前の一九二〇年、加納一郎、六鹿一彦、のちに小川らと船形山に登る松川五郎など、北大生七名によってなし遂げられている。

「十勝岳頂上にて。1929.1.5」。左から小川、田名部、深町先輩（帝大アルバム）

一月六日は、さかんな降雪のなか翁温泉跡（現十勝温泉）へ向かって富良野岳を狙ったが、時間がかかりすぎたため往路を戻った。翌七日は風と深くもぐる新雪のなか、再度富良野岳をめざすが、ラッセルが重くて行動ははかどらずまたもや戻り返した。吹上温泉でゆっくりしたあと、岩見沢で仙台へ帰る小林先輩と、札幌では深町先輩と別れた。

このあと田名部と小川、二人の山旅は、

小樽の梅屋でスキーに使うアザラシ皮を仕入れながらさらに続いた。一月八日、二人は小樽から函館に行き、連絡船に乗って青森そして秋田へと向かったのである。厳冬の鳥海山へ登る腹づもりであった。

一月九日、秋田駅前の関口屋を早朝に出発して山形県の遊佐町へ行き、そこから酒田へ回り込んで升田村の農家に宿泊した。湯ノ台温泉付近から湯ノ台道を一直線に登る計画だ。

一月一〇日早朝、ヘッドランプの光を頼りに重い雪をラッセルしながら登った。シールがたびたび外れ、氷を削って付け直すうちにランプの光も頼りなくなってきた。六〇〇メートル付近からは、雪質がややよくなって行動がはかどる。九〇〇メートルを越えたあたりからさらに雪が降りつのり、激しさを増して視界が利かなくなった。白糸滝を経て河原宿《かわらじゅく》の東岸を通過したところで、斜面が氷結してシールがまったく用をなさず、スキーをデポした。

風雪が勢いを増すなか、一七二〇メートルの尾根が緩くなった台地状に向かって登る。凍った斜面をアイゼンで登ってゆくと、ハイマツ帯らしきところでは一歩ごとに足が深く落ち込んだ。鳥海山では海から湿度の高い雪が吹きつけるため灌木の上部だけが凍り、その上に積雪する。氷の斜面か、あるいは突然足が深く落ち込むラッセルに終始するのである。この登高は時間を費し、非常に体力を消耗する作業となる。天候の見通しも立たず、風も収まりそうにないので引き返さざるをえなかった。白糸滝付近にさしかかればスキーの滑降によい雪質となったが、小川は勢いづいてまたスキーを折ってしまった。これ以上登高を続けるのは無理だった。

翌日、升田から羽越本線の本楯駅に出て陸羽東線に乗り換え、夜八時には宮城県へと入り川渡《かわたび》温泉に泊まる。

一月一二日付けのルーム日誌に、次のようなメモが見える。

駅ヨリルームニ現ル。ナツカシイ。
此レカラ喰ヒニ行ク。（ウエテ居ルカラナァ）　小川、田名部。

ところで小川たちは升田村の農家をどうやって手配できたのか。一九二三年一月、深町富蔵が一週間もそこを利用していたのが縁であった。深町はそのときたった一人で午前三時からヘッドランプひとつで厳冬期の鳥海山に挑戦したが、風雪が厳しく八合目付近でついに追い返された。田名部は深町の挑戦的態度から大きな教訓を得た、と山日記に書き残している。エネルギーをかぎりなく消耗させられるような大きな山へ、果敢に挑戦する姿勢を後輩たちは学びとったのである。

このように多大な日数を要して北海道から東北の山へと各地の山を転戦したが、小川は思うような登山ができなかったことを痛感したであろう。考えてみれば、雪の豊富な山でこそスキー登山が楽しめるのだが、そうした雪に恵まれるのは、ほとんど毎日が悪天候だからと言えるのである。小川の性格からして、もっと自分の集中力が直接反映される登山のほうが合っていたかもしれない。

一九二八年暮、部内ではスキーヒュッテに関する新聞記事が俄然話題になっていた。新潟の関温泉に京大のヒュッテ完成、という新聞記事を見たのである。「我々も急にグルッペのヒュッテが欲しくなった。愿《げん》ちゃんとそんなことについて話し合った」とルーム日誌にさっそく誰かが書きつけている。部員たちは記事に出会った日から、顔を合わせればヒュッテ建設の話で盛り上がった。木村、小川、枡田、田名部らはことのほか熱心であった。

これより四年ほど前の一九二四年発行になる慶応の『登高行』第五号には、大島亮吉が「小屋・焚火・夢」と題する一章に六六本のアフォリズムを書き、山中での思いやヒュッテへの渇望を綴っている。その一部を抜き出してみよう。

・ひとりで山へでかけるときはルックザックは自《おの》づと重くなる。それが軽くなる日のいつくるか。
・インデアン・サンマアといふやうな一一月のある日を、僕は落葉松の林のなかの枯草のうへにねころんで、遠くの雪で光る山頂を眺めて空想してゐたい。
・晩秋の峰は徳高き老翁のすがた。なんと気高い、なんと地味な姿で、その銀の高い額《ひたひ》をかがやかしてゐるのだろう。
・ベルクシュタイガーは、みな山のなかにおのおののハイマートを持ってゐる。
・はじめて登った山頂に手づから積石《ケルン》を積むことを僕も望んでゐる。
・高い尾根の岩蔭で寒い山上の晴夜をすごすとき、われ等はとぼしい偃松の焚火をもって、星と大地に人間存在の象徴を示さう。
・ああ、はやく僕たちの手で造った山小屋へ薪を割りに行きたいものだ。たのしく口笛を吹きながら、愛蘭土の小歌でも口ずさみながら。
・僕等の今度つくるヒュッテに豊邊はバイエルンの古風な百姓家のやうに、自分の手でいろいろと稚拙なあの味のある彫刻模様の装飾をつけると言ってゐる。
・僕は僕たちの仲間が言ってゐるあの「シュワルツワルト」の高い森のなかに、スキーヒュッテが欲しいなぁ。

・僕たちのつくるグルップヒュッテのぐるりはどうしても樅の黒い森でなければならない。
・その小屋のなかで薪ストーブをかこんで、煙草の煙をふさふさと身にまとい乍ら、語りあへるよろこばしい冬の日はいつくることか。

（ベルクシュタイガー：登山者。ハイマート：故郷。愛蘭土：アイルランド。豊邊：慶応山岳会の仲間。シュワルツワルト：ドイツ語でモミなどの黒い森）

東北帝大の部員たちも、この記述をたぶんに読んでいただろう。部員たちが具体的な計画に乗り出すのに時間はかからなかった。基本的な資金として一〇〇〇円もあれば、小さなヒュッテなら可能である。国有林内に建てるため営林署との交渉が必要であり、峨々温泉の後援や、部員全員の労力がなければならないこと、そして場所は杉ヶ峰と刈田岳のあいだ、一五〇〇メートル付近の黒い森すなわちタンネの中にあること、などが条件として出された。

一二月のルーム日誌には田名部によって「夜、愿ちゃんのところでBochico（安藤正一）と三人でヒュッテ建設の件を論じる。大部有望になってきたようだ。なんと言っても燃えるような熱がなければならぬ。こんな板〈ZAO ARLBERG HUTTE T.IU.〉が見られる時はいつだろうか。午前一時半家に帰る。興奮して四時まで書く」と記されている。

一九二九年一月二〇日、青根温泉に新しくスキー場が開設された。前日の一九日には高橋、木村、小川、田名部ら八名がスキー場に赴き試走を行なっている。ジロさんはひと月ほど前に専門家としてスキー場の検査をした関係で、オープン前に帝大山岳部が招かれたのであった。二〇日に開かれた懇親会には仙台営林署長、大河原警察署長、大河原農学校長のお歴々が参列した。

これ以上のチャンスはまたとない。席上、ジロさんはさっそくヒュッテ建設の話を持ち出したのである。

ジロさんはアールベルグスキー術をもたらした有名人であり、青根スキー場の貢献者であった。「赤シャツ」のニックネームで呼ばれ、鳴子スキー場をはじめ東北のスキー界で知らぬ人はいなかったという。国有林の借り出しはとんとん拍子に進んでいく。

一月二七日は鳴子の上野々スキー場へ田名部、小川、吾郷、木村、平山など九人がジャンプの練習に行った。ルーム日誌に「小川君は勇敢に飛んだ」と記されている。小川の身体能力は、むしろ競技向きだったのかもしれない。

一方、このようにスキー競技が一般化されるにつれて、山岳部内部に新しい動きが出てきた。スキー部新設の要求である。ルーム日誌に田名部の筆と思われる書き込みが見え、俺たちもついに当面しなければならぬ問題に突き当たった、として

山党は山へ行くためにスキーを履く。彼らは滑降を享受せんために山に行く。一応は彼らのスキー部の成立に尽力してやってもいいが、彼らの割り込みによって山岳部の空気を乱されぬように注意しなければならぬ。

Bochico の名では「来るべき時が来た…スキー部設立の話しを初めて聞いたとき、不愉快を感じた」とスキー部独立の動きへの動揺、葛藤がみられる内容がある。

スキーは冬の大自然を縦横に渡り歩くためにあるのが、本分であった。登山者にとってスキー板は

登山の道具で十分であった。整えられた条件下で滑りだけを楽しむ行為は、山岳部員にとって思いもしない方向である。しかしスキーでの山登りが大きな楽しみであると同様、滑りも人間にとって本能的な快感であることを否定するわけにはいかなかった。そこは誰もが感じていた。各地にスキー場が開かれてきた時代の波のなかで、やがて帝大スキー山岳部から「スキー」の文字が消えてゆく。登山という文化も細分化の道を歩んで主役、王道がなくなる時代を暗示していた。

ルーム日誌を通覧して気づくのは、小川はほかの部員にくらべ頻繁に、あるいは長文を書き込むことがありながら、いつもこうした他人の動向や考えにはまったく無関心を装う。人それぞれ……小川にとって自分の登山以外に大切な事象は存在しなかったのかもしれない。

慶応では『登高行』第五号にも、それまで実施してきたスキー講習会を廃止し「主としてスキー登山練習のために合宿」「全力を挙げてスキー登山へ向かう」といった通達がなされている。スキーのためのスキーヤーが多くなってきた。そんな時代がそばまでやって来ていた。

一九二九年二月三日、田名部が「栂森」に入った旨を短く報告している。具体的な記述がないので場所やルートは不明だが、慶応山岳部が入っていた吾妻連峰の「大沢下り」であろうかと思われる。

鳥海山から帰ったばかりのある日、小川が「スキー登山にいいコースを見つけた」と田名部に打ち明けた。どうやら鳥海山のあと一人で山形県の五色温泉に行き、吾妻方面へ足を伸ばしてきたらしい。この山行がきっかけで、二月九日からはじまる部の行事のひとつとして吾妻連峰の三日間が組み込まれた。メンバーはまたしても田名部、小川の二人であった。

例によって午前二時の汽車で仙台を発った。うつらうつらするうち夜が明け、目を覚ますと窓の外にはさかんに雪が降っていた。板谷駅に着くと、紀元節の休日を利用してやってきた東京方面のスキーヤーでにぎわっていた。二人は足運びの鈍いスキーヤーたちをしり目に、どんどん先を行く。五色温泉に近づくあたりから、また降雪がさかんになった。敷地内にある六華倶楽部（皇族のためのスキーロッジ）の洒落た西洋ふうの建物を確認してから、新雪の尾根に取りついた。

尾根をそうとう登りつめたあと、西側をからんでトラバース気味に明るいほうめがけて登った。尾根を越えて下りた沢は、まだ岩が露出していてスキー板を傷めそうだった。田名部は慎重に下ったが、小川はいつもそうするように、強引に滑り降りた。

栂の森がブナ林と変わるころ、二人の足が揃っていたため一一時には青木小舎に着いた。青木小舎から家形山への登りは、また栂の大木のあいだを行くようになる。スキーのトップまで潜る重く深い雪をかき分けながら、二人とも黙々とラッセルを続けた。

小川が先になったり、田名部が先になったりしながら脚力をめいっぱい使って登りつづけた。急斜面を登りつめると岩がゴロゴロしたピークに出た。ケルンが積んであるようだが、ガスでどこかわからない。風はなくときどき薄日さえ射してきて、天候は穏やかになりつつあった。

霧を破って家形山が特徴のある姿を現した。勇気を得て左手の岩場に登ると、一瞬にして五色沼の白く凍った湖面が見えだした。一切経山の上に青空もちょっと顔を見せている。

「いい山だなあ……」

「あの光ってる山は何だろう」

森と雲に閉じ込められた世界から突然飛び出して、二人とも孤立感から解放される気分だった。一気に五色沼の湖畔へと滑り降り、風の通り道か雪が少なくなった凹部はスキーを外して通過した。一切経の鞍部に出ると、案の定強い風が吹きつけてきた。

一切経と前大巓《まえだいてん》との鞍部も風衝地らしく、岩石が露出している。そんなところでも強気に突っ込む小川は二、三回激しく転倒してスキーを折ってしまう。いつものように、プリプリ怒りながら応急修理をした。

田名部はシールをスキーから外すさい、金具が凍りついていて苦労した。そうしている間にも小川は前大巓の急斜面でさかんにボーゲンの練習をやっていた。少しの休憩も我慢ならないらしい。前大巓の東の沢は直滑降で飛ばし、今度ばかりはすっかりいい気分を味わった。

この日は、桶沼の北の硫黄製錬所（日本硫黄株式会社）の小舎に入った。人が住んでいるらしく、犬がさかんに吠え立てていた。夜は火の消えた囲炉裏わきに、シュラフひとつで転がって寝た。

二月一〇日、昨夜は一晩中吹雪いていたらしく外は真っ白だ。朝もだいぶ過ぎてから、青木小舎方面から福島スキークラブと称する一〇人が小舎に入ってきた。挨拶を交わし入れ替わりに午前一〇時、小舎を出る。東吾妻山への登りは昨夜の降雪のため、ひどく雪が深かった。頂上付近の栂の木陰で食事をしたが、震えがとまらないほど寒い。

南へ林間滑降を始めたものの、雪があまりに深くほとんどラッセル状態だ。つかみどころのない景場平《けいばだいら》を過ぎると、またひざ上までの雪に埋まった。南へつづく相ノ峰方面へ縦走を続ける予定にしていたけれど、この状態ではどのくらい時間がかかるかわかったものではない。中止して幕川温泉へと下ることにする。

幕川温泉で硫黄臭の強い温泉に浸かっていると、製錬小舎からまた福島の一行がやってきた。積雪状態と悪天のため二人の予定はすっかり狂ってしまい、食料がほとんどなくなった。空腹に耐えながら火を囲み、ひと晩うつらうつらして過ごした。

翌一一日は、幕川温泉から相ノ峰の南東の鞍部に出て滑った。鬼面山の手前でやっと晴れ間が見えてきた。そうして幕川温泉からほど近い野地温泉へと下った。客が一人もいない冬の野地温泉では歓待を受け、ごちそうにあずかった。やっと飢餓状態から解放されて安心する。ここからほとんど見るべき滑降もできずに土湯に下り、さらに長い道を雪がなくなるまで滑って、福島市街南西部へ。

二人はこの日のうちに仙台へ帰り着いたかどうか不明なものの、冬の吾妻縦断三日間の距離は一〇〇キロメートル近くにもなった。

厳冬の船形山に挑む

吾妻の山行から帰ってからまもなく、小川と田名部は矢継ぎ早に船形山のスキー登山を企てた。仙台から北西へ、三〇キロメートルほど離れたところに連なる脊梁山脈の奥深い山である。この時期の船形山は二高山岳部でも試みられているが、悪天候のため断念されている。

メンバーは二人のほかに木村、吾郷そして船形山麓の加美農蚕学校に教鞭をとる、松川五郎氏に案内役を兼ねて参加してもらう計画であった。

二月一六日、仙台から小牛田駅さらに陸羽東線で中新田へ行き、松川のいる加美農蚕学校を訪れた。そこで松川を加えた一行は、一一時に現在の加美町にある中新田高校の近くから歩き出す。

町から出ると、さっそく目標物もないような平原が待ち受けていた。畑も田んぼも深い雪の下である。鳴瀬川を渡ったあとは、ひたすら寒風の吹きすさぶ広い王城寺原の長い縦断となった。単調な丘陵部を方位磁石にしたがって歩きつづける。山間部に近づいたころ時計を見ると、二時一五分を指していた。花川に沿って西へ進むうちに、雪が風景を閉ざすほど降り込んできた。右岸に渡って、現在は自衛隊演習場となっている広い丘陵地帯を越えていく。長者館山の北西を通りぬけ夕刻の六時前、やっと升沢村へと入った。湿雪のため、みんな雪だるま状態だった。

雪に埋もれていたかに見えた村では、松川の立場もあってか学士様一行の到来を歓待された。村には船形権現参拝者のための宿坊があったから、そのあたりで世話になったのであろう。この日はざっと二〇キロメートルの行程だった。

翌一七日は朝七時前に村を出発、急な丸松保尾根に取りついて登った。夏道は右手の尾根上を通っているが、一行は南の小さい沢を渡り蛇ヶ岳から直接延びてくる尾根をとったのである。吹雪いたときは単純なコースのほうが有利だと思われたのだが、これは登りがきつかった。深雪に埋まるブナの巨木のあいだを、時間をかけて登った。

三光の宮らしき瘤を左に見て過ぎると、灌木帯となって風が身体を揺さぶってくる。主稜線と思われる向こうの尾根に巨大な雪庇が見え出した。白一色の斜面を登りつめ、無木立の蛇ヶ岳からはウインド・クラストの稜線となった。強い偏西風が吹きつけ、飛ばされそうになる。対抗するため五人横隊になって進むほどの嵐である。いくつかの瘤を越えて、シュカブラに覆われた一四五〇メートル付近の台地に立った。スキーをデポするさい、冷たい強風のなかで凍った金具を外すのにも苦労した。そこから這松の雪に足をとられながら進み、頂上を探しまわったものの、風雪の頂稜で三角点のある場所を探すのは困難だった。磁石と地形図を照らし合わせる作業が辛く、手に持った地形図がもみくちゃにされた。

スキーデポ地点に戻ってスキーをつける。痩せた尾根をたどっていくと、蛇ヶ岳との鞍部にはあっというまに滑り込んだ。はっきりしない蛇ヶ岳の頂上を越えて三峰山との分岐を右へ、こんどは後白《うしろしら》髭山《ひげやま》方面をめざす。風雪の中だけに、しっかりした読図力が要求された。

尾根上の小さな瘤は、風の当たらない東側をからんで越えた。険谷とされる横川の上部斜面が大きく落ち込んで、つい滑り込んでいきたくなるように広がっていた。後白髭の頂上は歩きつづけるうちに距たりがなくなり、ついに茫洋とした頂点に立った。風はいくぶん弱まっていた。そこから狙いを定めて南南東の尾根を下ったが、標高一〇〇〇メートル以下になるとグサグサに腐った雪に悩まされた。

相当な高度差を下り、たどりついた定義温泉の暗い土間に入ったとき、日はすでに暮れていた。そこで一時間ほど休憩をとってから、行動再開。月明かりを幸いとして、今日中に広瀬村の白沢まで歩き通すのだ。

温泉を一歩出ると、もう夏道はわからない。馬車道はすっかり雪に埋まっていた。みんなそれぞれ半月の明かりを頼りに藪の中をガサガサ歩きまわり、道形を探した。小川が発見したらしく、遠くのほうで「オーイ、オーイ」と呼んでいた。

ときどき立ち止まっては腹に何か詰め込みながら、一行は凍った道をスケーティングで滑っていく。月が一人ひとりの影を雪の上に落とし、克明に印していた。うんざりするほど歩いて作並街道に出、夜も更ける一一時になってやっと白沢集落に着いた。定義から白沢まで一五キロほど歩いたことになる。

そこで五〇銭の安宿をたたき起こして泊まった。一七時間を超えるアルバイトにもかかわらず、みなの元気は衰えなかった。松川はさすがに疲労の色が濃く気の毒だったが、小川や田名部の現役の体力にかかっては致しかたない。翌日は乗り合いタクシーで仙台へ。仙台の街も淡雪に包まれていた。二日間の行程を見てみると、初日は升沢まで約二〇キロを歩いている。二日目は升沢から頂上付近まで約一〇キロ、プラス頂上付近から定義まで一三キロと定義から白沢まで一五キロ、合わせて三八キロ。総距離ざっと六〇キロメートルにもおよんでいる。厳冬期における長距離の山越えを、二日間で踏破してしまったのである。帝大生たちの行動力がいかにけた違いであったか、行動半径の大きさは類を見ない。また小川たちはこのような不確かな地形を行く山行で、地形図をとことん読みこなす技術を身につけたのである。

七年後の一九三六年の河北新報に、「舟形山征服記」と題する記事が載った。三月八日、吉岡警察署長をはじめとして営林署担当区員、吉岡スキー愛好会の内海渉《わたる》らの一行一二名が船形山を登頂、往復した記事である。雪に埋もれた升沢集落の生活実態調査が目的だったとされ、「この制覇こそ神秘境船形山と升沢部落調査の歴史的壮挙であった」と報道された。

一九三七年になると二月八日、九日にわたって旧制山形高校山岳部が現在の観音寺コースから入山、船形山の初踏破に成功した。メンバーは赤松弘、田中秀五、鈴木五郎の三名で、案内人と人夫が一名ずつ同行している。旧制二高では、このあと一九三九年二月九日から一二日にかけ、案内人なしで定義からの厳冬期船形山登頂がなされている。

さて北大山岳部で数々の初登山記録をつくった松川五郎（一八九七〜一九七七）が、船形行に参加したきっかけはどこにあったのだろうか。松川と東北帝大生とをつなげたのは、北大予科から東北帝大へ移ってきた福田昌雄であった。

福田昌雄は一九二〇年に北大予科へ入学し、北大スキー部の合宿に参加した。このことが本格的に山へ目を向けるきっかけとなったという。当時山岳部的色彩が強かった北大スキー部には、上級生に板倉勝宣《かつのぶ》や加納一郎、松川五郎など冬の北海道の開路的登山を果たしたそうそうたるメンバーがいた。彼らから受けた薫陶はまことに大きいものがあったという。

福田は一九二三年四月、北大予科から北大の農学部に進学したが飽きたらず、転学を志望して東北帝大の理学部助手となった。札幌農学校を前身とする北海道大学予科は、東北帝大農科大学が移管されて北海道帝国大学農学部として発足したのちも、予科として編入されている。その意味で福田も加美農蚕学校に奉職する松川も北大同窓、強いて言えば東北帝大の仲間と言えるのである。

二一歳で北大に入学した松川五郎は、入学と同時にスキー部へ入り、一九二〇年一月四日、京都一中から進学してきた加納一郎らと初めて羊蹄山の頂上をスキーで踏んだ。二月一〇日には、学習院高等科から進学してきた板倉勝宣ら六名とともに、喜茂別岳に登頂した。

一九二〇年三月二七日には六鹿《むしか》一彦、加納一郎ら七名とピッケル、アイゼンを使用して十勝岳に積雪期初登頂。二日後に同じメンバーで芦別岳の登攀を試み、第三峰に達している。

松川の足跡にはほかに次のようなものがある。一九二一年一月四日、板倉、加納ら一〇名とともに昆布岳、八日になるとやはり板倉ら一〇人とともにが無意根山《むいねしり》。同年三月、加納一郎ら五名とユコマンベツ上流から旭岳に試登しており、これは大雪山系で最初期のスキー登山と目される。四月三日には板倉、加納とともに芦別岳冬季初登をしている。一九二二年一月九日には、ユコマンベツより旭岳を冬季初登頂した。メンバーは板倉、板橋、加納、後藤らを含む五名だった。三月三〇日に板倉、加納らと三名で層雲峡から黒岳をめざして入り、積雪期初登頂をなしとげた。

一九二三年二月一二日、松川をリーダーとする九名は、スキーによる札幌岳初登頂。同じ二月に定山渓から松川のリードで烏帽子岳、百松沢山に登り三段山から琴似へ、一週間後に松川リーダーは五人を率い、空沼岳から漁岳に登り支笏湖に下る山行をしている。三月にはイワヲヌプリ、七月になると案内人稲垣春太郎とともに芽室川から無雪期の芽室岳の頂上に立っている。

五郎の北海道での冬季登山は、複数回登頂も含めると三〇回以上におよび、その多くが初登頂であった。ほかにもチセヌプリ、西ヌプカウシ山、メクンナイ岳、イワナイ岳、小漁岳《こいさりだけ》など多数の山をリーダーとして登っており、北海道の山を精力的に踏破した登山家となった。

松川五郎は、日本に初めてスキー板をもたらした松川敏胤《としたね》大将の次男である。敏胤は司馬遼太郎著『坂の上の雲』にも登場し、日露戦争中に活躍した満州軍の参謀として知られる。松川家には長男恭佐《きょうすけ》（営林局勤務）、五郎、篤治（北大）、七郎がいて、恭佐と七郎は二高で山を登りのち東大へ進んだ。五郎は北大卒業後の一九二六年六月、二九歳で宮城県の加美農蚕学校に教諭として赴任した。在任期間は、一九三一年七月までの五年であった。加美農蚕学校のあと同県の南郷村高等国民学校の校長を歴任、のちには北海道開発局などに奉職、一九七七年に亡くなっている。享年八〇歳だった。

松川五郎

松川家は仙台市内の土樋地区にあった。帝大敷地のすぐ南東、南六軒丁をはさんで広瀬川左岸に近いあたりは「上土樋」「土樋通り」と呼ばれ、西側へは鹿ノ子清水、米ヶ袋と続く。松川の実家と帝大は目と鼻の先に位置し、帝大山岳部に松川が顔を出しても不思議ではなかった。

一九二八年一一月二三日に、医学部集会所で山岳部委員の引き継ぎをかねた懇親会が開かれており、ルーム日誌には参加者一六名のなかに平山、木村、吾郷、安藤、村橋、次郎、福田にまじって「松川五郎」の名前が見える。同年一二月二日にも木村、吾郷、安藤らにまじって福田、松川の名前がある。平山が「北海道の話を聞きたくてルームに来た」と書いており、福田が北海道時代の先輩である松川を帝大ルームに招待したと考えてよいだろう。翌二九年一月一七日、二月二〇日のヒュッテ建設の会議にも見えるので、帰省してはふらりと顔を出していたようだ。

さらに、二月二二日、松川五郎が山岳部室を訪れ、きれいに掃除して帰ったという事件がある。翌日、小川がルーム日誌に次のように書いている。


ルームが見違えるくらいきれいなので驚いてしまった。日記帳を見て松川さんになんとも相済みませんとおわびする次第です。ぼやぼや青根で伸びていたのは自分ながら恥ずかしくなる。今度から出かける前に掃除を必ず致します。


年長者であり山の先輩でもある松川に掃除までしてもらっては、小川といえども恐縮、かしこまった文面にならざるをえなかった。

二月二四日には高橋、木村、小川、安藤、田名部らが青根スキー場で練習している様子が記されている。小川はジャンプ台を少し高くして飛んだところ、九メートル台の距離が出たらしい。当時の板と皮登山靴での数字である。このあと何回か飛んでいるうちに、またもやスキーを折った。ルーム日

「研究室ニテ」。後方左が小川、右側は福田昌雄先輩（小川のアルバム）

誌に「彼には中途なスキーはだめだ。すべからく頑固な奴を買え」といった記述が見える。

P.M.3　今朝は例になく早く起きて一〇時から学校に行くつもりで家を出たら、天気があんまり良いので、フラフラ寒風台の方にさ迷い出た。寒風台に袖山氏がいた。二人で山を眺める。雲なく風なくこんな良い天気に教室や下宿にいてたまるものか。蔵王の全容を見る。屛風方面が美しい。大東岳を見る。真っ白だ。今度の土曜に一人で行ってくるつもりだ。泉の方はこの間行ってきたばかりなのでとくに印象が深い。後白髭のあのボーゲンで降りた斜面が手にとるように見える。吾妻連山も見る。遠くてよく分からぬ。高山らしいものが黒く見えた。今日の獲物は何と言っても栗駒が見えたことだ。なだらかなすそを引いて紫色に煙っている須川を遠く眺めたとき、急に行きたくなった。寒風台からちょうど七ッ森の上あたりに見えた。（その後）袖山君と二人で大年寺の森に行く。このあたりなかなか美しい。モミの木があることを初めて知った！　今日の天気とそぞろ歩き！　そして白銀に輝く連山の遠望！　幸福だった。（Tanabe）

昭和四（一九二九）年二月二八日
おれはこの一週間ばかり失敬する。山に行って何か考えて来よう。（田名部）

三月七日
六日夜、山から帰った。無断で出かけて雑用の方を諸君にお願いして誠にすみませんでした。お詫びします。しかし山に行きたくなるとどうしようもない自分の放浪性を知ってくだされば幸いと思います。
あの右に半分凍った御釜を眺め、左に美しいタンネを見て、たった一人晴れた日の午前に刈田に続く頂上稜線を登ったとき、なんとも知れない「山」を感じて胸が高まりましたよ。ちょうど山の温泉に入ってから三日目でした。温泉を八時に出て、一〇時半にはもう刈田の頂上に立つ自分を見いだしたのでした。相変わらず、頂上の鳥居はボツボツの生えたようにクラストしていました。ここから杉ヶ峰に続く尾根を見ると、すぐ眼前です。天気は良く晴れているし、刈田からの下りは面白そうなのでついに誘惑されてパラダイスの右側をボーゲンで降りました。この辺りに来たことは初めてで、まったく無風で雪はひざを没するほどに深く積もっていました。一五四五メートルの鞍部に立ったのは一一時半でした。ここから澄川の上流を眺めながら食事休憩をとりました。飯を食いながら、やがてこの辺りに建つであろうところの私たちのヒュッテのことをしきりに考えました。その間も絶えず単独行をしている自分を考え、次第に雲行きの早くなってゆく空を心配していたのでした。このとき、バロメーターは四九五〇フィートを指していました。メーターに直すと約一五〇〇メートルになります。地図にある鞍部から東側にちょっと下ったところだったと思います。ずいぶん長く休んだと思ったのが、時計を見るとたった一五分しか経っていません。「冬の山」とか「一人ぼっち」とか、そんな意識が絶えず自分に働きかけて、何となく心配なんです。一一時四五分にここを出ました。すぐクラストしてきました。杉ヶ峰の前のピークを巻いて進むころからガスが出て次第にあたりはぼんやりしてきました。一度ピークと杉ヶ峰の間の鞍部に出て、自分の位置を確かめてから、また東側を馬力をかけて進みました。ほとんど全部クラストしています。アオモリトドマツが硬く凍って人形のように立っています。最後の急斜面に来た時についにスキーを脱ぎました。あたりはガスで、まるで見当がつきません。頂上は南北に延びていました。バロメーターは五七〇〇フィート、約一七三二メートルです。不安な気持ちは、自分を約一分しか頂上に立たせませんでした。この時、一二時半でした。走るようにシュプールを降りました。風が出たため、そしてシュプールは消えて見えなくなりました。不安は次第に募ってきます。そしてタンネの間の凹凸のクラストを、あせって何度も転びます。もう、コンパスだけです。そして頼みとするものは、本能でした。森林帯に入りました。あるいは、刈田の西側に出てしまったのか、それとも硫黄製錬所につづく森林帯に入ったのかと思ってずいぶん心配しました。これでガスが晴れず、吹雪いてきたら、死んじゃうんじゃないかと何度も思いました。とにかく刈田の方に登るのがいちばんいいと思ったので、コンパスの北をめざして進みました。

森林帯は雪が深く苦しみました。割合深い沢を越して北に北にと向かいます。一分おきくらいにコンパスを見ないとすぐ方向が狂います。一時半、休憩をとってアザラシを付けました。登る一方です。やがて森林帯を抜けきると猛烈な強風です。斜面を粉雪が飛ぶように流れて行きます。何も見えません。なんだか見覚えのある刈田の南側のパラダイスの斜面のようです。この斜面だとすると、上に大きな雪庇があるはずです。危ないと思いながら、もうその時は北へ北へと思って夢中でトラバースしてしまいました。約四五度の斜面でした。そして刈田のパラダイスの頂上に自分のさっき登ったシュプールをかすかに発見したときの歓びはどんなに大きかったか！

強風とガスのなかをL.S.T.で降りました。硬く締まった雪で、面白いように回転します。享楽です。直滑降の快楽をむさぼろうなんてもってのほかです。跡見坂に着くころはやっとガスの中から出て、うららかに照る春日のなかの滑降にたまらなく愉快でした。二時五〇分ソトバ着。バロメーターは四一〇〇フィート、約一二四四メートルです。新道小屋で飯を食いました。ひとつの大きな試練を経てきたことを感じて、ある飽満した気分になりました。途中まで迎えに来た賛久ちゃんと一緒に元気に温泉に下りました。自分の体力に小気味よい喜びを感じたことでした。

五日の夕方、軽便に揺られながら、よく晴れ渡った蔵王の全容を眺めて、つくづくいいと思いました。夕焼け空をバックにして、くっきり浮かび上がった乳白色の山の肌は魅惑そのものでした。屛風の東の壁は見上げるように眼前にそびえて、やがて灰色の夜の帳に消えてゆきました。

（田名部）

田名部が三月六日夜、刈田岳の単独行から帰った。山行の報告を日誌にかなり長くしたためている。峨々温泉に三日ほど滞在して冬の蔵王に浸ったようで、凍ったお釜を眺めながら刈田岳に登り、最終日は南東方面へパラダイスと呼ばれるタンネの斜面へと滑り込んだ。まったく無風で、雪はひざが没するほどに深かった。刈田峠の手前、一五四五メートルの鞍部に立ったのが一一時半、鞍部から澄川上流に広がる針葉樹林帯を眺めやった。昼食をとりながら、自分たちがこれから持つことになるヒュッテへの思いを馳せたのである。

昭和四（一九二九）年三月八日

・何もしないで（山にも行かないで）ぶらぶらして、それで平気でいれる者は幸福だ。ルームはいわゆるクラブハウスじゃない。

・ふもとから山を眺めて良い気分になろうと思う者は馬鹿だ。

・外国の登山家は三〇才をすぎると油が乗ってくる。

・人間を愛するから山に入るのだ。（Tanabe）

田名部も小川に負けず、ルーム日誌に思いのたけをぶつける一人であった。

第四話　青木小舎に思索生活を探して——一九二九年冬

青木小舎の心象

午後一時。だれもいない。ルームはストーブと一緒に眠っている。小使いが書留を持ってきたから受け取って中を見たら、三三銭也の為替が入っている。ガッチリしたもんだと感心した。青根へ行ってとうとう三〇余円のスキーを台無しにしてしまったけれど、また五、六日ヒマがあったらそこらのスキーを借用してどこかへ行こうかと思っている。今のところ二、三冊本の入ったルックを肩に、青木小屋へでも行こうと思う。家形、高倉の森と谷。一人でしじまの中の Hutte で思索する。思惟に疲れたら二、三時間滑ってくる。簡単なナイーヴな、自分に最も近い生活がそこにあるような気がする。そしてそこに純粋で美しいほんものの夢があるだろう。自己をより孤独にする事によっていっそう永遠なるものに近づき得ると考える者は不幸だ。けれど、その者は時間と空間の本質を有する人間として不幸ではあるが、人間の本質を第一義に置く人としては祝福に満ちた者、自分自身に幸福なる者でなかろうか。しかし僕としては、そのすぐ先に当然の出口として死が見えてしかたがない。今のところ、その自己逃避としてほんものの夢想を求めているのみだ。こんなことを考える。そばから自嘲の笑いがもれる。僕は明後日試験だ。これからちょっと食堂へ行って、レコードを聴いて、その良い気持ちのところでまたひと仕事しなければ。明日はルームへ参りません。明後日、二時三〇分ころ出てくるつもりです。

T.O.

三月六日
送別会が一一日ころだというのを見たら、急に山に行きたくなっちゃった。うまく平山氏に会ったので、スキー連盟費の方を頼み、出かけることにする。相済みません。しばらく雑用の方をお願いします。それからバッジの方も。ではいずれ山の消息を持って。一〇日から一一日ころ帰ってきます。（小川）

二月二七日のモノローグがあり、いろいろ考えごとを整理したいふうであった。そして六日に書き込んだように、小川は三月七日から一〇日にかけて吾妻の山へ単身向かう。

三月一二日　晴　今日小川君を待ったが来ない。（木村）

吾郷、安藤、散歩した。小川君の帰ったのを赤星から聞いた。黒くなっているだろう。田名部君も真っ黒だ。みんな真っ黒になれ。（Bochico）

帰ってきた部室で、小川は次のような感想をしたためている。

三月一二日

昨夜遅く帰ってきました。山の喜びと慰めで胸を一杯にして。微笑みが心臓の奥底からわきあがるのを、止めることができませんでした。

前から考えていたように、青木小屋に行ってきたのです。ちょうど小屋番が帰った後で誰もいません。始めの三晩は僕一人でした。短いながらも忘れられない三晩です。最初の日は上天気でした。五色から登って行くと、まもなく蔵王が見えました。いいスロープがあって享楽しながらゆっくりと行きましたが、雪がいいので何でもできて、馬鹿に上手になったように思いました。次の日は午後一時半ころから家形へ行きました。その日も朗らかな天気で、蔵王はもちろん月山、栗駒も見えました。家形へは、右の雪庇の多い尾根通しに行ったので、思いの外時間をとって三時半にやっと頂上に着きました。

そこからの眺望は素晴らしいものです。吾妻は東も中も西もみな目の前です。東大巓はその広々とした頂上から、なだらかに栂森の方へ流れています。谷地平の向こうに、大倉川の凹みを通して吾妻湖が光って見えます。僕は広い家形の上をさまよって、思う存分清らかな山の空気を呼吸しました。実際僕の心を乱すものはなにもありません。山はしじまの中から僕の心に語り、限りなく麗しい夢へ、美のエクスタシーへ引き入れてくれます。とうとう五時ちかくまで遊んでしまいました。空の色が変わって山々が金色に映え、谷が深い紫の陰影を投げる、その荘厳な美の世界のなかにあって祈りたくなりました。幾度か帰るのを躊躇したあと、ヤッホー…木霊するヤッホーの声を残して、帰ることにしました。

シー・ハイル。ガンチャン谷のものすごいスロープではずいぶん流されたり転んだりしながら、小屋に着いたのは五時半ころで、山がいよいよ赤く映えてくるころオヒラキでした。だれもいない静かな山小屋に、貧しく飯を済ましたあと、ストーブの傍らでなお幸多き日の夢をまどろむのです。

その翌日には、商大の人と東京帝大卒業生の人など、六人になりました。このくらいでは、やっぱり小屋は静かです。作松爺さんの手で一緒に飯にありついたので、その夜は思う存分食いました。

帰る日は商大の人たちと、烏帽子の向こうの一八九二メートルピークまで行って来ました。それから青木小屋四時半、板谷駅六時という具合に下り終えました。

とにかく今度の青木小屋の印象は、僕にとって真にいいものでした。そして家形までのゲレンデも気に入りましたし、家形での美しい夕陽は忘れられないものです。それにつけても考えられるのは蔵王の「我らがヒュッテ」です。僕はそこに大きな希望と憧憬を抱いています。一日も早く、その中に生活する自分を見いだすことを願っているのです。実際の仕事のできるこの夏が、夏の自由な時が今から待たれてしかたがありません。

ルームはやっぱり変わっていません。それのみか薄寒い感じがします。で、さっそくお掃除して火を燃しましたら、やっと落ち着きました。いつもの柔らかい空気が浮かび上がってくるのを感じます。三時半ころ、橋本氏と出淵とがきたので一緒に散歩へ。直滑降で猛烈にのめったときにやった鼻がまだ少し痛むので悲観です。
今回、部のスキーを持って行ったのですが、又々折ってしまってなんとも申しようもありません。けれど今度という今度、本当に直滑降なるものが分かったように思いました。ただ、今ごろ悟った自分の愚かさが癪に障って仕方がありません。（T.Ogawa）

小川はここで、少年のような繊細さを見せて真情を打ち明けている。まだ二一歳である。この走り書きに普段仲間うちでも見せない、素直な顔が見えている。社交的でないし口数も多くないが、小さな仲間の輪にことのほか執着する小川らしい警戒心のない文章には、好感がもてる。

それにしても小川は何本のスキーを折っていたのか。田名部の豪放な物言いとは対照的であり、大人しくお行儀のよい文体からはうかがい知れない激しい気性を物語っている。青木小屋から板谷駅までほぼ一〇キロメートルの複雑な地形を縫って一時間三〇分で下っているのである。登りも相当あるコースを、現代でも信じがたいスピードで滑降するのが、小川のスキーであった。

さて小川の山行に先行する、吾妻山群に関する大島亮吉の紀行文がある。一九二一年発行の『ツーリスト』誌に大島亮吉が三回にわたって書いたものである。「五色温泉を中心としてのスキー登山」と題した、じつに三万八千字におよぶ内容で鉢森、高倉山、吾妻小富士、一切経山、東吾妻山、西吾妻、東大巓、栂森での足跡を詳しく紹介している。読んでみると同じ山でも登山者の観察によってこうも広がりをもち、豊かになるものかと感慨深くさせられるところがある。たぶんに美文調ではあるが、大島はつねに開拓者の意識をもっていたため、彼がその山に登れば自然科学的な山岳が不思議に登山者の心の営みに近づいてくるのである。大島が書く風景描写は、まさしく大島の自己の投影にほかならない。自分の感性に正直な、大島ならではの紀行文といえる。

また、この時代に栗子山や近くの七ッ森へのスキー登山に言及しており、大島の細かいものさえ見逃さない好奇心的観察眼に驚かされる。七ッ森は、奥羽本線をはさんで吾妻連峰の対岸に位置する一二〇〇メートルほどの山群である。栗子山塊には現在でも登山道がなく、ほとんど登る人はいない。

小川がこの紀行文に接していた確証はないものの、当時の多くの登山者に刺激を与えたと思われるので一部紹介してみよう。「高倉山」では、山頂から見た風景を次のように描写している。


家形より東大巓につづく一八〇〇メートル突以上の長大な山稜は黒い針葉樹の暗影と雪肌の光が思い深げに交錯し、影は影と重なり合ったりして、その深奥には山々が神秘な冬の姿を秘蔵しているかの如く、東大巓より栂森まではほぼ水平に惹かれた雪稜がいつも透明に近い空線を描いている。我々はこの山の姿を見るたびにいつも、更にその奥に包蔵されている山々の姿に強い憧憬と、その雪稜の壮快なるべき滑走感に惹きつけられ、何時かなそれらの想像憧憬を現実化せずには置かぬと、お互いの決心を確固にした。


針葉樹の影と雪の光が思い深げに交錯し、などの記述は見ている者の情念であり、ここに大島のロマンチシズムたる表象がある。「東大巓はその広々とした頂上から、なだらかに栂森の方へ流れています。谷地平の向こうに、大倉川の凹みを通して吾妻湖が光って見えます」と記す小川の思いが、期せずして大島の風景描写と重なる。

「吾妻富士、一切経山、東吾妻山」の項で、大島はまず微温《ぬるゆ》温泉に泊まる。翌日シュカブラを踏んで吾妻小富士の北側から一切経山とのあいだを行き、桶沼近くの硫黄製錬所に降りて泊まった。なかば雪に埋められた低い、粗造な板小屋が五、六軒ばかりかたまっていた。その一戸である、冬籠もりしている小舎の二重扉を押し明け、薄暗い戸内に案内を請うた。

炉側には二人の鉱夫が薪をくべながら煙管をくわえ、薄暗い蔭の炬燵にはその妻らしい縫い物をしている一人の婦人と二人の幼児がいて、突然入り込んできた我々の姿に吃驚していた。

このときは後日泊めてもらう約束をして一切経山へ登った。別の年の二月、約束どおり微温湯泉から硫黄製錬所に入って一泊し東吾妻へ登った。展望の効く頂上では、厳冬の山の厳かなまでの風景を目にした。大島らしい深い恍惚感をともなった名文がつづられる。

この頂点の冬のうちでもまた特異な時と姿をした四周の山々の展望は永く我々の忘れられぬもので、これを他のものに分かつこともまた真実に伝えることもできず、ただ共に登った五人の登山者の脳裏の奥深くに堅く印銘されて永久に彼ら自身の秘愛の記憶としてのみ存するかと思う。これこそ登山者がその終生自らの慰安とも矜持ともなし得べき唯一の貴きものではなかろうか。

さて小川が愛した青木小舎は、もともと青木製板小舎と呼ばれていた。五色温泉上部のどの付近にあったのか、現在の地形図でそれらしきものを見つけることはできないが、古い五万図（一九〇八年測図・一九三一年修正）にその名を名前を見つける。五色温泉から高差四七〇メートル、板谷駅からだと

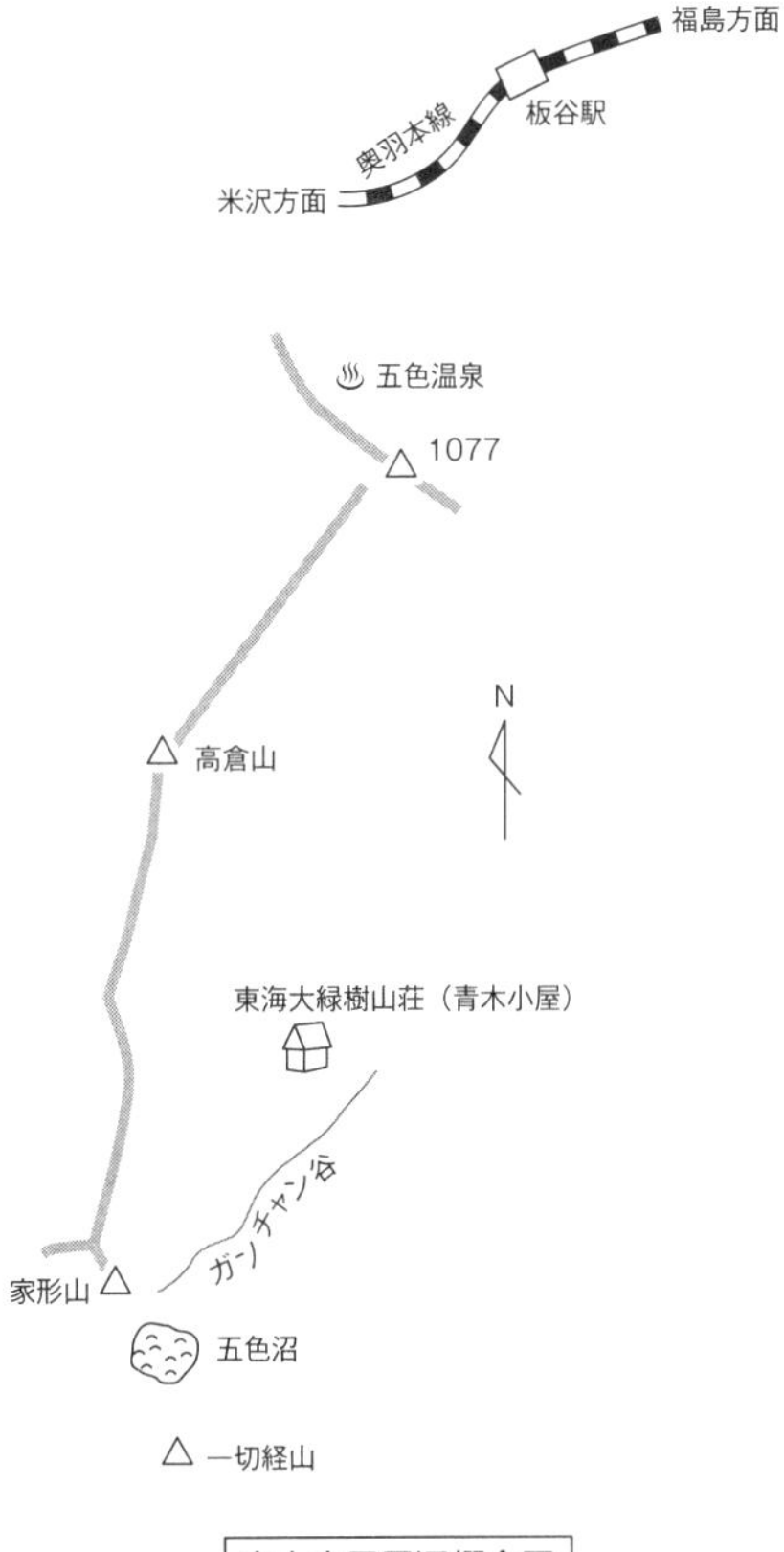
福島方面
板谷駅
奥羽本線
米沢方面
五色温泉
1077
N
高倉山
東海大緑樹山荘（青木小屋）
ガンチャン谷
家形山
五色沼
一切経山

青木小屋周辺概念図

高差七三〇メートルほど登った標高一二八〇メートルの蟹ヶ沢源流部にあたる場所である。本来の青木製板小舎が荒廃したため、五色温泉の宗川《そうかわ》旅館によって昭和初期に改装され青木小舎と呼ばれるようになった。スキー・ツーリストたちによって、五色温泉から吾妻連峰登山への足がかりの小屋として利用され、よく知られていた山小屋だった。当時は東京帝大のスキー山岳部に管理委託されていたという。

このツアーコースは、『スキーの山旅』(田部重治編、大村書店、一九三〇年)、『山岳スキーの旅』(竹節作太、博文館、一九三四年)などにも紹介されている。深田久弥は『山の幸』(青木書店、一九四〇年)に「五色から沼尻まで」と題して青木小舎でのひとときを描いている。

小屋に備えつけられた山小舎日記には訪れた登山者の感想や感謝、名前が多く記されていたが、今は失われてしまったという。のちに東海大学が譲り受け、一九六二年十月に再建・開設され「緑樹山荘」の銘になっている。しかし現在は冬季に訪れる人もなく、扉は堅く閉ざされたまま深い雪に埋もれるばかりである。

一九二九年三月一七日から一二日間にわたる長期間のスキー合宿は、吾妻精錬所小屋をベースとされた。田名部、平山、赤星、横井、村橋、出淵それに小林ら一〇人の参加を見た。小川は帰省していたためか、参加していない。仙台から微湯《ぬるゆ》に行き、そこから登った精錬所を拠点として東吾妻や一切経山付近を歩き、山岳スキー術をぞんぶんに練習したようだ。田名部は自分の山日記に、一部次のような感想を残した。

小屋は慶応の人が帰ったので部屋は気持ちがよい。およそ下らぬ奴らだった。スキーにも乗らずに、やたらに美味いものばかり喰って、日焼け止めの薬ばかり付けている。あれでも慶応の山岳部の奴かと思った。

……………

高山は実に格好の良い山である。遠くから見ると栂で真っ黒に見えるが、行ってみるとそうでもない。磐梯の方が美しく見えた。高山はスキーで登った者の話を聞かぬ。大島さんが途中まで行ったことがあるそうだ。

ここに慶応における草創期の偉大な先人の影は、すでに見えない。その落差のあまりか、田名部には慶応のシティボーイぶりはお気に召さなかったようだ。また山域の登山の動向について、やはり大島らの足跡を気にしているのは注目される。大島の紀行文が読まれていた可能性はなきにしもあらず、というところであろう。

ルーム日誌には、いよいよ仙台を離れて東京へと旅立つジロさんの書き置きが見られる。

1929.3.16（土）

今日もまた雪が降る。十日ばかり隠遁していて、久しぶりでroomに来てみた。生きてゆくことは、悩ましいことだ。本当に人生を生きようと欲するとき、我々は深く考えさせられる。快々として、この冬の日を暮らしたことを残念に思う。この大学も、この仙台の町も、私にとってはのろわしき存在であった。もう半月のうちに、私は仙台を離れるかもしれない（やがて確定するであろう）。いろいろな不平・不満を片手に、大いなる決心を片手に。そして幾十年かののち、再び諸君にまみえる日があるようにと、奮闘しよう。さらば、健在なれ。山に生きんとする若人よ。

Jiroh

一九二九年四月一一日、何かとお小言の多かった高橋次郎は、法文学部の助手を辞め東京へと旅だった。下旬になると、部員たちは小屋の建設場所を検分しに蔵王へと向かった。小川は帰省していたため、遅れて馳せ参じる。

二〇日　桜が校庭にも咲いた。芝生に寝転んでいるのもいる。　田名部・袖山

今日帰った。大変失礼してしまって、お小言がありそうだ。みんな、蔵王へ行ったとのこと。三時二七分で俺も行く。春霞、春風、仙台はお花見だ。　小川

今朝帰った。早速来てみたルームには誰もいない。みな蔵王に行ったようだ。Buchi も今度は山のお伴をさせてもらう。でもガンガン精力をしぼりとられるのではないかと心配する。心配無用って？　冗談でしょう。Buchi も人間ですよ。なつかしいルームの匂いがする。　A.m.10. Buchi

Buchi こと出渕《いづぶち》国保はルーム日誌にあまり出てこないが、小川とともに東京高校山岳部をつくった同期であり、小川とは山以外の付き合いも深かった。チェロを弾く出渕の下宿を「夢弦荘」と呼びならわし、赤星平馬と三人でよく集まっていた。三人はたがいに夢弦荘同人と称し、セミすだく夏の午

後、出渕の下宿に集っては文芸の話や音楽談義そして山の話にうち興じた。その合間に出渕自慢のチェロ演奏を聴くひとときももった。出渕は一九二八年に、出身校の寮歌「東高節」の作曲を手がけたほどの音楽通であった。

全国で三番目に帝国大学が設置された仙台は学都仙台、また東のハイデルベルグとも呼ばれ、学ぶ意識を強くもたせる環境があった。そのようななかで学生たちは勉学に向き合いながらも、仲間どうしの強い絆を育てていったのである。ワイシャツ姿の二人と、きちんと詰め襟の学生服を着た小川、楽しそうに三人で写った写真が、小川のアルバムに遺されている。

小川が終生座右に置いた仙台時代のアルバムを紐解くと、広瀬川の写真や青葉城への入口にある五色沼、市内北東部にある東照宮、松島湾のボート遊び、霊屋《おたまや》、八木山球場、八木山遊園地、竜ノ口渓谷、西公園などさまざまなポートレート写真が見える。異境の地である杜の都・仙台の暮らしを仲間と満喫した日々からは、アルカディアのような記憶が醸成されたにちがいない。

また、小川の下宿は土樋にあったらしく「土樋ノ下宿ノ柿」とキャプションのある写真や、越路《こえじ》地区から土樋方面を写した広瀬川に架かる旧愛宕橋の写真が、アルバムに残されている。一ページの中央に一枚だけ貼りつけられているところをみると、小川自身の撮影になる写真と考えてよいだろう。

土樋地区はその後、一九七五年にできた愛宕大橋を境に青葉区とその南に続く若林区に分断されたが、写真を見るかぎりでは小川は若林区の土樋、しかも写真に写るあたりに住んでいたようである。この界隈は今でも閑静な面影を一部残している。

小川と見られる八木山でのスキー練習風景（小川のアルバム）

夢弦荘同人の左から赤星、出渕、小川の三人（小川のアルバム）

越路側から撮影された旧愛宕橋（小川のアルバム）

「西公園ニテ」。前列左が小川、右隣は赤星と見られる（小川のアルバム）

悩むくらいならとりあえず山へ

新年度に入ると、まだ建設が始まってもいないのに仲間たちのあいだでは蔵王小屋の話題でもちきりとなっていた。みな雪に閉ざされたオオシラビソの森のなかに、自分らだけの棲み家をつくって、スキーの手入れやワックスがけに専念する姿を思い描いた。赤々と燃えるストーブを囲んで、お気に入りの椅子にゆっくり腰をかけ物思いにふける姿を夢見た。

建設場所選定のために、木村、小川、福田、斎藤、村橋、田名部らで残雪期の澄川上流を歩いてみようということになった。しかし田名部はどうせ行くならとばかり、かねてから狙っていた南蔵王を縦走して現地での合流案を出した。悩むくらいだったらまず広く現地を歩いてみたほうがいい。田名部にとって、自分流の山行ありきの申し合わせだった。馬ノ神山の頂上から残雪を散りばめた屏風の壁をぜひ、ひと目見たかったのが本音だった。相棒には、残雪の山が初めての袖山を誘った。

一九二九四月二七日、仙台から汽車に乗り、白石に着いたのが午前四時三〇分。猛烈な雨が駅舎を包んでいた。二人は雨の弱まるのを待って一時間ほどふて寝した。しばらくすると、待った甲斐あって雨は嘘のように晴れ上がった。

四月も下旬になればすっかり暖かく、道中はウグイスの声に迎えられ送られしながら気持ちよく歩いた。三住《みすみ》村を過ぎてから、馬の神から真東に延びてくる尾根をめざす。はじめ北側の小沢を遡ったあと、藪の中を強引に尾根へと這い上がる。標高九〇〇メートル付近でやっと残雪が出て、歩きやすくなった。ところが荷が重いうえ、相当なアルバイトをしたため二人とも汗でびっしょり、クタクタだった。二〇〇メートルばかり登ったが、この先どのくらい続いているのか見当がつかない。まだ午後三時を過ぎたばかりなのに、二人に選択肢はなかった。いやになって藪の中に天幕を張った。

四月二八日、この日も快晴であった。朝食のための火をおこそうとしたが、どうしても薪に着火しない。しゃくに障って朝食はパンをかじっただけで済ます。

一〇〇メートルも登ると残雪は消え、またひどい藪。西南方向に不忘山を眺めながらひたすら藪を漕ぎつづけると、ふいに馬ノ神岳の頭に立った。屏風から不忘につづく尾根は残雪が光って美しい。手ごろな太い枝の上に腰をかけて、南蔵王の展望を楽しんだ。

なおも手ごわい藪を漕いで水引入道との鞍部に降り立つ。水引入道ピークへの登りは急峻で藪が深いため、北側をからんだ。

屏風岳との鞍部に立ったとき、宿願を果たした満足感で田名部の胸はいっぱいになった。屏風岳の壁は硬雪の急斜面で、登るほどに角度を増した。注意深くキックステップを重ねて直上した。

北屏風から杉ヶ峰への下りで、田名部は今山行初めてゾンメルシーを履いた。気持ちよく滑り終えたあと、杉ヶ峰の鞍部でオオシラビソの木陰を借りて下から迎えに来る仲間のことも考えず、だらしなく伸びた。

澄川側を巻くようにして下ると、あっというまに刈田峠に出る。立ち込んだオオシラビソの木陰でシュプールを発見し、これについて下る。三人分と思われるトレースは、小屋の候補地を求めて森の中をじつにあちこち交錯していた。後見坂《あとみざか》では心のままにボーゲンを描きながら下った。夕方六時ころになって、ついに峨々温泉に帰着。やはりみんなが待っていた。

二九日、今日も候補地を探しながら、全員で金吹沢の頭あたりまで登ることになった。ところがあまりに天気がよく、袖山は興奮して一人で熊野方面へ向かうと言って分かれていった。ほかの者も針葉樹の芳香にむせびながらさ迷い歩いているうちに、杉ヶ峰まで来てしまう。こんどは小川が急に不忘山に行きたいと言いだし、一人で先へ向かった。これでは何をしに来たのかわかったものではない。いずれ峨々にもどってくることを約束して別れる。小川のそのあとの行動は不明である。結局、小屋の立地選定はもう少し歩いてからということで、六月にずれ込んだ。

五月も半ばを過ぎたころ、田名部の山心はまたうずいてきた。田名部は非常にエネルギッシュな男で、山から帰ってくるとまた山に行きたくなる、このパターンの行動を生涯続けた稀有な男である。東北帝大山岳部は多くの逸材を生み出しているが、彼ほど尽きない山への探求心をもちつづけた男は見当たるまい。

五月一九日、田名部は平山砂夫を誘って岩手山に赴いた。平山はかつて桑沼から北泉、南蔵王縦走、小川とともに黒伏山南壁も一緒に登っていて最も気心の知れた仲間であった。

初日は雫石駅から葛根田《かっこんだ》川沿いにある滝ノ上温泉まで行った。そこから大松倉山、犬倉山を越えて有根沢の源流にまで足を伸ばす。五月の蒼穹のもと、太陽はいやがうえにも二人の頭上に照りつけた。暑さと重いザックのために、二人ともクタクタになる。荷物をおっぽり出して、青天井を眺めていると五月の太陽に照らされて、二人ともついうたたねに陥った。

犬倉山から、ゾンメルシーはよく滑走した。栂の森に着いたところでスキーを担ぐ。踏みしめるナーゲルシューに、残雪が心地よくきしんだ。有根沢の支流へと少しばかり下りたところに、天幕を張るのに手ごろな場所があった。栂の葉を敷いて今日の宿とする。栂の森と残雪に埋もれた小沢に囲まれて、二人は何の憂いもなく眠った。

翌二〇日、有根沢の上流をつめて尾根に出ると一五〇〇メートルの鞍部に出る。西方はるかに八幡平の起伏が広がり、西南には乳頭山の小さなピナクルが中空に屹立している。鬼ケ城の岩場は岩の鎧をまとい、東方へうねり延びている。焼切沢の北岸にそびえ立つ一六一三メートルを中心とする岩尾根は、奇怪な岩峰の姿を競っている。二人は、口笛でも吹きたいような軽快な気分になった。

大地獄谷への下りで、ゾンメルシーは愉快に滑った。そしてお鉢の底から栂の森につづく道をたどり、頂上めざして登りつづけた。大地獄谷から一八〇〇メートル付近まで登るとハイマツの海となっていたが、火山活動のためかすっかり枯死していた。

岩手山の絶頂をめざして気持ちよく直登した。脚下に火口湖の御苗代湖《おなわしろこ》がキラキラと光を反射させている。火山礫の踏みあとの脇には祠や石造りの権現様（獅子頭）がたくさん並んで、その先の高みが頂上であった。

頂上からの馬返しコースは、独立火山特有の広大な斜面が嫌気がさすほど長かった。岩手山は頂上一帯よりも、麓の道を歩くほうが気持ちよい。ゆったりとたわむようなスカイラインを、自分も一点景になりきっていくのである。高原に続く小道を、陽を浴びながらトボトボ進むとき、ほんものの旅人になった気分を与えてくれるのだった。

夕刻の七時半には無事、滝沢駅の人となり、ビールを抜いておたがいの健闘と友情を祝しあったのである。

大東岳単独行

七月六日

相変わらず天気は思わしくない。昨夕、大東から帰った。まだ肩が痛い。秋保から馬場まで乗合いバスがあるので楽だ。南の沢（注：大行沢《おおなめ》）に入って、本小屋から四〇分ほどのところの炭焼小屋に泊まる。両岸とも上が城壁のような岩で、予想以上にシビアなことが分かる。

四日、小雨だったが新しく買った雨具をあてに、二番目の沢から登る。かなり上まで炭焼の跡があった。城壁のような岩場は真ん中の沢にとりついて、半ばヤブをこぎながら登る。頂上の南端まで根曲りのくどいブッシュで悩まされた上、そこから三角点まで、平らなのにくどいブッシュの連続で、頼みの雨具もリュックサックもすっかり（水が）通った。三角点二時三〇分、幸いと濡れなかったタバコがとても甘い。霧で何も見えないが、全くのんびりした清々しい気持ちに酔う。下の道は道としては悪いかも知れないが、這って向かうと有難いものだろうとしみじみ感じた。夕方、小屋に着いたころには懐かしい青空が見え、夜には星がおずおずと光っていた。

翌朝は寝坊して、ゆっくりのんびりして、来た道を戻る。湯元で共同風呂に入ったが、あまり感じの良い風呂じゃない。

ヒュッテの方の話も大部進んできた。「マッターホルン」がツマラネーテ。（小川）

一九二九年七月三日から五日にかけての二泊三日で、小川が仙台の西方、秋保温泉の奥にそびえる大東岳に単独で登ってきた。大東岳は、山形県境から見ると、東へ張り出すようなかたちで聳える独立峰である。標高一三六六メートル、北の関山街道（四八号線）と南の笹谷峠（二八六号線）とのあいだに広がる二口山塊の盟主的な山である。前年一〇月に二高パーティや田名部、袖山が現在の表コースにあたる方向から登っているが、小川には別の目的があった。

二口街道は、当時も秋保大滝手前の馬場までバスの便はあったらしく、そこから野尻集落を経て歩き、登山口となる本小屋《もとごや》へ行った。馬場から登山口まで約一〇キロメートルといったところだろうか。本小屋からは現在の大東岳裏コース、大行沢《おおなめさわ》左岸に踏まれた道をたどった。この道は山形側の山寺方面につながる古道で、明治時代の陸地測量部も大東岳に三角点設置のさい、山形側から入っている。

報告にある本小屋から四〇分の所とは、駒止めと呼ばれる平場であろう。大行沢林道はこのあと、両岸迫る谷を縫う険しい杣《そま》道となる。駒止めから歩いてすぐ、一本の沢を渡るが、奥に入れば周囲が凝灰岩の垂壁に囲まれた大きな「白滝」が落ちている。この白滝沢は大東岳に直接突き上げておらずスケールも大きくもないので、小川の意識には入らなかったろう。「両岸とも上が城壁のような岩」と書く場所は、裏コースの日陰磐司一帯を指すと思われる。

二番目の沢は、大東岳の南面を貫く大きな沢で、三分の二ほど遡った奥に八〇メートルほどの山域最大の「大東滝」を懸けている。この滝の周囲は容易に巻けるところがない。遡行すればかならず突き当たり、小川の報告にも書かれるはずだから、京淵沢には入っていないと判定できる。

したがって二番目の沢に入ったと書かれるが、実際は三番目に流入する「岩床沢」と呼ばれる沢を登った、と推定するのが妥当であろう。この沢の上部は、手前の京淵沢の大東滝をつくる造瀑層が延びてきており、古い地形図にある「城壁のような岩場」記号とも一致する。小川は毛虫探し（楔型のケバを並べて描かれた地形図の岩記号の形容の名残で、岩壁記号を毛虫と言った）を目的として、この記号を目当てに入ったと思われる。地形図上では岩記号で満たされているが、実際は標高一一〇〇メートルほどで沢の形状をなくし、岩壁は遠のいてしまって現れない。

岩記号から高度差二〇〇メートルほど藪を漕いで登れば、「頂上南端」に達するが、「くどいブッシュの連続に悩まされ」てしまうのである。意味不明な部分もあるが「下の道は道としては悪いかも知れないが、這って向かうと有難いものだろうとしみじみ感じた」とあるので、下山は現在の表コースをとったのかもしれない。藪の下にはかつての踏み跡が残っていたのであろう。炭焼小屋に二泊しているようである。

このあと二高山岳部でも前年一一月に引きつづき、一〇月一六日から三日間の日程で大東岳を登っている。大正末期につくられた雨乞い道は消えかかっていて歩きづらく、大行沢に下って現在の裏コースを下山したようだ。当時社会人山岳会の数はきわめて少なかったから、面白山や大東岳、神室岳ほか二口山域で目立つ山は、学生登山家によって少しずつ拓かれていったのである。

田名部の絶体絶命、小川が救う

一九二九年、六月に入ってから夏山の計画会が開かれ、今年も小川から上高地合宿の要望があった。上高地にベースキャンプを張り、穂高周辺を登る計画である。期間は八月一日から二〇日まで、いつものように各自の都合で出入り自由の合宿であった。

田名部は、七月初旬から飯豊連峰と朝日連峰に入る合宿プランを提案した。同時期、二高でも飯豊や朝日が計画され実行されている。二高では長者原から丸森尾根にとりつき、飯豊本山までの縦走を果たして、二高流の登山傾向を強めていく。二高出身の田名部も東北の山にこだわりたかったようだが、結局実現せず、上高地の計画に合流することとなった。そして合宿全日程を最後まで粘ったのが、皮肉にも田名部一人であった。

八月一日はよく晴れた。島々から徳本峠を越えて上高地に入り、終日歩いて小梨平に天幕を張った。二日も晴れが続き、小川、田名部ら八名はクライミングの根拠地として岳川に前進して幕営した。

三日はまず、奥穂とジャンダルムのあいだに突き出るロバの耳ピークを登ってみることにする。午前六時、岳川の雪渓から奥穂方面に向かう。かなり急な雪渓を登りつめると、雪渓との隙間に隔てられて岩場がせり上がっている。ここで小川、川田、清水が四〇メートルザイルにつながり、田名部と森が二〇メートルのザイルにもうひとパーティをつくる。小川は五つほどステップを切ってさらに雪渓を登って岩に取りつき、上部の草付きに立った。ここまで約一時間。

軽い食事を摂ったのち、草混じりの岩を登るとふたたび雪渓に出る。雪渓が尽きるといよいよロバの耳岩峰の基部である。

ここで、人数は多すぎるが小川をトップに田名部ら四人が一本のロープにアンザイレンされた。一〇時二〇分。小川はショルダー（肩）を借りて一歩上がったあと、左方向へバンド（岩棚）を横断して直上。次は右へ、ホールドの少ない岩棚を横切った。かなり上部まで登ると頭上がオーバーハング、右下はすっぱり落ち込んだ一枚岩、左は足の幅はあるものの、手がかりの見いだせない岩棚が上昇するように突き上げていた。

小川は岩棚に狙いを定めて取りついた。つま先立ちで登ってゆくリズミカルな足どりが、まるで優雅なダンスでも見ているようだ。右手の壁は被り気味の垂壁で、小川の身体が壁から離れているため見上げているほうがめまいを覚える。姿が岩陰に消え、しばらくして登って来いの合図があった。後続者は左上するロープに気を取られて、身体が壁から剝がされそうな、いやなピッチであった。スリップしたら振り子状態となるのを肌で感じる。あとは容易な登りとなって頂上へと導かれた。一二時四五分であった。

下山はジャンダルムとの鞍部に下り、右側を巻いて天狗のコルまで行って岳沢へ通じる谷に出た。雪渓がびっしり詰まった一定斜度の急斜面であった。

小川はグリセード（ピッケルを杖にして雪面に制動をかけながら靴で滑る技術）で、身軽に急斜面へと飛び込んでいった。続く田名部もピッケルを支えにしてあとに続いた。が、突然身体が前のめりになって転倒する。勢いが強すぎて体勢を立て直すこともできず、頭を下にしながら猛スピードで滑落しはじめた。雪をひっ掻こうとした腕が伸び、加速度がついてピッケルももぎ取られた。田名部はそれでも落ちながら頭を上にもってくるが、ガレた岩場がちらっと視野に入るばかりだ。まずい、このままでは岩に衝突する。

もう駄目だ！　と観念したとき、突然田名部の前に小川が現れた。いや、田名部の叫びを聞いた小川が、瞬時に滑落停止の体勢で待っていたのだ。雪面に打ち込んだピッケルのピックの上にうつぶせに覆いかぶさって脇を締め、田名部の衝突を体で受けたのである。二人がもつれ込んで落ち、落下が止まったのはラントクルフト（雪渓と岩壁との隙間）の一メートルほど手前だった。

田名部が突き当たった衝撃で、小川の手の甲にトリコニーの鋲が突き刺さり血が噴き出した。田名部は面目なさに身の縮む思いだったが、捨て身の技で負傷した小川は痛いとも言わなければ、その傷を見せようともしなかった。傷を気にしたふうでもなかった。

岳川の天幕に帰着したころには、午後四時半になっていた。

八月四日　晴のち雨　明神岳行

岳川の天幕は、食糧が米と塩しかなく、マッチやローソクにも乏しい。その貧相さに愛想を尽かして、一人が上高地へ降りていった。

まずは前穂の下まで夏道を伝い、明神岳に続く尾根に出る。明神の第一ピークに立つと、第二ピークは近づく者を威嚇するように屹立している。これを登るのかと思うと、思わず身震いが出る。ギャップの左は急な雪渓となって梓川に落ち込み、右側も岳川に切れ込む急峻な雪渓である。退路を断たれた気分であった。

四〇メートルのザイル一本に小川、川田、清水、田名部の順でつながる。小川はためらわず取りつきから左上した。正面を直上するルートをとるらしい。ほとんど垂直に見える壁である。さすがにここから上部は、通常ピトンを打たなければまずいだろう。小川は躊躇することなく、身体を空中に泳がせるような登りをとった。二〇メートルほど登りつめ一段落したようだが、相当ハラハラさせられる登りであった。

ひととおり登るとちょっとしたテラスとなった。上はのっぺりしたフェイスとなり、よく見れば左側に典型的なクラックが入っている。ここはさすがの小川もザックを下ろして、空身で取りつく。

片足が入るほどのクラックだが、このクラックに移るときが難しかった。まず小さな凹みを頭上に見つけ、腕を伸ばしてこのへこんだホールドを右指でひっかける。指の第二、第三関節はほとんど伸ばした状態になる、外傾した微妙なホールドだ。左手にはホールドがなく、やむなくスウィングするようにクラックに移るしかない。右手ひとつのホールド、その向きに合わせるように軸足を蹴って身体を振り、左手で飛びつくようにクラックのへりをつかんだ。その高度なムーブは、小川ならではの芸当だった。

移ったクラックの右上は垂直となって、ホールドが見いだせない。今度は左手がやや緩いものの、これもホールドのないスラブである。垂直に割れたクラックの中にもホールドがなかった。やむなく右の脚と膝をクラックに突っ込んで足首を捻じり、ナーゲルシューと岩とのフリクションを利用する。腕だけでぶら下がるには危険すぎる。左足はいくぶん角度がある岩面にピッタリ着け、膝から足首にかけてのフリクションを総動員して懸命に這い上がろうとする。何度も腕を伸ばそうとするが、足下が心もとない。

左の手は岩面に平に置き、かろうじて手のひらの摩擦を使う。右手はクラックの角を親指と残りの指でつかむのである。この位置になってみると、どうしてもそれだけでは身体が上がらない。そこでいくぶんリズミカルに一瞬伸び上がると、クラックのへりに左手が届いた。そしてちょうどこのクラック上部のチョックストーンに、今度は右手を伸ばす。しっかりとはまった岩塊をつかんで一歩上がった。上はいたってルーズな草付きとなった。そのあとはぐんと緩やかになり容易となった。

ラストの田名部が困難なクラック・クライミングを終えたとき、こつ然として冷たい雨が降りかかった。やっと明神ピークに立ったものの、感慨にふけるいとまはない。みな、濡れるにまかせて下山にかかる。明神から岳川へ、二番目の涸れた沢を下る。途中、滝が二つばかりあったが難なく下降、上高地のベースに帰着したとき日はすっかり暮れていた。

翌五日は休養日となり、それを機に小川は蔵王小屋建設の詰めの仕事のため下山していった。七日、小川が抜けたあと、田名部と森、川田、清水の四人は涸沢の岩小屋に入った。翌八日、常念岳の陰から朝日が昇り、光が岩の割れ目からぼんやり射しこんでくるころ、焚き火の前に寝不足気味の顔が集まった。五時二五分、岩小屋を出発。四人の影がカールボーデン（圏谷底）を埋める雪渓の上に長く引かれた。ナーゲルシューに雪がサクサクと鳴る。早朝の寒気がいつもより強く、胸を締めつけるようだ。

しだいに北尾根が赤らんできた。それはやがて尖った岩稜の上で日蝕のように光った。田名部たちは五・六のコルに向かって、大きなガリー（狭い岩溝）を登っていった。

四〇メートルのザイルに田名部、川田、清水、森の順に結び合う。思ったほどのこともなく容易に登っていく。涸沢のほうを見下してもまだ日陰に沈んだままだ。目を転じて振り仰いだ岩のあいだに、槍ヶ岳の尖塔が見え隠れした。

ガリーを登りつめると、上から大きい岩が乗り出すようにふさがった。これを右に避け、ぐずぐずの岩場を斜上するとテラスに出る。ここでザイルを解き、第三峰に向かう。三峰の頭を過ぎると、一峰には一一時四五分着。前穂の北尾根は、田名部にとって緊張感のないルートであった。頂上でココアを沸かしてのんびりしたあと、下山した。

このあと田名部は残った森と二人で三本槍に登ったり、焼岳に向かったりするが、これといったためぼしい登攀は味わえなかった。一四日、田名部はさらなる満足を求めて今度はひとりで涸沢の岩小屋に赴き、前とは違ったルートで前穂に取りつき、奥穂、北穂へと回った。

岩小屋に帰り着くと、夜は雨と風にたたかれた。午前一時、目が醒めたら雨は止んでいた。岩小屋の外に出てみた。まわりの山々をうかがったが、暗い闇に閉ざされて何も見えない。急にさびしくなった。岩小屋にもどってうつらうつらしながら、鳥の声がキリキリと涸沢のカールボーデンに響くのを聞く。なぜかこの啼き声を聞いて、よし、と上高地に降りる腹が決まる。

午後一時半にベースキャンプへ着いたが、もう誰もいなかった。とうとう田名部一人になってしまったようだ。雨がまた、盛大に落ちてきた。

一六日、夕べは一晩中風雨が激しかった。午前九時まで天幕の中央に座ったきり、どっと吹きまくる強風に倒されないよう必死に支えていた。無為のまま昼が過ぎ、夕方がやってきた。一人で粗末な晩飯を作った。夜半になって、ようやく風は止んだ。

一七日、目が覚めたら朝九時。薄日が当たっている。今度こそ帰る決心をする。一一時まで汗だくになって天幕をたたむ。大きな一〇人用のベースキャンプと、四人用の天幕を一人でたたむのはかなりの労力であった。

八月一日から一七日までの上高地合宿は、飯豊山行を希望したはずの田名部一人が穂高で全日程がんばった。最後の一三日からの五日間は、田名部の一人合宿だった。意地を張ったつもりはないが、これが田名部の性分だった。

森の中のトーテムポール

一九二九年の八月末、田名部が金吹沢の天幕地に行くと、蔵王小屋は半分ほどできあがっていた。木村と斎藤の二人が大工たちの監督をしながら、切り出した樹木の皮剝きや床板の釘打ちを手伝っていた。小屋の建設工事では、部員たちが天幕生活をしながら率先して働いたのである。ときどき峨々温泉に下って疲れを癒しながらも、一〇日ほど小屋が形をなしてゆく様子を見守り建設合宿を続けた。

田名部と小川は、小屋に張りつけて壁にする丸太の皮を一生懸命に剝いていた。ナマ乾きのやつはなかなか素直に剝けてくれず、一本といえどひと仕事だった。小川は何を思ったか、アオモリトドマツの手ごろな丸太を一本、皮剝きしたあと鉈で刻みはじめた。手ぎわがよかった。見守るうちに、見事なトーテムポールができ上がったのである。小川によってイメージされた顔は、アメリカ先住民もかくやと思うほど威厳のあるシンボルに仕上がった。原始的な赤と緑が着色されて、ホームベースの入口にしっかりと立てられた。超自然的な守護神よろしく、タンネの森の案内役を与えられたのであった。

「小川大工」は、みんなで囲むためのテーブルも作る張りきりようだった。枡田は薪切りのあいまに、安楽椅子を作った。オオシラビソの適度に曲がった枝を二つ割りにし、これを横木でつないでカンバス（帆布）を掛けたものであった。ときどき釘の先がズボンにひっかかるし、バランスをとりながら座っていなければならない代物で、誰も座りたがらない。小屋ができあがるころには、George 専用の椅子として揺らぎに身をまかせ、マドロスパイプをくわえながら窓の外を眺めていた。窓からは屏風岳と後烏帽子《うしろえぼし》岳をつなぐスカイラインが、気持ちのいい曲線で眺められた。George が書く。

屏風——後烏帽子のスカイラインが気持ちよく眼に映る。「女の曲線美をあんなに問題にするくせに、山のスカイラインを問題にしない」画家に対してひとくさりの不平を述べた後、深町様はまた『サンデー毎日』を読み始めた。のしかかるように伸びた夏雲の頂を、八月の太陽が真っ白に光らせている。その上から濃い青の空が覗かれる。涼しい風が落ちてくる。天下泰平である。

さてここで小屋建設にいたる経緯を少し述べておこう。山岳部の冬季登山の根拠地は、多く峨々温

蔵王ヒュッテの前にて。人物不詳（帝大アルバム）

蔵王ヒュッテの前にて。人物不詳（帝大アルバム）

蔵王ヒュッテ入口、トーテムポールの前での仲間たち。人物不詳。1929.11.24 の日付がある（帝大アルバム・撮影小川）

蔵王ヒュッテのトーテムポール
ポール下部の標識に「東北帝大山岳部蔵王小屋」、右側に「遠刈田」左に「清水（おすず）、上ノ山」の道しるべが見える（『山と雪』第2号、1932年）
まだ蔵王エコーライン（1962年開通）がなかった当時、蔵王ヒュッテは遠刈田温泉から直線距離で10キロメートルあまり、標高差1000メートルをこえる山奥に拓かれたユートピアであった

泉であった。ところが刈田岳や、とくに南蔵王の屏風岳、澄川周辺への日帰り登山には遠すぎるきらいがあった。タンネの森深く起居し、折に触れスキーで馳せまわってみたいという思いも、蔵王小屋建設のきっかけとなっている。澄川上流左岸にはオオシラビソ樹林帯が広がっており、これ以上最高の場所はない。

適地と思われる場所には、冬のあいだに目印がつけられていた。しかし六月の現地調査時になると森が深くなってしまい、探すことはできなくなっていた。やり直せば時間や経費がかさむため、やむなく当日立ち会った場所を建設地とした。この立ち会い検証には木村、小川、田名部、枡田が当たっている。

古い五万図に、蔵王ヒュッテと思われる記号が載っている。遠刈田から山形県の上山市《かみのやま》へ出る、いまは消えてしまった「上山道」に沿った場所にあった。現在の二万五千図と照合すると、井戸沢と聖山沢の合流地点から少し上の台地一三四〇メートル付近にあたる。一帯は聖山平と呼ばれる場所で、一時期スキー場のリフトが架けられたが現在は廃棄、放置されたままになっている。井戸沢と深い澄川の谷を隔てて、屏風岳から後烏帽子への稜線がよく見える平坦地だった。

一九二九年九月五日、ついに部員全員が夢に抱いていた「我らがヒュッテ」の竣工となった。八日に落成式が執り行なわれることとなり、五日の晩は福田先輩、小川、田名部ら五名が最初の宿泊者となった。

九月八日、正式名称「蔵王小屋」、通称蔵王ヒュッテの落成式が催された。出席者は約二〇名。全体で一二坪弱の平屋建て（間口約四・五メートル×奥行き約八・二メートル。三七平方メートル強）、屋根はトタン葺き。約二〇名が収容できる広さになった。床は地面より「数尺」高くして、左側の入口に階段を

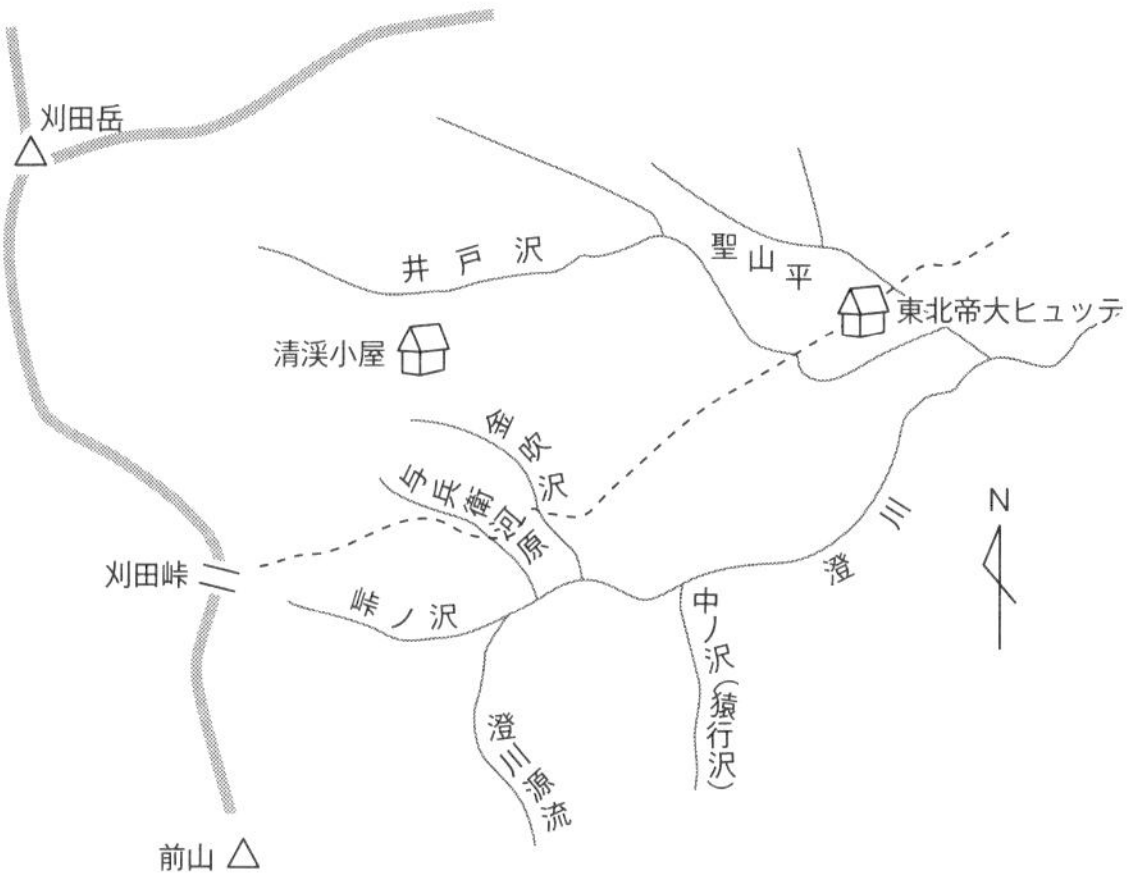

東北帝大ヒュッテ立地概念図

付けた。内部は二・五坪の風よけ前室（スキー置き場）、居室の奥に二段になった蚕棚の寝台（三坪弱）と三分割されていた。一二畳ある居室の中央部には、ボイラーのような大きなストーブがしつらえられた。ログハウスふうの小屋の概略は、小川の書いた下図をもとにして大学の営繕課が設計図を作っている。

工事に要した費用の総額は一五〇〇〇円、うち一〇五〇〇円が部員やOB、学内関係者からの募金額だった。大学本部から支給されたのは差額四五〇〇円だけであった。帝大部員たちの情熱がいかに大きかったかを物語っている。

落成したとはいえ部屋の棚作り、屋根のコールタール塗り、薪作り、薪運び、小川はスキー掛けの製作など、山の別荘づくりに部員たちの汗はまだまだ必要だった。

しかし大きな事業が終わった反動で、みんなの張りつめた緊張は解けきった。疲れと空虚感で腑抜けたようになっていた。小川は小屋新設を記念して備えつけられた「ヒュッテンブッフ」（蔵王小屋日誌）に、次のように書きつける。

Spt. 8.　一日霧小便　お祝いのお赤飯がもろにうまかった代わりに、腹にこたえる。二時半に帰る者がみな去ったあと、二階で寝込んじまう。晩飯もおこわ。それからストーブをがっちり燃して、裸になって食う……よく冷えた愿ちゃん恨みの西瓜さ。石田氏の speed 物凄し。横井、田名部これに続く。（小川）

九・九

五日の晩に小川、田名部、福田（先輩）、横井、山田氏の五人で新しい我らのヒュッテに宿る。まだ雑然としていて大変だが何という嬉しさだ！　ストーヴを焚く、よく燃える。こんなことなら金吹沢にキャンプを張っている大工連中も連れてくればよかったと思った。夜は二階の寝室に眠る。雨降る。六日、午前中に大工の方も全部終わった。美しく晴れ渡った天気。正午、大工、山田氏帰る。午後安藤、平山来たって新しいヒュッテに入る。（Tanabe）

前日に石田が持参したスイカをなぜか木村、村橋が食いそびれて下山したことを書いている。ふたたび田名部が記す。

朝から小雨。皆のびて九時頃起床する。昨夜小川はヒドクウナサレた。西瓜の祟りである？　みなすこぶる沈滞。『新青年』を読んで modern にならんと努める小川、安藤。のらくらしている平山、横井。ストーブをやる石田。晩までの飯を炊かんと働く田名部である。午前十時、横井サイダーを飲む。不相変霧小便。

小川が記す。

Berg Heil! Oh, Berg Berg mit Tannenbaum
六日の日の美しい夕焼けを思い出す。屛風と後烏帽子の片面のタンネが黄金色に映えて、屛風の左手の急な斜面は淡黄色の空にくっきりと暗い影を投げている。あの時は山の幸によって胸一杯

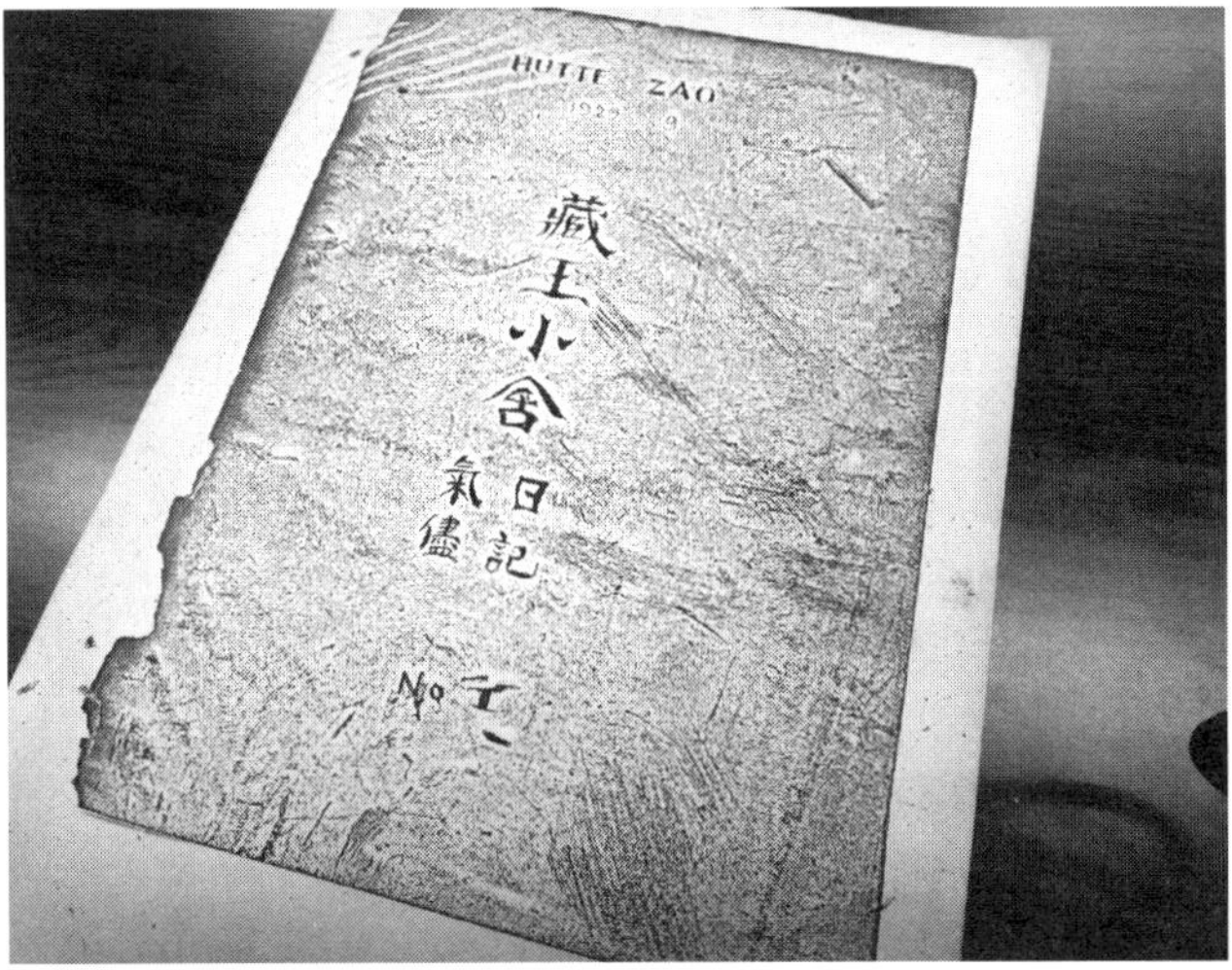

蔵王ヒュッテに設けられたヒュッテンブッフの表紙

ヒュッテンブッフに、我らがヒュッテの喜びがスケッチされた。「SIRAYAMA」なる人物によるもの（1929.9）

完成した蔵王ヒュッテのデッキで涼む小川（小川のアルバム）

蔵王ヒュッテは屏風岳から後烏帽子岳の稜線が見える位置に建てられた。手製の安楽椅子に枡田みずから座り、その曲線美に見入っている（帝大アルバム）

だった。仕事が身を引き締める。落成の日が間近だった。しかし今日は山の精神を失ったように皆、食糧のないためか、ふ抜けたようにころがる。一日霧小便で、ぼんやりしている。よくないな。太初に言葉ありきでなくて行業ありきだ。山の精神は行動だと体験が言う。行動を失ったやつは山を去り給え。ハイッ。長いような短い一日が過ぎてゆく。明日は山を下ろう。(9.9.T.O)

mit Tannenbaumとは、タンネとともに！　といった意味であろうか。翌一〇日、残った全員も大雨が降りしきるなかを下山した。小川は何よりも山での実践を大切にした。「よくないな」というつぶやきに小川の本質を見るようだ。

こうして落成した蔵王ヒュッテではその年さっそく冬合宿がなされたが、合宿までのあいだに早くも帝大以外の登山者が訪れている。二高の清渓小屋はまだなかったため、二高山岳部員や山形中学校山岳部員などの訪問も頻繁にあった。「ヒュッテンブッフ」にはさまざまな登山者によって、ひときの想念が書き込まれた。二高OBの佐々保雄(のちに第一四代日本山岳会会長)も小屋を根城にして冬の澄川一帯を丹念に歩くのに利用し、感謝の長文を残している。

「ヒュッテンブッフ」の勢いにくらべて、「ルーム日誌」のほうはこの時期閑散としていた。蔵王小屋にかかわる新しい仕事も増えたため、登山活動もいくぶん低迷していた。

9.17　晴れ
すっかり秋めいてきた。上高地(穂高)の写真がポツポツ集まって、楽しい過ぎし日の回想にふける。元気な山の友よ！　秋の清々しい空と風に締まった岩壁が呼んでいる。落葉の山路、瞑想的な山の湖、そして彩られた岩尾根。仕事は多いけれど、力強い山の声が俺たちを励ましてくれる。山が呼んでいる。無垢の精神をもって専ら山に帰依する者を、大自然が呼んでいる。エメラルドの秋の空を走る締まった風の鞭の音が俺の耳元で鳴っているようだ。おい、山に行こう。無心に岩に取り付こう。小川。

仲間と自分を一生懸命鼓舞している、いささか少年っぽいところに戸惑うほどの素直な口調である。この走り書きに、どこか大人になりきれないでいて、ひと筋に山へ向かおうとする山への心情が感じられる。純真すぎるほどの二一歳であった。

それにしても小川の志向は、冬季の山以外は岩ひと筋であった。早くから確信的にクライミングをめざしており、山歴をみても一貫性がある。東北帝大と同じ仙台で活躍する学生山岳会の二高との山行形態の大きな違いは、まず小川の岩志向によってリードされたことが理解できる。二高は飯豊連峰の開拓に意を尽くし、帝大は岩のバリエーション志向。とくに小川は人の手垢のついていない岩を求めていた。クライミングにおいて帝大のあらゆる時代を通して最も傑出した人物となり、やがて日本の新しい時代を開く旗手として成長してゆくのである。

一方、田名部は冷静な筆づかいで山行の予定を書きつけている。

9.20　明日の蔵王行きの話しでにぎやかだ。俺はひとりで須川（注：栗駒方面）に行ってくる。晴れたらとても素晴らしいに違いない。青く澄んだ空、高く浮かぶ白い雲。こんな想像を持って出かけるんだが、あるいはこっぴどく降られるかも知れぬ。そんなことはもちろん覚悟の上だがね

ー。それだってかまやしない。(田名部)

九月下旬、姥湯《うばゆ》温泉での岩登り訓練のための勉強会が開かれ、初めて岩登りをするメンバーに、小川がロープの結び方や登り方、精神面の指導を行なった。姥湯温泉は吾妻山群の北ふところに位置しており、そこの岩場は斜度も適当で都合がよかった。

一〇月五日、六日にわたって再度姥湯での岩登りの実地訓練が行なわれ、小川を含む一一人が参加した。福田、村橋、川田、田名部、吾郷、平山などがおり、なかに新人高木力の名前が見えている。高木はこのあと一九三〇年の七月、小川の谷川行に同行することになる部員である。

一九二九年一〇月三一日から一一月四日にかけて、田名部は平山を誘って川入から飯豊本山《ほんざん》を登ることにした。川入の村にあらかじめ決めていた民家に宿泊、一一月二日には早くも新雪を戴いた飯豊本山に立った。外は一晩中風雪がうなっていた。

翌三日は夜明けを待って外に出たが、新雪はひと晩で一メートル五〇センチも積もっていた。さらに降り積む新雪と霧は、大日岳への行動を断念させた。標高を下げてゆくにつれ、種蒔山のあたりから薄日が差してきた。明るくなった空を仰ぎながら、充実した今回の山行をかみしめる余裕が出てきた。弥平四郎集落の山城屋の風呂に浸かったとき、田名部の口からはいつものように山の歌がもれるのであった。

一一月二三日、新雪を踏んで小川と木村は二高生ら六人とともに蔵王ヒュッテ入りする。赤と青に彩られたトーテムポールが、ギョロリとした優しい目をして迎えてくれた。あたかも自然信仰の結界をくぐったとき、新しい季節一番乗りの誇らしい気持が胸に湧き上がるのだった。

また来た。すっかり雪化粧をして見違えるほど綺麗になった懐かしい我がヒュッテが、トーテムポールとタンネの森にどっしりとした姿を見せたとき、またきたよと独りごちた。そして安堵と満足と、いい知れない喜びが身を震わす。夕暮れの残映の中、雪雲に霞んだ屏風と烏帽子がなごやかな金色にけぶり、風もない静寂にヒュッテの影が濃くなる。夜になるといつのまにか美しい星空になって、ストーブの音がヒュッテ暮らしの喜びをかきたてる。来るたびにだんだん揃ってゆき、今度の一二月の合宿が待たれるだけだ。今日はすっかり愿ちゃんに当てられた。彼、またワックスをつけて暗い中へ出ていく。雪は再結晶して申し分ないコンディションだ。

小川

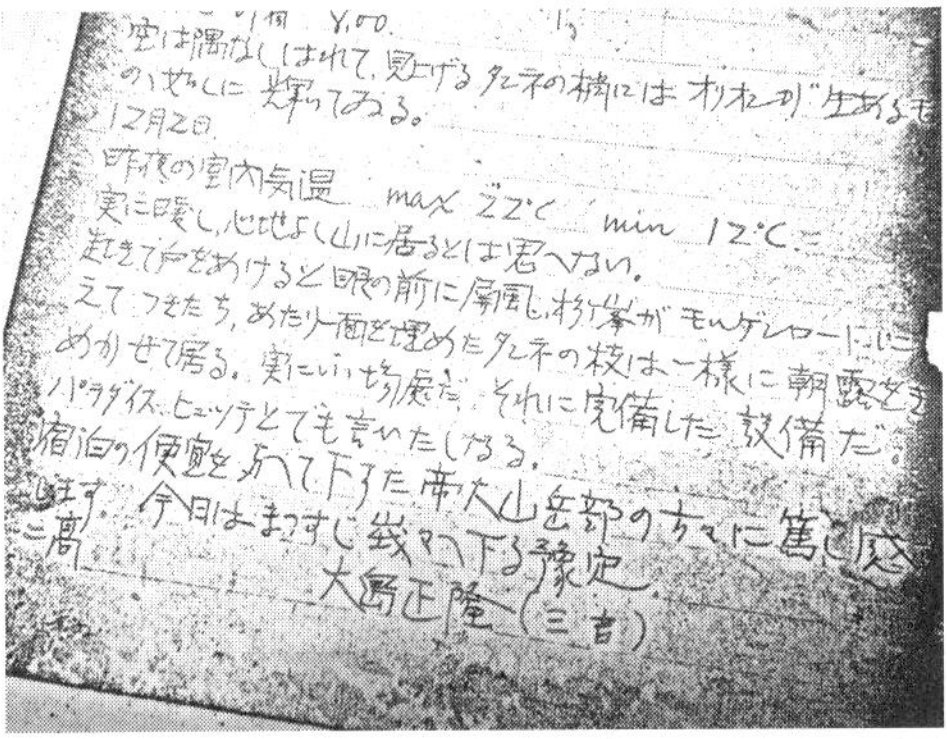
空は隈なくはれて、見上げるタンネの梢にはオリオンが生あるも
のゝ如くに輝いてゐる。
12月2日
昨夜の室内気温 max 22°C min 12°C
実に暖し、心地よく山に居るとは思へない。
起きて戸をあけると眼の前に屏風、杉ヶ峯がモルゲンロートに
えてそそりたち、あたり一面を埋めたタンネの枝は一様に朝露をき
らめかせて居る。実にいい場所だ、それに完備した設備だ。
パラダイス・ヒュッテとでも言いたくなる。
宿泊の便宜を与へて下すった帝大山岳部の方々に篤く感
謝します。今日はまっすぐ下る予定
二高 大島正隆（三吉）

二高生大島正隆による宿泊御礼の記（ヒュッテンブッフ）

このあと、二高生の大島正隆が単独で南蔵王を縦走、蔵王ヒュッテに入っている。遠刈田の二ツ森付近を通って不忘山に登り、屏風岳、杉ヶ峰そして刈田岳へと歩いたのである。最初と最後はスキーが使えず、歩行困難になりながら小屋到着は午後八時をまわっていた。大島正隆は達成感に浸りながら「空はくまなく晴れて、見上げるタンネの梢にはオリオンが生あるもののごとく輝いている。宿泊の便宜を与えてくださった帝大山岳部の方々に篤く感謝します」とヒュッテンブッフに

したためた。

大島正隆は、二高山岳部の歴史に残る檜山沢からの飯豊本山登頂（一九三一年三月）や、船形山の険谷横川遡行に活躍した男である。山ひと筋の学生時代に見えたが、一方で一九三三年一月に「共産青年同盟二高班」の中心人物として特高警察に逮捕され、一年余の拘留生活を送っている。このとき失神するほどの拷問を受け、ほかの一二名とともに即刻退学処分となった。その後一九四四年、三四歳で東北中世史学者としての生涯を閉じている。

峨々温泉と新設の蔵王ヒュッテをベースとした合宿は、一九二九年の大晦日から始まった。合宿といっても部としてひとつの目的をもって研究するというより、部員以外の誰でも受け入れた大勢でのヒュッテ暮らし、交歓の場の域を出ないものであった。気のあった者どうしが入ってきては、そちこちの山へ出かける気楽な山の共同生活である。田名部はこの合宿中、峨々温泉で行なわれた二高のコンパにも顔を出したりしていた。

一二月三一日の大晦日は、深町・小林両先輩、田名部、平山、枡田、木村、高木のほか、二高から東京帝大に進んでいる佐々保雄や二高生が一八人も集まって盛会だった。

一九三〇年を迎えた一月二日は深町、小林、名須川兄弟、田名部、平山、枡田、橋浦、木村、森田、高木の帝大組一一名が小屋から一緒に杉ヶ峰へ登り、そこから北屛風岳に達して往復した。

一月四日は峨々温泉に下る者、刈田岳に登る者、熊野岳から山高のコーボルト・ヒュッテへ向かう二高パーティとさまざまな者がいた。

Jan. 5th.　あわただしい正月を東京で過ごして、なかば逃げるようにしてやって来た。汽車で充分眠れず、その上シールがないので大分へばる。雪は少ないが薄日にちらほら舞っている。四時着。小林君の顔がのぞく。森田君がいる。一高の八木沢、佐々氏、春吉さんがいる。それだけで至って静かだ。あとから田名部にGeorge氏来る。夕飯はハムライス（George氏のcooking）。それからみな猛烈にスキーやストックの手入れをやり出す。雪の融ける静かな夜にリプトンを入れる者。ヒュッテ暮らしの僕の初夜は過ぎてゆく。さて明日はどっちの方へ出かけようか。周囲の山々がみな待っている。（T.Ogawa）

ハムライスをつくってくれた枡田は、大の料理好きだったらしい。中学生のころ、家の女中さんの食事の支度が遅れると、自分でご飯を炊いたという話もある。自宅に来た友人のためにケーキを作ってあげるなど、当時珍しかったコーヒーを入れては、飲め飲めとうるさかったという。また深町先輩が少ない材料を工面しながらコンビーフで炒飯をせっせと作る、その先からなくなってしまいしょげていた話しや、乏しいビールをツララで薄めて飲んだ話しとか、学生特有の話題にこと欠かない小屋暮らしだった。

一月六日　後見坂へ行く。Mediumをちょっとつけたらベタベタに雪がつく。粉雪に近い。バージンスノウでのクリスチャニヤは素晴らしい。まだ石が少々出ているのが遺憾。正午ごろ藤枝氏およびその友人、あとから深町先輩が来訪。後見坂で一緒に遊んで峨々下り。三時ころから猛烈な吹雪となる。合宿でやった臂がまだたたっている上に、風邪を引いて元気なし。下から誰も来ない。あずきがうまい。ビールも抜く。明日は雪がいいだろう。　T.Ogawa

この翌七日、小川は小林先輩、森田、枡田の四人で与平河原へ滑りにいき、帰りにスキーのトップを折ってしまう。与平河原とは、澄川左岸に流れ込む現在の金吹沢の付近の呼び名のようである。小川がスキーを折るのは毎度のことだった。ヒュッテの中でもトップに狼の頭を彫りつけた自慢のスキーを折り、期間中二台も台無しにした。

夜は額田敏などのそうそうたるメンバーがそろって、華やかだった。小屋には新しくやってくる者、去ってゆく者、残る者それぞれがにぎやかな書き込みをして、ヒュテンブッフも盛況だった。

田名部の滞在も二週間を越え、いよいよ佳境に入っている。

九日七時一三分過ぎ

ストーブを囲んで。ヒュッテは断然風が当たらない。

深町さん曰く　翌朝尻が治ったら帰らない

小川　天気が良ければ帰らないぞ

田名部　何か食いたい

George　尾骨が痛い（時々立ち上がって悲鳴を上げる）

Yokoi　気が向いたら茶を入れよう

藤枝　次郎さんの本を読んでいる

春吉さん　変な pipe で煙草をのんでいる（注：春吉さんは小屋番）

一月一一日

夕暮れのひととき。山に入ってからもう半月になるが、こんなに静かな美しい夕暮れを生活したことはない。そして……あたりには、すべて柔らかいパウダーがあった。雪に埋もれたタンネがあった。自分の心は朗らかになった。そしてむやみに歩きたくなった。山の中にいる気分がにじみ出してくるようだ。白い月が黄金に変わってゆく。空の赤は紫となり、おぼろとなり次第に夜の中に溶けていった。もうヒュッテを見下ろしている山々の姿も薄墨のようにはっきりしなくなった。ヒュッテの窓に赤い火が入った。自分のスキーは心地よい音を立ててタンネの間を滑った。自分がこのヒュッテに来てから、いろいろな人びとが入れ替わり訪れたが、それも次第に薄らいだ。そしてもう訪れる人がなさそうだ。半月も山に入っていたら、ますます里に出る気がなくなった。あくまで山にいよう。　Tanabe

深町、小川、田名部ら五人が一一日、熊野岳を越えて山形県側の宝沢《ほうざわ》へ山越えしようとしたが、馬の背に至って風雪に襲われて引き返した。宝沢集落方面へ行くには熊野岳を経て地蔵山に立ち、そこから北東へ迷行性地形を下って八方沢と葉ノ木沢との合尾根を見つけなければならない。葉ノ木沢はスキーヤーが迷い込む危険な谷として後年話題になった谷で、現在でもあまり人が入らないルートである。小川らはこうしたツアールートの可能性を、地形図上でかなり詳しく検討していたことがうかがえる。

そして深町は日誌に未練をぶつけながら、ヒュッテ暮らしを終えて下山、帰京する。

来られれば春にまた来たい。春なら、夏なら、山の小舎を中心にして行きたいところがかなりある。横川から舟引、ブナ平、後烏帽子、屛風から澄川の本流、屛風から馬ノ神、数えたらきりがない。何でも良い。単に伸びんがためでも良い。内地にいられたらまた来よう。好きな蔵王の山を見に。若き山の友！　さらば。小舎よ、さよなら！　杉ヶ峰と、後烏帽子よ！　さよなら‼

（深町）

今日も熊野を越すにはしょっぱいらしいので中止して、いよいよ帰京することにした。しかし昨夜のガヤガヤ連一隊が発ったあとの、小舎ののんびりした有様を見ると、また帰る気もなくなってしまった。名残惜しいが又来よう。これを思うと内地がイヤには成ったが、また内地にも居たい気がする。大嫌いな東京に帰る、山を去って。も一度別れをつげよう。小舎よ！　刈田よ、烏帽子よ！　杉ヶ峰、屛風よ！　若き友よ！　さよなら‼（ふかまち）

翌一月一二日、田名部、枡田らも去りがたい思いを残して快晴のもと下山、仙台へ帰った。蔵王ヒュッテの初合宿はこれでピリオドをうった。田名部は一九日間も籠もった豪傑となった。枡田はヒュッテンブッフに、次のようなメッセージを記す。

一三日間の小屋の生活に別れを告げて、また混乱の巷へと帰ってゆかねばならぬ。初めてやり出したスキーのおもしろさを、深くも刻みつけてくれたのがこの小屋だ。僕にとってはこの小屋とスキーとは永久に切れない関係にあるものだ。今日でみな帰ってしまう。これからは毎日毎日吹

雪が訪れるのだろう。小屋よ！　タンネに守られながらまた来る日まで健やかに待っていてくれ！　さようなら！（George）

ひんぱんなさよならの後も愛する蔵王ヒュッテを根城にして、帝大部員たちは刈田岳、熊野岳、杉ヶ峰や懐に広がるパラダイスのごとき斜面を訪れては楽しんだ。

ところでパラダイスのネーミングは、刈田峠から蔵王ヒュッテにいたるタンネに彩られた斜面につけられたようだが、由来に関する書き込みがヒュッテンブッフに見えている。一九二九年一一月一七日付けに「私たちはこの辺一帯の冬を蔵王のパラダイスと名称している。この山荘はパラダイス・ヒュッテであらねばならぬと主張する。建設者諸君に満腔の感謝を捧げます。大河原町・蔵王山岳会庄司生」と書かれているのである。

一昨年の一二月以来、美しいタンネの森の間に眠るこの小舎の姿を、幾度想像したことであろう。そして八月に勇ましい大工の声や手斧《ちょうな》の響きを耳にしながら、小川と二人で働いた当時、うすら寒い金吹沢の天幕で想いを巡らせたのは、やはり雪に埋もれたこの小舎の姿だった。

平山と二人で、場所選定のために人夫を連れてここへ来た。七月の暑いころ、丈を圧する熊笹を分けて、やっとここへたどり着いたとき、ちょうどこのストーブのあたりに大きな枯れ木が一本生えていたことをはっきり覚えている。そしてシャクナゲの堅い枝を払いながら、不思議な興奮に胸は震えた。木挽き十数人、大工五人の金吹沢の天幕生活はひどい雨の降ったこともあった。一七日間にわたるその年の上高地のベースキャンプ生活で、岩ばかりあさっていた自分にも絶えず蔵王で始まっている小舎の工事のことが考えられた。たった一人最後まで残った上高地で、ひどい暴風雨に遭ってまんじりともしなかった一夜、やっぱりこの小舎のことを考えていた。愿ちゃん、小川に八月二二、三日ころここで会ってから九月一〇日に落成するまで、小舎の成長を見た。あるときは自らハンマーをとって釘を打った。そして小舎は出来た。

僕らの苦心を想うとき、ほんとに夢のような気がする。しかしこの苦心も何でもない。僕らが小舎を愛する心が強かったのだと想うと。

今自分は小舎の窓からタンネを眺めている。そしていろいろなことを思い出しながら、甘い考えに溺れた。(昭和五〔一九三〇〕年二月一〇日 Tanabe)

一面に曇っている。雪質は理想的な粉雪だ。跡見坂に行く。雪の様子が一月の時とまるで変わっている。雪庇の位置もすっかり変わった。デブリが少し出ていた。

滑っているうちに、山を下りて五色に行くのがイヤになった。愿ちゃんにはすまないが、この雪の具合や小屋の周りの雪坊主の美しさを思うと、とても帰れなくなる。夢中になって滑った。昼に帰って飯をやる。あたりを閉じ込めていた霧がだんだん薄れていって、小屋を見下ろしている山々が見えだした。太陽もちょっと顔を出す。風はまったくない。樹氷の間に刈田の白い姿が突然現れた。すっかり愉快になってYahooとどなる。杉ヶ峰が見えだした、と思う間に屏風がどっしりした全容を現した。後烏帽子も見える。すっかり感激しちゃった。五色岳、熊野もはっきり見える。跡見坂で下界を見下ろしながら滑る。とてもよく滑る。とうとう下山を中止して、今夜も小屋に泊まることになってしまった。(田名部)

三月二四日
さっきから、じっとローソクの瞬くのを見ている。空気の流れで、急に左右に振れたかと思うと次には落ち着く。かと思うと、思い出したように上下に振動する。面白い。頃合いは良さそうだし、一人で山羊様のビールをやっつけようかと思ったが、それじゃあまりに社会に済まないような気がしたから、明日の晩、一杯ずつやることとする。

二階のシュラフや毛布を引っ張り出して、ベッドを作ってみた。まず下に毛布を三枚ほど敷いて毛皮を載せ、その上で毛布入りのシュラフにもぐり、上から毛布を二枚掛けた。なんだか王様にでもなったような気がして、すっかり喜んじゃった。一人でニコニコしているんだが、誰も知るめぇ口惜しかったら本当だと思え。これで今夜、キサキを迎える夢でもみるかもしれぬ。

そんなことを考えていると、明日また尾骨を打つかも知れぬからシマル。目が冴えちゃった。鏡がないから分からぬが、綺麗な眼が冴えたんだから、とても澄んでるだろう。

雪はもう降らねぇ。風も何もない。ストーブはチロチロ燃えている。じゃ、いよいよコック長、兼火夫、兼水夫、兼掃除夫、兼スキー家、兼客人はお休みになる。皆の者遠慮してよかろうぞ。「ハハーッ」なんて家来はねえや。お山の大将のお休みだ。(George)

三月二五日
一人だと感心なもので五時半に起きちゃった。それから悠々とビフテキを作って、更にビーフライスを作ったが、これは大部残った。それで昼に回す。ドーダイ。雲ひとつない快晴だ。丸々とした太陽が顔を出す。

七時出発。カメラをもてあそびながら陽気に歩いたつもりだが、一人旅は早くて九時一〇分に刈田に着く。数本残った雪坊主がまさに武装解除をしようとしていた。バサッと少しずつ、雪を払い落としてゆく。一〇時まで刈田で伸びる。シャツまで脱いで日向ぼっこだ。風ひとつない銀世界にゴロリとなって日光消毒をする。そして試験という毒素を取り払う。

一〇時四〇分、熊野へ行く。馬ノ背はまだ相当雪がある。高湯から安寧を連れて明大生二人がやってくる。案内を返し、一緒に下る。雪は重い。北斜面はエッジも立たぬ。ヒュッテに一二時過ぎに帰る。明大の人を送ってブラブラ出かけたのが運の尽き、ついに峨々まで下り、おば様にシルコのごちそうになって五時ヒュッテにもどる。

高野氏一行来る。ストーブの煙突を掃除したり、薪を運んだりのアルバイトをして高野氏には非常に気の毒だ。だがおかげでストーブは実によく燃える。今夜も上天気だ。一面の星だ。刈田の上にはスバルが瞬いている。この分じゃ明日も大丈夫だろう。夕方から下界は雲に覆われ、澄川の谷を靄が張っていたが、ここは恵まれている。ストーブはガンガン燃える。たちまち室温二十五度くらいになり、暑くてこまる。四人そろって二階に寝る。(George)

アクシデントの恐怖！　それを超えて高く燃える情熱！

一九三〇年一月、小川と成瀬岩雄ははからずも吾妻の微温湯《ぬるゆ》温泉から硫黄精錬所小屋への山行で出会い、同じ山岳部に所属する仲間であることを知る。そしてその下旬には蔵王のスキー登山をともにした。矢継ぎ早に二月初旬にも二人で吾妻へのスキー登山をしたようで、そのさいに転倒して右手を負傷して帰った。ルーム日誌に、左手で書かれた痛々しい筆跡がある。

2.12　吾妻でやった右手が当分いけない。

山のアクシデント……ちょっとした指の傷から死に関することまで……それは我々を悲しませ恐れさす。しかしアクシデントそのものは偶然であり運命のような気がする。むしろアクシデントが生ずるのは、まったくあっけないことからである。山に憧れて山に行くとき、誰がアクシデントのみを考えよう。山に生きるとき、生死を超えて自分自身が永遠に所属する。そのほかになんの本質的なものが介在しよう。

山。偉大なる自然の前に人間などものの数にならないではないか。そこにある大いなる力の前に生命の弱小を感じる。山のアクシデント！　それはいかにも我々の心をおびえさせる。また、山を傍らから見る者には痛ましい、恐怖の大きな外見を与える。けれどアクシデントそのものを山の偉大さのなかに見るとき、それは単なる大きな自然のうちのちょっとした現象にすぎない。風に花が散り、水に岩が崩れるのと少しも変わらない。

けれども我々は生命を、否定の許されない自分自身を抱いている。限りなき自己欺瞞を求める。アクシデントの可能性が避けられない、否めないとしても、それ以上に自己展開に努力する情熱を持っている。それはすべての運命、偶然のなす圧倒するような力に向かって、痛ましくも雄々しく闘い、できる限り永遠を自己のものとしようとする貴い努力である。

もし自分自身が充分に山に生きたということを確かに意識しうるならば、そのとき自分は永久者であろう。そのときアクシデントが死へ自分を突き落としても、自分はほほえんで死を受け取るだろう。自分は永遠に、そこにおいて自分を生かすことができているのだから。アクシデントの恐怖！　それを超えて高く燃える情熱！　そして山への帰趨と静かな諦観。山へ行く者のひとつの思索として……。

左で書くのでつらい。午前雪が降る。蔵王のヒュッテへ行った吾郷氏がうらやましい話しをする。早く癒して山へ行こう。(T.Ogawa)

一九三〇年の一月、東大スキー山岳部の雪崩遭難が報道された。一月九日未明、剱沢小屋で東大生四人と二人の芦峅ガイド、計六人が小屋とともに雪崩によって埋没したというのである。遭難者の一人に、四高時代に廣根と横井の同窓生だった田部《たなべ》正太郎という学生がいた。田部は当時知らぬ人のない日本山岳会の重鎮田部重治《じゅうじ》の甥であり、仙台にやって来たおり、東北帝大部員に紹介された経緯があった。埋没した雪の下で、田部は「マムシハ偉クナレマセンデシタ」の遺書を残していたという。この山行では、単独行の加藤文太郎が剱登攀に臨む東大パーティへの同行を申し入れたものの拒絶され、室堂へ下山したため難を逃れている。

小川は、一度といえど知り合った人物の遭難にショックを受けたようだ。自分の小さな怪我と重ねて、山での避けえないアクシデント、生と死の想念について思いを深めたのであろう。よく生きようとする者ほど、死への想像力を大きくするものである。

大島亮吉も『登高行』第五号（一九二四年）のなかで、登山者の生き方と死の考察を再三試みている。そのひとつが、オスカー・エーリッヒ・マイヤーの散文詩「二人者」の翻訳だった。ある若者が岩壁で夜になってしまったとき「お前は高い山の上で死の到来する短い生涯、あるいは都市の厚い壁で保護されたなかでの永い生涯、どちらを欲するか」と山の精に問いかけられる寓話である。

若者は「私はたとえ短くても高い山の中での生涯を選ぶ」と答える。もうひとりの若者は「私は都市のなかの生活を欲する。それゆえもう二度と山へはやってきません」と許しを請う。前者は圏谷の雪崩跡に遺骸を横たえて見つかり、後者は栄誉にかざられた永い生涯を全うした。どちらの人生もそれぞれに幸福であり、尊敬に値するであろう。けれども「二人はお互いの人生を了解することはないものか?」と、大島はドイツの山岳文学者の詩を借りて問いかけたのである。

大島はまた、一九二二年の槍ヶ岳の登山紀行で次のように山へ挑む生命を讃えている。

……いま自分等の筋肉はすべて足趾から指先まで、血管は悉くその末梢に到るまでただ登高の一念に向かって燃え立っているのである――その緊張した、尊い、意義ある生命の燃焼!(「三月の槍ヶ岳」)

「涸沢の岩小屋のある夜のこと」(『登高行』第五年)と題するエッセイでも、山における死について仲間たちが語り合う場面を設定する。「おい、いったい山で死ぬっていうことを君たちはどう思っている」とする問いかけに、仲間たちのさまざまな思いを交錯させる。そこにわざわざママリーの原書からの原文を訳文なしのまま提示してみせる。

It is true the great ridges sometimes demand their sacrifice, but the mountaineer would hardly forgo his worship though he knew himself to be the destined victim.

（偉大な山はときとして生贄を要求する。登山者というものは自分がその殉教者となるのをどこかで知りながらも、山への崇敬なしには生きることのできない運命にある）

大島の出した答えは「死を強く感じても、なお青春の輝かしさはその暗さを蔽ってしまう。山での死は決して望ましき結果でなけれ、その来るときは満足して受け入れらるべき悔いのない運命である」ということばであった。そして大島自身、奇しくも詩に登場する青年と符合するごとく穂高に逝ったのである。「充分に山に生きたということを意識できれば、死へ突き落とされてもほほえんで死を受け取るであろう」と書く小川の感想は、これに重なっている。

たとえ手足の指を失っても多くの登山家がふたたび極限状況の山へ戻っていき、そして死んでいった。きらめきのない青春など考えたくなかったからである。彼らには都会での緩慢な死よりも、追い求めたい愉悦の瞬間があった。

このような登山者の生と死の葛藤を表出させようとする感覚は、明治の開拓時代には見られなかった意識構造である。日本山岳会の創立者のひとりである小島烏水《うすい》は『山岳』の図書紹介欄で書評する役目を負ったが、「涸沢の岩小屋の…は、戦慄なしには読まれなかった。…悪語讖《しん》を成すという実例を前面に見せつけられるとは、気味の悪い鬼語である」といった感想を述べているのである。「悪語讖を成す」とは不吉なことを言えばそうなってしまうといったほどの意味で、松尾峠での板倉勝宣遭難の実例を指している。「気味の悪い」と書く姿勢は、大島らが求めたロマン主義思潮とはまるで感覚の違うとらえ方であった。大島と小川は九歳ほどの年齢差しかなく、小川が、日本山岳会に連なる偉大な先人ではなくほぼ同年代の大島に共鳴する理由は、このあたりにあったのだろう。

第五話　谷川岳そして次なる径へ――一九三〇年冬

成瀬と小川、会津の山へ

一九三〇年の春休み、小川は帰省がてら東京芝の成瀬の家に立ち寄った。浅草の実家に顔を出してもやることがあるわけではない。成瀬と会って山の話や大島の話に浸りたい気持ちでいっぱいだった。成瀬はちょうどよいとばかり、大島と約束して果たせなかった念願の計画を持ち出す。会津の山を登る企てである。小川が乗ってこないはずはなかった。

成瀬は南会津山の会編著の『いろりばた』五十六号（一九七七年）に「いまもって会津の山とご縁が切れないのはどうしてか、自分でも判然わからない」と書いており、東北のなかでもとくに会津の山に惹かれてきた。一九七二年には南会津山の会に六七歳で入会しているほどである。

成瀬が会津の山に魅せられたのは中学生のころ、一九二一年の初秋であった。磐梯山に登ったとき猪苗代湖の湖面に白雲が映るさまが眺められ、雄大で豊かな景観が忘れられないものとなった。さらに後年、畏友大島亮吉と仙ノ倉山の谷で一夜を明かし、焚き火を囲みながら守門《すもん》岳や浅草岳の話を聞いて以来、抜きがたく心の山となった。大島の語り口にも惹きつけられたのだろう、いつか二人で会津朝日岳と丸山岳を登ろうと約束もしていた。

成瀬は大島の亡きあと、日本山岳会の仲間と会津朝日を登りに出かけた。一九二九年七月のことである。ところがそのときは雨が降りつづいて沢が増水、しかも取りついた尾根の藪も深くて登高を断念せざるをえなかった。その失敗から会津の道なき山は残雪期にかぎることがわかっていた。成瀬と小川は、翌一九三〇年の四月一五日から二九日まで長期間の計画を立てて臨んだのである。

二人は大川戸小学校に一夜の宿を乞い、翌日田小屋でもう一泊、首尾よく守門岳にスキーで登頂した。頂上から五味沢へと気持ちよく滑降し、民家に泊めてもらった。この民家には大島亮吉も泊めてもらったといい、家の人も覚えていた。

翌一九日は快晴のもと浅草岳に登り、叶津《かのうづ》へと下った。会津朝日岳は、荒禿山から派生する支尾根に取りついて叶の高手《かのうのたかて》に登り、頂上直下はアイゼンを履いて午後三時ころには登頂した。この時期の会津朝日岳登山は、登山者として初登頂に数えてよいであろう。気をよくした二人は頂上付近で雪洞を掘り、明日の丸山岳への縦走に備えた。ところがそこから見た飯豊連峰の真っ白な連なりがあまりに鋭い山稜を見せており、とくに小川はそっちのほうへと登高欲をそそられてしまった。

翌二三日、天候が下り坂となったこともあり、飯豊への思いを強くした二人は急きょ丸山岳への縦走を中止して下山する。白沢の民家にあずけてあった荷物をまとめ、スキーを肩に沼田街道を南へ向かった。バスと汽車を乗り継いで会津若松、そして山都《やまと》駅から川入に入る。二五日は、三国岳から残雪輝く飯豊山頂へと登って往復、思いがけない成果を得たのだった。

飯豊の山頂でも二人はツェルト・ザックを被って一夜を明かした。山の話になると尽きることがなく、つい谷川岳に話がおよんでいる。成瀬が大島の話に刺激されて一九二八年の夏も早い時期に仲間と一緒に谷川岳に入ったこと、仲間が急な幽ノ沢の雪渓で滑落したことなどを話して聞かせた。運よくザックの尾錠が氷の突起にひっかかって助かったものの、剝がれかかった手の爪を一晩中コップの水に浸して苦しんだという話だった。

四月一六日から二八日の長い山行になってしまったが、守門、浅草、会津朝日、飯豊をきれいに済ませて、久しぶりに晴れ晴れとした気持ちを持って都に帰ってきた。そして今日初めてルームに出てきた。一五日に仙台に来たときは桜が良かったが、今は若葉が萌えている。自分の身体はすっかり疲れはとれないが、気分はまだ山の残り香に酔っているようだ。仕事はずいぶんある。追々片づけていこうと思うが、まずクラブの確立だけはやらなくちゃならない。朗らかな自由な会をつくっていこう。（小川）

小川たちが山行を終えて帰仙した五月一五日、新入会員の歓迎を兼ねた集まりがあった。新しい出発となる「東北帝大山岳部倶楽部」の発会式であった。ざっと三〇人も集まったため、椅子が足りないくらいであった。小川の挨拶と会則の説明、福田先輩の訓話が続き、新入会員にはやや難しく堅苦しい雰囲気があったようだ。朗らかで自由なと小川が書いたわりには力みすぎて、思いとは裏腹だった。

このあとで役務委員が決められたが、総務は福田、庶務は彦坂、横井、吾郷、会計は小川と水井、備品は田名部と坂本、記録は枡田と天野、図書は川田、高木と決まった。福田昌雄はこの五月に大学院を辞めて、理学部講師となっている。

5.21（水）

雑然とした山岳部のあとの事務の整理もなかなか容易でない。今日は第一回の役員会として集まってもらったが、時間が少なくて落ち着いてやれないのが物足りない。追々片付いてととのった心地よい会ができることを願っている。今日も上天気で、泉が呼んでいる。山は新緑で光っているだろう。当分役員会を水曜に定める。東大から名須川さんを通して、ヒュッテを建てたいから参考書類を送ってくれと言ってきた。（小川）

小川はこのとき枡田らとともに三年部員となり、高木は安村とともに二年部員に名を連ねている。会の運営に気をつかい、各役務がスムースにいくよう率先して働く小川の横顔が見える。

田名部は「今度は後烏帽子《うしろえぼし》でもやってみたい」とヒュッテンブッフに書いたとおり、南蔵王の後烏帽子岳登山を企て、相棒に川田を誘った。

南蔵王・後烏帽子岳　一九三〇年五月一七日〜一八日

この後烏帽子行は、田名部が蔵王に入りはじめてからの懸案である。残雪を踏んで登るには少し遅すぎるきらいはあったが、来年というわけにはいかない。登路としては、後烏帽子岳と前烏帽子間の鞍部から発する北側の小阿寺沢《こあでら》を選んだ。

遠刈田《とおがった》温泉のはずれから歩きはじめ、七日原の北隅に流れる沢に沿った道をとった。道はいつのまにか消え、幽すいな感じを与えてくれる沢の両岸にさまざまな花が咲き乱れていた。五つほどの滝は、いずれも容易に通過した。左俣をとるとやがて渓流は残雪に埋まり、同時に小さくなってしまう。前烏帽子との鞍部はほとんど人間の通過を許さないような、藪の密生であった。この鞍部から頂上に向かっている尾根をとって、真っ直ぐに登った。オオシラビソと藪との闘争は頂上まで続き、夕やみが迫る四時五〇分、後烏帽子の頂上に立つ。二人でとっておきのサイダーを飲んで、ただちに西南の鞍部に下る。この下りも完全にハイマツの海であった。

現在のろうづめ平（露地前平）に下りたのが午後五時半。とにかく澄川めがけて下ろうと決める。六時半、きりがないと見てついに根曲り竹の密藪にシュラフ一枚でごろりと寝てしまう。

五月一八日。下った沢は、金吹沢出合より少し下流の位置で澄川へと合流していた。澄川を渡りきってから少し藪を漕ぐと上山《かみのやま》道に出て、その先に懐かしい蔵王ヒュッテがあった。自信と満足感が田名部の心に広がった。

小屋でしばらくのびていたら、横井が杉ヶ峰から帰ってきた。横井は田名部たちが杉ヶ峰に出てかなりへばっていることだろうと、食糧を持って迎えにいっていたとのこと。仲間とはありがたいもの、横井の優しさが身にしみた。

このあとこれといった山行もなく、恒例の夏合宿もないまま、各自の目標へ向かってのいわば分散合宿となる。小川、田名部、高木の谷川岳行のほか、剱岳や白山などの長期計画が実施され、部室は空っぽの状態が続く。

ルーム日誌も一九三〇年六月五日に総会があった記事以降、部員がもどる九月まで白紙のままとなった。

一ノ倉沢登攀前夜

一九二三年発行の『山岳』は、「奥上州号」と銘打たれた上州の山特集号であった。木暮理太郎は、未知なる魅力を秘めた上州山域の紹介に中心的な一人として携わった。大島亮吉はこのなかで木暮の書いた「皇海《すかい》山紀行」を読み、上州の山々への山行を思い描くようになる。そして一九二六年の秋、成瀬岩雄とともに上州武尊《ほたか》山に登って谷川岳の山容を望見し、その特異な山容に惹かれることになる。「相当大きな岩壁に、初雪の白いジョイントの入った」(成瀬筆)谷川岳を確かめたのである。

そして約半年後の一九二七年三月、大島はついに谷川岳へとやってくる。まず冬姿の谷川岳にスキーで登ってみたい、そんな相談にいちはやく乗ってくれたのが慶応仲間の大賀道昺《どうへい》であった。水上駅から土合まで凍った道を歩き、天神峠までは一足ごとに落ち込む雪に苦労した。

大島らは途中、村人たちが雪に遊ぶ姿を見た。「谷川村にても村内の猫額の斜面にて大人子供らスキーを滑りおりたり。しかれど付近山岳の登山に関しては何ら知るところなかりき」と、谷川岳への登山者の動向を気にしている。村人の聞き取りから、冬の谷川岳は登山者の姿を見かけるどころか、話題にもなっていないことを確かめえた。

天神峠からスキーで登る途中、大島は大きな転倒をしてサングラスを失ったが無事回収した。そして谷川温泉から八時間四〇分後、谷川岳頂上に立つ。これは記録を見るかぎり、登山者として初の谷川岳積雪季登頂となった。大島と大賀は案内人なしにいまだ知られぬ山を見つけて登頂するという、冥利に尽きる体験をしたのである。

かつてみずから「……〈初登山〉としてしがいのあるものは甚だ少ない……登山としての意味で最

初にその頂きを踏んだという所謂〈初登山〉または〈初登攀〉も名誉と喜悦とを感じ得ることのできないことは、私としては遺憾なことであります」(「山への想片」一九二四年、『山とスキー』三八・三九号)と切望した課題を果たしたのである。

同一九二七年五月以降、大島の執拗なまでの探索行がはじまる。斎藤長寿郎をパートナーとして初日は武能沢の出合にビヴァーク、翌日は手前の芝倉沢をつめて茂倉岳、一ノ倉岳の絶頂に立った。翌々日はマチガ沢に入り、オキノ耳とトマノ耳によって構成される岩壁群をつぶさに観察して帰る。

谷川岳東面にただならぬものを感じとった大島は、七月とってかえすようにやってきた。今度はなんと一〇日間という長期間の幕営準備をした。じっくり腰を据えて調査、登攀にかかろうという腹づもりであった。

メンバーは、大賀道昺と酒井英の精鋭がそろった。そして核心であった最も岩の露出度の高い一ノ倉沢に入り、滝沢の下まで登りつめる。しかし今度こそ、懸崖が張りめぐらされた岩壁のすさまじさに圧倒されてしまう。「望遠鏡にて詳細に岩壁を探索せるも、この時に於いては尾根にまで達し得べき登路、支稜を除きては岩壁面に無きが如くなりき」「同岩壁のごときスラブの登攀は初歩の余らにとりて少しく難しく過ぎたること。かかるスラブ登攀の際は下降に際しての顧慮を充分はらうことにして、足具には総て草鞋を用いたり」と報告することになる。この記述が『登高行』に載って登山者の目に触れたのは、大島の死の三年後であった。

翌日は幽ノ沢にルートをとり左俣を試登したが登りきれず、翌々日マチガ沢に入った。本谷を忠実につめて滝をいくつか越え、上部の草付きを登ってオキ、トマ両耳間の国境稜線に飛び出す。これは期せずしてマチガ沢本谷の初登攀記録となった。

スラブとは、指もかからない一枚岩のことである。一ノ倉沢の岩場に対峙したとき、さすがの大島も自分たちが本格的な岩登りについては未熟であったことを思い知らされた。穂高の岩とは大違いの険悪な岩の前で、大島のみずから開拓者となるべき野望が一瞬揺らいだときでもあった。

しかし大島が谷川岳に足を踏み入れた日数は、前後二五日にわたっており、いかに谷川岳の開拓者としての意気込みをもっていたか覚悟のほどがうかがわれる。

のちに木暮理太郎や成瀬岩雄に手紙で書いたのが、このときの感想である。木暮には「あまり急で途中でホントウに下を見て恐ろしくなり、這々の態で下りました。あんなところを登っては乱暴でしょうか」と書き、成瀬には「ものすごいところ、穂高以上かも知れません」と興奮気味に知らせている。

大島は軽い挫折感を織り交ぜながらも、谷川岳という新しい山を発見する会心の登山を知った。「真の登山者とは、誰も触れたことのないような岩を攀る喜びを求める者である」と読み覚えたママリーのことばを、反芻したのである。

東面とくに一ノ倉沢の登攀はあまり勝ち目がないと思ったか、大島は九月になって成瀬とともに赤谷川を遡行、左俣の笹穴沢をつめる。谷川岳にたいする関心は深まり、いよいよ腰を据えてかかるかに見えた。が、翌一九二八年三月に穂高で遭難、谷川岳への探求は潰《つい》える。先人木暮理太郎に谷川岳登山の報告をした、一〇日ほどのちのことであった。

大島の死後、時勢の流れで谷川岳への入山者数は増えたものの、東面の岩場に手をつけようとする者はいなかった。そして一九三〇年、清水トンネルの開通間近になって、東面の岩壁をめざすパーティが現れはじめる。

三月二一日、一高旅行部の小林太刀夫が単身マチガ沢に入り、最後の二俣から西黒尾根に登ってトマの耳に立った。谷川岳東面における積雪期のバリエーションとしては、最初の登攀と思われる。小林はこのあとも一ノ倉沢に入り、左側最も下流に位置する一ノ沢をつめて東尾根に達している。

五月に入ると、早大の五十嵐俊治、出牛陽太郎、坂井純一がやってきて一ノ沢をつめた。彼らはオキの耳から派生する東尾根に登りついて、シンセンのコルに到達した。出牛陽太郎こそ、当時気鋭のクライマーであった。

早大隊と前後して、角田吉夫ら法政大学のメンバーも黙ってはいなかった。五月一九日、二ノ沢左俣をめざして詰め上がったものの尾根直下の草付きで一名が滑落、退却してしまう。生命に別状はなかったが、これは一ノ倉沢最初の遭難事故に数えられている。

六月には同じ二ノ沢に川崎吉蔵ら四名が入ったが、またも一名が滑落して敗走する。川崎吉蔵は一九三一年に山岳月刊誌「山と溪谷」を創刊する人物である。

谷川岳の岩場は急峻で逆層、登りやすそうな見た目に反してスリップしやすく危険であった。ちなみに一九三一年からカウントされ八百を越える死者数は現在世界のワースト記録で、不名誉ながらギネス記録認定となっている。深田久弥は『山の幸』というエッセイ集のなかで「おそらく短年月の間に、これだけの犠牲者を山霊に供した山も少ないであろう」と、すでに一九四〇年の時点で述べているのである。

七月一三日、青山学院高等部の小島隼太郎ら三名は二ノ沢左俣に雪渓を利用して入り、東尾根に達してビヴァーク、翌朝オキノ耳に立って西黒沢を下降した。小島隼太郎は日本山岳会創立の立役者、小島烏水の長男であった。

ほぼ時を同じくして、東北帝大の学生たちがはるばる仙台の地から谷川岳へとやってきた。メンバーは小川登喜男、田名部繁、高木力の三名。谷川岳本谷の俎嵓《まないたぐら》などを物色しながら一ノ倉沢に近づいたのが、入山四日目の一九三〇年七月一七日であった。

朝六時に一ノ倉出合のテント地を出発、一気に正面壁の三ルンゼへと進んで突き当たりの壁を登りきり、登山者として初めて国境稜線に立ったのである。その日はトマの耳付近でビヴァーク、翌朝下山した。

本書の巻頭にあるように、小川はみごとなムーヴで一ノ倉沢の奥壁を登りきり、国境稜線にケルンを築いた。それは彼が引き起こした、登山界の転換点と言っていいほどの「事件」だった。大島亮吉の遺志を継いだ最初の人物となり、そうして谷川岳登攀隆盛の予言へと結びつくのである。

恐れを知らぬ男たちはろくな下検分もないままやり遂げてしまったが、これは小川登喜男という天才登山家の誕生劇でもあった。この登攀を、谷川岳の第一人者である遠藤甲太は「こんにちのグレード感覚をもってしてもⅣ級以上のピッチを有するルートを拓いたのは、日本では小川らが初めてである。しかも彼らは鋲靴であり、一本のピトンも使用していない。よほど高度な技術と、クライミングセンスを持っていたのであろう」(『谷川岳』白山書房、一九八二年)と評している。

ところで小川らより先に一ノ倉沢へ入った法政、青山、早稲田のメンバーがなぜ左側支流の一ノ沢、二ノ沢にこだわったのか。言うまでもなく国境稜線直下には奥壁が圧迫感をもって立ちはだかっていたからである。さらに右側には切り立った烏帽子尾根と烏帽子沢奥壁、さらに右へ目を移すとコップ状岩壁が巨人のごとくそそり立っていて、入り込む隙を見いだせない。大島が圧倒されたのも、まさにパノラマとなって聳立するこの奥壁群であった。

小川の手記を見るかぎり、ピトンを使った形跡がない。ヘルメットやハーネスはおろかこんにち使われるクライミングシューズもなかった。金属鋲を打った、底の厚い登山靴で登っている。片足一キログラム近い重さがあり、登りにくいどころか今では歩くことさえ不自由なしろものである。奥壁を一度でも登った経験がある者なら、こうした装備であの険悪で迷路のような壁を初見でハーケンも使わず登ったことに、疑いすら抱く。装備や技術革新の進んだ現代ですら、難度が落ちたとは思えない岩場なのである。

（注：調査するなかで不可解な資料に出会った。旧制東京高校でのちに編まれた山岳部の資料にある「小川が熊沢、山口、内田の後輩と前年の昭和四（一九二九）年に一ノ倉衝立前沢γルンゼを登った」とする記述である。とすれば小川は三ルンゼ登攀以前に谷川岳へ入っていることになる。しかしこの記述にははっきりした典拠が見られず、また小川自身も一九三〇年の三ルンゼ初登時の後記に「衝立沢の方面は未だ自分の知らない領域である」と明確に書いている。一九三一年の東北帝大OBと東京帝大メンバーとともに行なわれたコップ状岩壁登攀〜衝立前沢γルンゼ下降との錯誤と思われるが、混乱を避けるためにあらかじめ示しておく。ちなみに衝立岩の右上奥に半円筒形に凹んだ岩をコップ状岩壁と呼んでいる）。

小川の先鋭的で華麗なテクニックが、どこでどう培われたか今では知るよしもない。道具も技術も科学的に追求された時代ではなく、やはり本人に生来備っていた才能だけが発揮されたとしか言いようがない。環境が悪いときほど、より人間のもつ本来の能力に依存する度合いが高くなるからである。

この山行は、『山岳』（日本山岳会発行、一九三一年）への投稿を求められた。おそらく先に入会していた成瀬岩雄の口添えであったと思われる。小川は「俺みたいな若造はまだ資格がないよ……」とためらっており、再三懇望されたあげく書いたという。そのような背景もあってか、発表された紀行文は抑制の効いた名文となっている。大それたことをやってのけながら気張らず、謙虚な一面があらわれた文は、読み手を深く引きこむオーラを放っている。オーラ（アウラ）とは、ドイツの文芸評論家ベンヤミンによると芸術作品の一回性の輝きを言うようである。

『現代登山全集』第七巻（創元社、一九六〇年）や『山の旅』（近藤信行編、岩波文庫、二〇〇三年）に収録されているので、現在でも読む機会をもつことができるのは幸いである。

これを書いたのがまだ二二歳、後年さぞかしすぐれた文章家になったかと思われるが、小川はしかし一冊の単著も残さなかった。ついに紀行文の類も目にすることがない。彼にとって最も大事なのは、次の課題を見つけることであったのだろう。

小川が発表したものは、デビューとなった一ノ倉沢の山行が、仙台の地元紙である河北新報に一九三〇年九月九日から「谷川岳東面の岩登攀」として四回連載で書かれている。当時山岳部の部室には、話題を求めてよく新聞記者が訪れていたという。

そのほか小川の書いたものを箇条書きに並べてみると、『山岳』第二六年三号（一九三一年三月）に同じ「谷川岳東面の岩登攀」のタイトルで「一ノ倉沢正面の登攀」「幽ノ沢登攀」「穂高岳屏風岩」「剱岳東面」「八峰上半及び三ノ窓」などとともに発表されている。

『登山とスキー』第九号（一九三二年）には、東京帝大の部報と同じ山行「こぶ尾根よりジャンダルムへ」を寄稿した。

一九三三年に東京帝国大学運動会スキー山岳部の『報告』に、単独行の「剱岳東面」「八峰上半及び三ノ窓」「西穂高間ノ岳」「岳川より奥穂高岳の南面」「岳川よりこぶ尾根へ」などを発表している。『ケルン』第一七号（一九三四年）には「秋の一ノ倉・ツイタテ岩登攀」を発表している。以上の原稿はすべて登山記録であり、要点を簡潔に述べた報告である。

『山』第九号（一九三四年）に書いた「森の中」と『ケルン』第三二号（一九三六年一月）に書いた「アルピニズム」の二編は、どちらも珍しい評論である。「アルピニズム」の論旨では「絶えず新しき登攀を求める者のみが真の登山者である」として、大島亮吉が「山への想片」（『山とスキー』一九二四年）に書いたママリーの「一度初登頂された峰頭に対して、より困難なる登路より新たに登頂することを真の登山者はなすべきである」という所説が確認されている。ほかに東高山岳部の会報に「BIWARK」という一文も寄せている。

次に小川自身について書かれたものを見てみよう。『谷川岳』（中公新書、一九六九年）を著した瓜生《うりゅう》卓造は、

彼こそは真にバランスのとれた身体の持主で、岩登りの名人であった。彼の登攀は、そのまま一つの芸術品にたとえられた。あまり強靱とは思われない身体を巧みにあやつった、不世出の岩壁上の舞踏師であった。

と、最大級の賛辞を送っている。奇しくも小川が卒業間近、誰に読ませるでもなく書いた「山へ行くこと、それは芸術と宗教とを貫くひとつの文化現象である」ということばを思いおこす。

瓜生卓造は『谷川岳鎮魂』（実業之日本社、一九七二年）で、さらに次のように書く。

……三日後には東北大の小川登喜男パーティが第三ルンゼを完登し、谷川岳登攀史に画期的な楔

を打ち込んだ。翌年九月一日、清水トンネルが開道し、岳への距離はぐっとせばまった。便利になった谷川岳に小川はさらに意欲を燃やした。（昭和）七年七月には第四ルンゼを完登し、九月に衝立中央稜、十月には烏帽子南稜と、矢つぎばやに初登攀の足跡を印した。小川は日本初期を代表するクライマーで、岩壁の魔術師といわれた男である。戦後病死したが、今では伝説的な人物となっている。一ノ倉は大島が発見し、小川が道を開いた。三大岩壁にふさわしく、二人の巨人に開拓されたのである。

カラコルム・ラトックI峰の初登頂、一ノ倉沢ルンゼ状スラブ冬季初登攀、日本初のピオレトラクションによるαルンゼ冬季単独初登攀などの記録をもつ登山家・登山史家の遠藤甲太は、『登山史の森へ』（平凡社、二〇〇二年）のなかで次のように述べる。

……しかるに小川のリードしたピッチを現代のクライマーが、小川がそうしたようにピトンなしで攀じるとしたなら、おそらくV級、もしかするとVI級以上を否応なく味わうはずだ。

たとえば、一ノ倉沢三ルンゼのF3、幽ノ沢右俣リンネのF1およびF2、あるいは穂高岳屏風岩一ルンゼの核心部……。私はこれらを一九七〇年代初葉にリードしているが、ためらうことなく残置されたピトンを頼りに登った。X級（5.13）以上をこなす一九九〇年代最先鋭のフリークライマーですら、確保なしで登るとなると、いささか躊躇するのではあるまいか。六十年以上も昔、小川は初見で、未踏のそれらのピッチを、ピトンを打とうともせずに登っていったのだ。

『谷川岳研究』（長越茂雄、朋文堂、一九五四年）では、小川の登ったルートが次のように評される。

三ルンゼは一ノ倉の岩場の代表的なルートのひとつとして数えられている。この岩場は多くのパーティに登られている代わりに、又アクシデントも多く、一ノ倉の中でも、私の見る処では二ノ沢とともに不吉なルートのように思えてならない。この事は、三ルンゼが多くの人に登られているから相対的にアクシデントが多いというのではなくて、やはり三ルンゼの悪さから来ているように思えるのである……雨後の一ノ倉の出合に立つならば、あの三ルンゼの中はすべて滝となり、一条の白い布のような流れを見せるであろう……

『日本登山大系　谷川岳』（白水社、一九八二年）には、

ルートに品位というものがあるとすれば、この三ルンゼなどはさしずめ第一級の中ぐらいにはランクできるであろう。三ルンゼの完登が一ノ倉沢登攀史の事実上の嚆矢となった歴史的背景はいうまでもなく、その所在する位置、形状、岩質、ルート構成共に、一ノ倉沢に数あるルンゼの中では優れて群をぬく。

と記される。これらの文に直接人名は表れていないが、神格化された小川の個性が反映されているように思われてならない。

屋上登攀者の憂鬱

谷川岳山行を終えて実家へ帰ってから、夏らしい暑い毎日が続いた。ミンミンゼミがうるさいくらいに啼きつづけた。そんなとき久しぶりで蚊絣《かがすり》の上布を着て過ごし、小川はさっぱりした気分を味わった。奥壁登攀からひと月が経ち、二二歳の誕生日を迎えたばかりだった。仙台での学校生活も残すところ半年ちょっととなり、これからはなにやかやと忙しくなりそうだった。こうしてゆっくりできる時間がいとおしかった。

小川は大島を心の師と仰いだ。そうして大島が死の直前に見上げた壁を登りきってみせた。だが次なる目標が、亡き大島から得られるはずもない。小川自身もっと広い眼で山を、自分の登山を見つめて次なる探求をはじめなければならない。

しばらく空白となっていたルーム日誌に九月、「頼むから山の便りを聞かせてくれ」という仲間を求める小川の切実そうなコメントが現れる。

長い夏休みも終わり、ぼつぼつと部室に部員がもどってきた。みんなそれぞれ自分の山に打ち込み、故郷へ帰って英気を養い、どこかひとまわり大人になって帰ってきた。

昭和五（一九三〇）年九月一五日（月）

夏山も終わって、これから秋山になる。久しぶりでルームを開けた。以後ずっと開放する。いよいよ会も生卵から煮卵になっていくことだろうが、それとともに仕事もまとめてやってゆかなくてはならない。一般に山男は要領が悪くて気分を尊重するから、言うことはいいのだが会のことは考えるばかりでうまく行かず、愿ちゃんの良さが惜しまれる。統制者の偉さが。今度は親しい深町さんが来られたので、だいぶ良くなるだろう。山男は何はともあれ、山へ行かなくちゃ話にならない。だから、もっと会員が動いてくれると良いと思う。自分はわびしいながら卒業を控えているので、軽い気持ちでちょくちょく出かけられない。頼むから、みんな億劫がらずに動いて、山の便りを多く聞かせてくれ。（小川）

九月一六日（火）
細雨《ささめ》がしょぼしょぼ降っている。独りだ。吾郷氏もついに東京へ行ってしまった。おそらく安藤氏と屋上登攀者の相棒になるだろう。こんな雨が降ると、よく大東岳の南の尾根をずぶ濡れになりながら、独りでヤブを漕いだことを思い出す。自分には山の思い出でイヤなものはひとつもないように、この変に孤独な気分の思い出も、ある甘美な感傷をともなう懐かしいものになって、自分を引きつける。山はいいなー。（小川）

久しぶりでルームにやって来た。何と云ってもルームを持った仙台は善い。目茶苦茶に善い所だ。安藤が四角なオフィスから皆によろしくと呼びかけているよ。（ブチ）

午後三時半来室。数人居た形跡を見てよろこばしく思った。久し振りに賑やかになると思って。全く七月二十日過ぎ以来の二ヶ月というものは余りに深閑たるものだった。（田名部）

小川の素のままの息づかいが感じられるモノローグがある。あの谷川岳の絶壁を登った闘士、といった気分を微塵も感じさせないところが小川らしくて面白い。岩壁を登ったコメントどころか、小川の心からこぼれる思い出は大東岳の藪漕ぎというのである。

『屋上登攀者』とは、一九二九（昭和四）年に出版された藤木九三《くぞう》（日本初のロッククライミング・クラブRCCの創設者）の著書名である。本のなかほどに、「屋根裏部屋は、私――屋上登攀者――のベルグ・ヒュッテだ」ではじまる一編の詩がある。「地平の果てから果てまで　高層建築のあらゆる近代的な精鋭さと、敏感さが　何者かを摑もうとして高く、高く差し伸べた都会の触手を空間に　林立せしめているではないか」といった内容である。

小川はこの本をいち早く読んでいたのだろう。学生登山家が都市生活者となり、ビル街の一員となってゆく姿を「屋上登攀者」ということばに託している。誰の心境にも、そろそろ実社会での生活が影のように忍び寄っていた。

一九二九年は、ニューヨークの株式市場が大暴落をおこした年である。世界恐慌がはじまり、日本でも深刻な経済不況に陥った。都市部では多くの会社が倒産、失業者があふれ「大学は出たけれど……」と、エリートさえも就職難となった時代背景がある。これから社会に出ようとする学生たちにとって、安閑としてはいられない卒業間近の日々が続いていた。「山はいいなー」といった嘆息にも似たつぶやきは、迫り来る現実をあきらかに意識して漏れたことばではないだろうか。部員の登山活動も少なくなり、部室は閑散とすることが多くなった。

「煮卵」とは部員のどんな状態を指そうとしたかわからないが、このメモのあとに、福田昌雄によって「生卵から煮卵になる…変に固まってしまっては困る。雛にならなくてはならない」と半畳を入れられる。小川のほうは取り合うふうでもなく、ただ山のことばかりを考えていた。

九月二〇日
天気がどうやら良くなって、また山心がつき始める。自分の仕事がちょっと忙しくなるので、蔵王にも行けそうにない。十月、月見には都合して行こう。（小川）

ルーム日誌には山行の誘いあり報告あり、連絡事項ありとにぎやかな書き込みが見られるようになった。田名部の「自由に歩けるのもあと半年になってしまった。じゃんじゃん歩いてやろう」とか、小川の「この部屋もついに引き渡さなければならないらしい。二年半の間、自分の登高の心を守り育ててくれたなつかしい巣を奪われると思うと、寂しい気がする」といったつぶやきがある。この時期、部室がスチームのある旧教官食堂へと新しく替わることになったのである。
安村たちが蔵王ヒュッテからコーボルト・ヒュッテへ、また南蔵王に縦走へ出かけた報告がある。一〇月二日は夏山報告会があり、近来になく盛会だった。帝大の山行は、東北圏外の山に散らばっている様子が見てとれる。

1. 谷川岳一ノ倉沢　小川（トキ坊）
2. 劔岳　津野（ゼツ）
3. 白山　広根（ゾル）

部室が引っ越され「でっかい旧校舎の真ん中に古ぼけた姿ではあるが、スチームも鎮座する我が山岳クラブルームは山小屋の気分を与えてくれる。人里遠く離れた気分を。だまって地図を見ているのもいい（津野）」といった書き込みがある。そして「『登高行』探してみたが見当たらず。なお探してみる予定」といった書き込みや、また次の総会での文献購入案件も見える。

一〇月一七日から深町、田名部、村橋、林の四人は天幕などの荷担ぎ人夫一人をともなって、西蔵王の探索に出かけた。目的地は南蔵王連峰の西側に流れる大きな横川、足ごしらえは地下足袋であった。横川は一九二四年、二高山岳部員がはじめて遡行した南蔵王の大沢である。

山岳会ルームのある日（小川のアルバム）

初日は仙台から蔵王ヒュッテに入り、刈田峠まで登った。峠から横川上流を横断する上山《かみのやま》道をそのまま行き、頃合いを見て横川の谷へと下った。天幕は一二〇〇メートル付近に小さな平地を見つけて張った。

二日目、登山開始早々に田名部が写真を撮ろうとして転倒、手を負傷してしまった。このままではザイルを操作することはできず、谷を下るには大きな戦力ダウンだった。ところが下降するうちに偶然古道を見つけ、滝場の連続する深い奔流は避けることができた。古道は、隣りどうしの谷を横につなぐ横川堰に沿って続いていた。堰は山形側を流れる川が強酸性で稲作に適さないため、宮城側の水の一部を流し込んで希釈させるための水路であった。

一行は藪に覆われた舟引山頂に立ったあと、横川の左岸沿いの林道に下りつづけて募営、三日目に宮城側の白石牧場へと下った。

その後、怪我の癒えた田名部は一一月一日から五日にかけて津野・彦坂とともに吾妻の大倉川に行こうとした。しかし思わぬ初冠雪にあって予定変更を余儀なくされ、吾妻の硫黄製錬所を根城にしたヤケノママ付近（中津川上流）の踏査に終わった。

この一一月には定義温泉へ行く途中にある大倉の天狗岩を小川、枡田、出淵が登っている。七月に谷川岳一ノ倉を登攀した実績も含め、小川の名声は二高山岳部にも伝わっていたとみえ、一九三〇年一二月七日、二高主催の山岳研究会が開催されたさい、クライミングについての講演を行なっている。『尚志会全史』（一九三七年発行）には「第一回山岳研究会としてクレッテライに関する御講演を、東北帝大山岳部員小川登喜男氏にお願いした」と記されている。

松尾鉱山の「豊ちゃん」のこと

一九三〇年の暮れは、八幡平《はちまんたい》にある松尾鉱山をベースにした合宿となった。宿は深町富蔵がかつて八幡平の山に遊んだときに利用した、鉱山の宿を使わせてもらうことにしてあった。小川はリーダー的立場もあって先発し、松尾鉱山事務所との交渉や宿泊地の手配を受けもった。小川にとって帝大最後の合宿は参加者総数一七名にのぼり、盛況な合宿となった。

松尾鉱山は明治時代から一九六九年まで岩手県松尾村にあった鉱山で、一時は東洋一と謳われた硫黄鉱山である。八幡平山中にあって独立した自治都市のようなところが、隔絶された理想郷を思わせた。

一二月二六日、田名部、津野、枡田、近藤の四名は、鉱山のベース地から茶臼岳をめざした。急峻な雪壁を回りこむようにしながら茶臼岳のピークに立ち、さらに恵比寿森まで足を伸ばそうとしたが、まだ時期的にブッシュが出ていたため中止された。下りはタンネのあいだを飛ばし、枡田はジャンプをしたとたんヒッコリーの新しい板を折ってしまった。

二七日は、田名部のパーティと小川のパーティ二班に分かれて行動した。田名部、枡田、津野、近藤は丸森の北側の尾根から取りつき、大黒森のピークに立った。そこから北東へ、やや低い屋棟岳《やのむね》まで足を伸ばして往復した。

小川、高木、水井のパーティは諸桧岳《もろび》をめざして行動しているが、行動の詳細はわからない。目的を果たして、意気揚々と引き上げてきたことであろう。

合宿の主目的のひとつに松尾鉱山から茶臼岳、源太森を経た奥の八幡平登頂があり、二九日に決行された。八幡平はこの山塊における最高点で一六〇〇メートルを超えている地点だが、頂上一帯が平坦地となっているため視界が悪ければ三角点への到達はかなり難しい。茫洋とした、迷行性の地形を正確に行くには相応の苦労が予想された。

タンネの樹林には連日の風雪で枝が折れそうに着雪しており、真っ白な化け物が立ちはだかる回廊をさまよう気分である。ベースから昨日までのルートをなんとかたどっていくと、茶臼中腹を過ぎるころには風雪が激しさを増してきた。茶臼の北側に出たあたりで、北西方向へ向かってタンネの森を緩やかに下り、黒谷地湿原とおぼしき平坦地に降り立った。ここから緩やかな登りになるが、似たような起伏の多い地形だけに源太森の頂上部を探すのは一苦労だった。

八幡沼かその北の湿原一帯にいるようだが、どこがどこやらわからない。小川が風雪のなか、終始先頭に立ってコンパスをあやつって進んだ。しかしながら八幡平頂上付近でリングワンデルング（堂々めぐり）していることに気づき、ほぼ八幡平頂上に立ったとして引き返すことにした。帰途は往路のシュプールが消えていて、まるで厳冬のオリエンテーリングであった。ベース帰着は一二時間後の午後六時をだいぶ過ぎてしまった。風雪中の連続行動のため、福田昌雄はこのとき両手親指を除く八本の指先に凍傷を負った。

この山行は、小川がいつもトップに立って確実にスキーを飛ばした、と田名部がのちに回顧している。スキー合宿は年内の一二月三〇日で終了した。

ところで松尾鉱山には「養神館」という宿があり、合宿はそこをベースにして実施されている。一二月二六日の夜は、養神館で盛大なコンパが催された。

宿には「豊《とよ》ちゃん」というひとり娘がいた。純真で可愛いその姿に、部員たちの目はこぞってそそがれた。それぞれが淡い恋に似た感情に気づき、汗臭いだけの学生生活に唯一、明るい日差しのような思い出をつくったようである。

枡田は一年後のルーム日誌に、小川からの手紙を引きあいに出してそのときの思い出を綴っている。豊ちゃんとの出会いは、部員みんなにとってよほど忘れられない出来事だったのだろう。

昭和六（一九三一）年一二月一九日（土）晴れ
もう一二月も一九日になった。去年の今ごろはすでに松尾の合宿へ横井、赤星が出かけた頃だった。小川がその頃の思い出を、この間の手紙に書いてきていた。

「二十三日には茶臼を見て、張り切って松尾の宿へ登っていったのだ。それから来る日も来る日も充実した山歩きに費やして、ナイーブな豊ちゃんの笑顔を見ながら思い出多い日々を過ごしたのだった。夜沼の頭、前森、茶臼、八幡平、畚岳などの思い出、変わった鉱山の冬の生活の空気、それぞれ快い回想ではある。あの合宿を終わって東京に帰っても、ずっとぼんやりして夢想のうちに日を過ごしてしまったほど、その生活は自分には感銘の深い愉快なものだった…仙台は自分にとってまったくAlte Heiderbergだ。実際、仙台の思い出には何らの悔恨がない。すべてが快い回想で満たされている」

松尾ではみな実にがっちり歩いた。疲れて帰ったとき見る豊ちゃんは実に可愛かった。豊ちゃんではずいぶんみんなが思い出を持っていることだろう。小川、田名部、僕なんかはさておき、津野も好きだった。おとなしそうな水井が、豊ちゃんに対しては相当だった。ゲレンデでは転んでばかりいた村橋も、豊ちゃんの前では立派なナイトだった。そんな思い出につられて、再び松尾に行く者もあるだろう。

先日、東京にいる先輩連が集まったときは随分たくさん出席し、盛会だったようだ。思い出話に花が咲き、深町様の「ヨゴレのトミゾー」なんて昔のあだ名も出たそうだ。それよりも思い出にとどまらず、この冬は古い連中も出かけようと張り切っているのは嬉しいことだ。現役も負けずに頑張ってくれ。　p.m. 0. 30（Geo.）

深町、田名部ら帝大重鎮による東北最果てスキー縦断

合宿は年内に終わってしまい、みんな去った養神館は一気にさびしくなった。都合であとから駆けつけた深町、村橋組が今さら同じ茶臼岳を歩くわけにもいかない。田名部、彦坂はまだまだやる気満々であり、四人でさらに北方の山をめざそうと話は決まった。十和田、八甲田方面のスキー探検としゃれ込んだのである。この山行は現代においてはなおさら、当時でもきわめて無類の大陸的な探検行と思われるので紙面を割いてみたい。

大晦日は花輪線に乗って津軽街道の一駅、田山にある旅館に投宿した。明けて一九三一年一月一日、田山の真北に奥深くそびえる四角岳《しかく》をめざす。四角岳は南面が岩手、北面が青森、西面は秋田の三県にまたがる一〇〇〇メートルほどの山である。新年登山の起点とするにふさわしい山といえた。

宿を出るとまもなく人跡のない雪道となった。西側に小さな天狗山を見ながら進めば谷の両側に雑木林が広がり、切通川のせせらぎが心地よく響いてくる。尾根上へは灌木の絡み合った藪を漕いで取りついた。稜線上に立つとブナの疎林の向こうに中岳のピークが真っ白に望まれた。田名部は自分の山日記に「ただ私たちはなぜか知らぬ、冬のブナ林と根曲がり竹の頭のみ雪上に見える緩い尾根を、雪の精霊でも求めるようにスキーを進めていった」と書きとめる。

やがて四角岳の頂上が見えた。稜線は風がまったくないためか、霧が梢に凍ってまさしく霧氷となってキラキラと光っている。田名部は終始先頭に立ち、夕暮れ近いブナの森を「夢の中に歩み入ったような心地になってうつつを忘れ」ながら歩いた。午後四時過ぎ、四角岳の頂上に立った。十和田湖方面が薄紫にけぶっているのを見て胸が高鳴った。冬の湖畔に広がる風景を胸に描いた。

霧氷の花園となった灌木帯をスキーで飛ばし、不老倉峠につづく道を発見したときにはすっかり日が暮れ、たがいの「エホー」の声のみが夕まぐれに響いた。

闇にスキーは不適である。スキーを脱いで空を見上げると、青白い満月が昇った。指先が凍りつくように冷たい。深町は雪の上に腰を下ろしたまま動こうとしない。村橋も黙り込んでうずくまっている。彦坂は例によって「オータンネバウム」を気が触れたようにくり返す。田名部はなぜか、こんな初めての山中にいることだけで嬉しくなった。

村はずれにたどり着くと、雪に埋もれた家の中からカルタ取りの声らしきものが聞こえてくる。人の暮らしの息吹が感じられて気持ちが温かくなった。明かりのついている茶屋を見つけて餅を注文し、氷の浮かぶサイダーにみんなで歓声を上げた。

そこからさらに月明かりを約四時間、無駄口もきかずに滑りつづけて午後一〇時過ぎ、千葉旅館に転がり込んだ。本日の歩行距離は、ざっと三〇キロメートルにおよぶものであった。

一月二日は疲れを癒すため遅く出発。今日の行程も相当なものと思われるが、なにしろ行く手には夢にまで見た雪の十和田湖が待っているのだ。頑張るしかない。

行けども行けどもはるかに遠い発荷峠《はっか》、銚子の滝を過ぎるころにはや冬の日は暮れかかった。気温が高くなったうえに、汗と湿雪で身体がすっかり濡れた。この道はスキーが履けないので、なおのこと気勢がそがれる。

四人はよろめきながら、日暮れの道を歩いた。水分を含んだ雪は間断なく降りかかり、重くなった身体を雪の上に投げ出して何度も休まなければならなかった。峠の茶屋に入って、そこで腹ごしらえをした。峠から見る十和田湖の風景を、田名部はどんなに憧れていたことだろう。しかし望みはかなく、湖は霧の中だった。

発荷峠からの急坂を下りはじめると、早くも真っ暗な闇が支配した。深町の懐中電灯だけがぴかぴか光っていた。休屋《やすみや》では暖かくむかえられ、風呂と酒にありつく。本日の距離は二五キロメートルといったところだろうか。

三日は休屋から十和田湖の東岸を宇樽部《うたるべ》へと行き、さらにラッセルを続けて子ノ口に至り、奥入瀬川に沿って下った。ここは雪質が悪くまったく滑らなかった。それでも深い森に被われたなかを、白く泡だった流れが貫流する光景は鬼気迫るほど美しかった。

屛風岩ですっかり日が暮れた。気がつくとスキーのトップに月光が白く反射している。深い森林の影をたどる田名部の心は、またまた感動でしびれていた。焼山の宿に入ったときは午後八時となっていた。この日動いた距離は約二八キロメートル。

四日は休養を兼ねてすぐ近く、六キロメートルほど先の蔦《つた》温泉に泊まることにした。大町桂月の碑を過ぎて、緩い林間の道を曲がると眼前に真っ白な高田大岳が望まれた。そうだ、あの山のはるか向こうに青森がある……。

蔦温泉は厳冬とあって訪れる人もなく、静まりかえっていた。外見はくたびれた感じでも、中に入るとほんのり暖かかった。桂月臨終の部屋に通されて身も心も投げ出し、静寂の味わいを分かち合った。臨終はまだかなわないが、ここまで来たら温泉三昧にかぎる。四人はまだ若いけれど、桂月が終の棲家とした気持ちがわかるような気がした。板敷きの下から泡をともなって静かにわき上がってくる、透明な温泉に浸かって心ゆくまでくつろいだ。

五日は、西に聳える赤倉岳を登りに出かけた。赤倉岳から東に延びる顕著な尾根は、北面が崖になっていて取りつけそうにない。いったん北西に向かい、まず八〇四メートルの緩い瘤に狙いをつける。登るにつれ急峻となったため北面へ回りこみ、一本の痩せ尾根に取りついた。この尾根も急で、頂上から吹き下ろす強風をまともに受ける。すでにスキーは用をなさず、ピッケルでステップを刻みながら登った。正面から威嚇するように吹き下ろす風に耐風姿勢をとり、横向きになって登るのでなかなかはかどらない。田名部が手ごろな雪庇の蔭で待つあいだに深町がたどり着き、村橋はまだはるか下方で奮闘していた。

ついに、これ以上は愉快じゃない！　と衆議一決、下山を決める。モナカ雪をだましながら直滑降で下り、温泉へ戻った。

六日、彦坂がリタイアを申し出た。残念ながら彼とはここでお別れだ。まずは三〇キロメートルほど先の三本木（現十和田市）へ下り、東北線に乗ってしまえば居眠りしながらでも仙台へ着くだろう。

残った三人はなおも酸ヶ湯に向かって進む。蔦川《つたがわ》に沿って登りつづけ、谷をいくつか越えた。高田大岳の南麓、猿倉温泉付近からタンネの樹林がたくさん現れ、一行は蔵王ヒュッテを思いおこして、久しぶりで懐かしい気分を味わう。夏道から外れて硫黄岳と石倉岳の鞍部に登れば、酸ヶ湯方面には見渡すかぎり雪坊主（樹氷）が群集していた。酸ヶ湯では五、六人の猟師がいて、ありがたいことに兎の肉をたらふく食わせてくれた。この日の距離は約一八キロメートルであった。

七日。今日は八甲田山群を北へ向かって越える日である。今回の旅の白眉、最難関ともいうべき山越えに緊張して早めに出発した。昨夜から降りつづく雪は三〇センチ以上積もっている。登るにつれて雪はいよいよ深く、それだけにタンネの樹林もじつに美しい。足さばきに苦しみながらラッセルを続けていくと、いよいよ風雪逆巻くなかにクラスト斜面があらわれた。三人の頬は山を揺るがす季節風を受けて氷と化した。苦痛に耐えながらなおも登りつづけ、午前九時には八甲田大岳の頂上に着いた。しかし風雪はやまず、行く先はこのまま進めばどうなるかわからない。深雪と雪崩の友となるしかないだろう。今日は断念とし、コンパスを振って酸ヶ湯に戻り返す。

雪坊主には、樹の根もとに風が巻いて作った穴ぼこであるツリーホールがともなっており、スキーは思ったように滑れず三人三様もがきにもがいた。そして本日も酸ヶ湯泊となった。

八日。起き出してもまだ雪は降りやまない。それも幕を垂らしたような猛烈な降りだ。ついに山越えはあきらめ、山腹を巻いて青森に出ることに決める。そうなれば田茂谷地岳の北、前岳の裾をまわって鉢森山に出るしかない。前岳近辺は二九年前、一九〇二年の同じ一月に八甲田雪中行軍遭難事件のあったところだ。この降りではわれわれもそうとう苦労させられるだろう。

鉢森山を過ぎるころ瞬きはじめた青森の灯に心をふるわせながら、スキーを滑らせた。横内川と雲《も》谷《や》川の出合に下り、左岸に沿ってゆくと雲谷の集落に出た。午後九時となっていた。なおも下りつづけ、青森の町に着いたのが午後一一時。「坂本」の看板を掲げた旅館を見つけ、強引に頼みこんで泊まった。この日の行程は三〇キロメートルを越えた。

こうして帝大山岳部重鎮たちの、七日間にわたるスキー旅行は終了した。それにしても八幡平から八甲田へ、さらに本州最北端の青森湾まで徒歩で行く冬の旅。彼らの歩いた距離の総延長は、一五〇キロメートルを下らない。狭い日本といえども充分に大陸的な味わいがあったことだろう。地味で根気のいる遊びだった。これに似た「登山」と「旅」が結びついたスタイルは、初期のイギリス人登山家に見られるロマンチシズムを彷彿とさせ、本州最奥地のオデッセイ（長期の放浪旅）として記憶されてよいだろう。

しかし田名部はこのあと、一月二五日の鳴子へのスキー行のあと風邪をこじらせて入院するはめになる。田名部の山日記には「仙台で酒を飲んで風邪を引く」と記される。いったいに疲れを知らないと言われる人間にかぎって、無理がたたっても自分で気づかないまま行動する傾向にあり、ついに身体のほうが悲鳴をあげてしまう。退院が四月二〇日とずれ込む、長期の入院だった。さすがの超人もこの件で卒業が延期になってしまったのである。

一方、小川は一月下旬、蔵王ヒュッテに入り、備えつけられたヒュッテンブッフに頻繁な書き込みをみせる。

1931. 1. 25th.
恵まれた晴天です。親しい山々が新しい白衣をつけて輝いています。ふらりとここまで来たのですが雁戸、大東、船形、泉の方が珍しくすべて眺められました。ヒュッテの裏はなかなかいいゲレンデになっているくらいブッシュがなくなっています。タンネの雪が紫の影をつくって、杉ヶ峰や屛風の連山を美しく飾っています。　A.m. 12.00（登喜坊）

・静夜。音もなく落ちる雪。暗灰色の空。そしてにじんだ星影……
・御山の密語。こころ。山への畏れと限りない親しさ。
・山にいて、自分の心に沈滞する。山とのつながりにおいて。
・亡き小島氏の日を想像し、そしてこの静夜と今日の日と。
・栂に囲まれたこの山の巣の静けさ。静夜。

・山の塊。山の夜の更けゆく。(Toki)

1.26th.

小雪。九時半から赤星と二人、杉ヶ峰へ行く。見通しはきかないが静かな山行だった。刈田峠からは雪も軽く、至福の滑降に恵まれた。おじやを食べてパイナップルで元気をつけて、この小屋と別れる。あとは遠刈田まで、また愉快に飛ぶだろう。(登喜坊)

ルーム日誌にも、小川の書き込みがされている。卒業をひかえて大きな山行もできず、また自由に山へ繰り出せない苛立ちで、堂々めぐりしている様子がうかがえる。

二月五日

雪が降る。三寸積もる。雪は山へ行けない奴の果てしない憂鬱を醸す。そして山へ行ける奴の、たわいのない憧憬をつくる。そして山男のしがない熱情を苛立たせる。こうして我々は山へと駆り立てられて、山によって自分の情熱が創造する一つの真実を得て、朗らかになっちまって帰ってくる。また雪が降る。憂鬱と憧憬と。それを通しての情熱と、そして山行。水井と坂本が昨日帰ってきた。だいぶ頑張ったようだ。雪の中で寝るとバカに自信がついて、雪の山がますます自分の心に溶け込む。ぜひいっぺんは試みるべし。ただし、シミちゃってはいけない。(T.O.)

二月六日

明朝、泉から船形をやって升沢に下る。三峰の手前あたりで雪ん中にちょっと寝る予定。日曜夜帰仙。（小川、赤星、安村）

二月十日

泉はのびながら行ったら、北泉で日が暮れた。北泉から三峰へ下る尾根の上で雪を掘る。天幕が小さいだけで、非常に暖かかった。一夜吹雪いて、次の日あきらめて帰る。仙台もいい雪だ。まして山は。今度天気を見て、あっさりやっつけてやる。（小川）

「船形ノ山々」と題する一枚。アルバムの中央に貼ってある。東北帝大の建物の屋上からと思われ、泉ヶ岳、三峰、後白髭山の連嶺が見える（小川のアルバム）

小川は二年前の同じ二月に登った船形山を、今度は泉ヶ岳から長倉尾根を経由して登ろうとしていた。最後の一行に意地のようなものがうかがえ、よほど厳冬期の船形山に執着していたことがわかる。

小川が大切にしていたアルバムの一ページに、「船形ノ山々」と題する写真が大切に貼りつけられている。大学の屋上から撮られたものと思われ、泉ヶ岳から後白髭山までの雪の稜線が映るものだ。雪の船形山に思いを秘めていたという、貴重な証しとなるだろう。

また「のびながら」とは、慶大や東北帝大の山岳部で使われた一種の隠語で、のんびりする、怠けるといったほどの意味である。大島亮吉は『登高行』五号のなかで「山岳会室を中心としての回顧」と題するエッセイを書き、「このころから僕たちの仲間にのびるといふあの隠語がはやってしまった」と書いている。小川たちも当時流行した山生活の符丁を使いながら、時代の空気を吸っていた。ちなみに三高生がサボったするときは「霞む」の語を使ったという。

小川が「水井と坂本が昨日帰ってきた。だいぶ頑張ったようだ」と書いているのは、二人が吾妻連峰の西大巓で雪穴を掘ってビヴァークした山行を指している。

二月一六日には、深町が赤星平馬と秋田駒方面の山行から帰ってきた報告がある。それによると、国見温泉から登りはじめて横長根の尾根を横岳に達し、そこから湯森山、笊森山と北上した。さらに千沼ヶ原に至って東に折れ三角山《みかどやま》、そして高倉山へ足を伸ばして現在の雫石スキー場にあたるルートを下っている。延べ二五キロメートルになろうとする、冬季縦走のきわめてユニークな山行である。東北帝大を、東北の冬山の開拓者と称すべき一面を見せてくれた。報告の最後は、

それにつけても若い人たちよ！　親しみ尽くした山に安楽な気持ちで滑りに行くのもまた良いが、稀には未知のものに対して憧憬を持っても良いのではあるまいか。敢えて妄言を記す。（深町）

で締めくくられている。卒業を控えて浮き足立つ後輩たちに、自分の山を悔いなくやり尽くせといった励ましを述べる、重量級の山を思うぞんぶんやりきった深町らしいことばであった。

初期の東北帝大山岳部には、会報が作られていなかった。一地方にすぎないにしても、開路的な登

山記録を見ることができないのはまことに残念である。もし慶応山岳部のような会報発行の気運があったら、東北の黎明期にどんな山がどう登られていたか、登山記録と思潮の軌跡を知ることができたであろう。

　慶大には鹿子木《かのこぎ》員信《かずのぶ》という思想的、行動的に優れたカリスマがいて独自の慶応ワールドをつくりあげた。そこで槇有恒や大島亮吉が陶冶されたのである。小さな所帯であれ大きい組織であれ、精神的な指導者なくしてそこに集う人びとが大きく育つ機会は少ない。一方、リーダーや組織的動きにかかわらずとも個々人の独自性が大きく育つ例を、東北帝大山岳部に見るのも事実である。

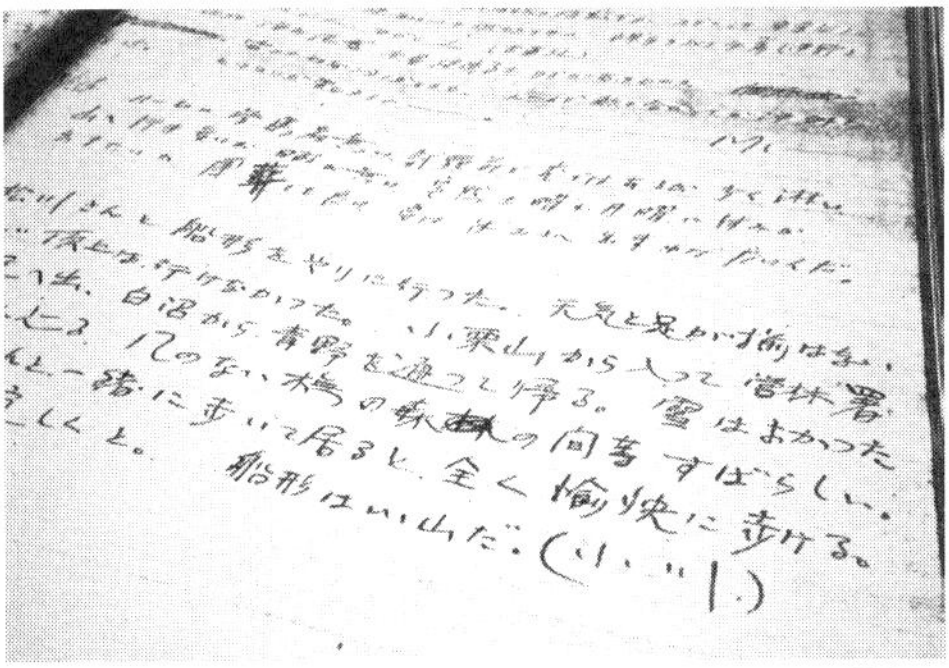
船形山の大滝コースを松川とスキー登山したさいの報告メモ（ルーム日誌）

　松川さんと船形をやりに行った。天気と足がそろわないので頂上には行けなかった。小栗山から入って営林署の小屋に出、白沼から青野を通って帰る。雪はよかった。気持ちよく滑る。風のないブナの森のあいだなど、素晴らしい。松川さんと一緒に歩いていると、まったく愉快に歩ける。皆さんによろしく、と。船形はいい山だ。（小川）

　三月には卒業が待っている。いよいよ仙台を去らなければならない。小川の執念は二月下旬、三たび船形山に向かわせた。松川五郎とともに、今度は船形山に登るには最も北に位置する小栗山《こぐりやま》集落からの入山であった。この山行の足どりを見ると、加美農蚕学校から歩き出して雪に埋もれた小栗山集落を過ぎ、保野川沿いのかつて修験が雨乞いに使った色麻《しかま》大滝の古道を通ったようだ。足がそろわない、と書いているところをみるとほかに何人かいたようだ。

小栗山から入って白沼方面へ抜けるためには、船形山と前船形山との鞍部を越えなければならない。したがって標高一二〇〇メートルの鏡ヶ池までは達していると見られる。この行程だと往復六〇キロメートルは超え、少なく見積っても二泊を要するのである。あっさりとした報告でしかないのは残念だが、強い意志と行動力がうかがわれる内容となっている。小川の船形行は三回試みられ、結局頂上を踏んだのは一度だけであった。

小川がひとつの頂上めざして、三回も挑んだケースは珍しい。それも岩のイメージの強烈な小川が、ブナに覆われた地味な山にこれほど執着していたことは注目される。飛躍の前に紡いでいた思索のひとつとして、これらの山行は得がたい水分となったことだろう。小川の山はけっして岩壁一辺倒ではなかったことになる。

それにしても最後の船形行が失敗したにもかかわらず、あとを引かない爽やかさが印象に残る。「風のないブナの森」を航行できたという、充足感に満たされていたのであろう。

この時代に厳冬期の船形山を登山対象と考える登山者は、ほとんどいなかったはずである。頂上を中心とする円錐形のコニーデ型をした栗駒山や、南北に連なる蔵王にくらべて、船形山は把握しにくい入り組んだ山塊をなし、広大な無人境を保つ山だった。他者の足跡を追わず、誰も踏み入れていない地を求めようとする、小川ならではの行動であった。

なつかしい小舎よ Auf-wiedersehen!

小川はこの地を去るにあたって、仙台という街と大学で出会った仲間たちとの別れを惜しみ、ルーム日誌四ページを独占して心情をびっしりと綴る。比較的細かい字の、原稿用紙に換算すれば四枚強におよぶ思いのたけである。仙台に暮らした三年間、情緒に満ちた東北の山々に接して自分がどれほど幸せだったたか、思い入れの深さをあらためて確かめていた。

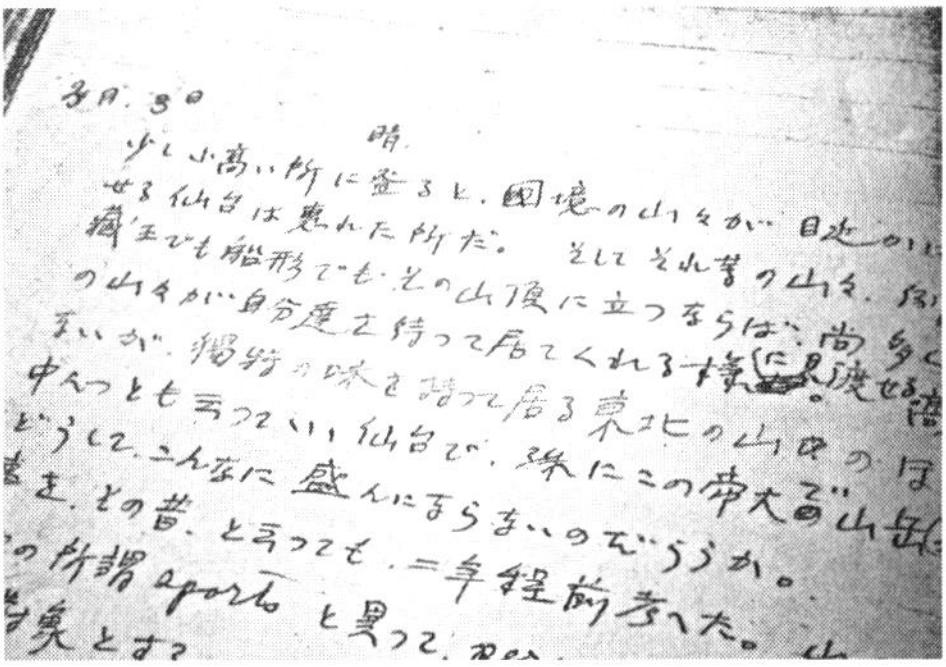
小川による別れのメッセージ（ルーム日誌）

三月三日
少し小高い所に登れば国境の山々が間近に見わたせる仙台は、恵まれた所だ。そしてたとえば蔵王でも船形でもその山頂に立つならば、なお多くの東北の山々が、自分たちを待っていてくれるように見わたせる。高くはないが、独特の味を持っている山々の中心にあるとも言っていい仙台で、ことにこの帝大で山岳部がどうしてこんなに盛んにならないのだろうか。こんなことを、その昔、といっても二年ほど前に考えた。
山に行くことは、ほかのいわゆるスポーツと違って、人ではなく自然を対象とする活動であり、芸術や哲学、宗教やあるいは恋愛などと並んでひとつの文化活動であると考えるに及んで、仙台が文化的基礎の未熟で、文化現象の隆盛にはいくぶん不利である点に気づいたとき、自分のそんな悩みは解決されたように思えた。

実際仙台は働く所じゃないので、校門を出る先輩がこの地に残ることは少ない。アルト・ハイデルベルクにも比すべき、この学都の良さは、少しも東京子には知られていない。仙台は、東北のけちな町に過ぎないくらいにしか、わかられてはいないだろう。

この町を文化的側面から見れば、現実の狭小さと醜さと沈滞からして、そう言われても仕方がない。だけど、仙台は自然の美しさを持っている。静かな調和を好む者にとっては、仙台は良いところを持っていることがわかるだろう。それと同様に、自分らの山行も華々しいところがないので、よそからは仙台の街のように軽んじられているかもしれない。だが自分は、この街の文化に合った地味で静かな行き方が、この山岳部に最もふさわしいのではないかと考えている。

ロマティシズムが持つ Gemut（注：心情、情緒）は、熱狂や情熱の狂騒よりも、また知性的ですましこんだ落ち着きよりも、どんなにいいか知れやしない。我々の山への情熱はときには冷たく凍ろうとすることもあるし、時には炎のような激情に変ずることもあるだろう。けれど、常に落ち着くべきところは静かな、しかし力強い Gemut であってほしい。

自分は仙台に来てからおいおいに、山への態度がはっきりもし、決まってきたように思う。この三年間のあいだに、山をいろいろ考えてみた。そして自分のこれまでの体験が、自分の思惟を決定したと思っている。自分の体験は仙台の良さからはじまり、Gemut の美しさへ向かったのだ。少なからず魂の調和を失うことの多い自分は、やっと見いだした Gemut を基調として、山への情熱をいつまでも失うまいと思う。

＊

いったい自分が仙台へ来たときは、山へは行くまいと考えていた。けれど、静かな美しい仙台の自然のなかを歩き、泉ヶ岳の名を覚えるにしたがって、それが愚かしいことだと悟った。そして福田さん、ゲンちゃん、吾郷氏、安藤氏その他のグルッペを得るにしたがって、自分は山とどうしても離れられなくなっていった。山の友を除いて、自分の生活を生き生きと色づけてくれる友を持たない。三年間の生活は、山に始まり山に過ぎていった。疑念の多い自分の学究よりは、山の名が自分の生命をどんなにか新鮮なものにしてくれたろう。ゲンちゃんと行ったCafeの空気も、山の影の投射のようなものだった。

自分たちのグルッペはいつも小さかった。けれどなんと親しい、いい人々が集まっていたことだろう。自分には、それらの人たちとルームで顔を合わせるとき、街をワンデルングするとき、そしてスキーを担ぎ出すときが生活の大部分であり、喜びでもあった。自分は仙台に来て、山によって結ばれた友の幸を本当に見いだすことが出来たのだ。蔵王の小舎は、この緊密な山の友達の小さなグルッペのなかから発酵して、ついに夢が現実となることができたのだった。お前は仙台へ山に登るため行ったのだね、と言われるなら、自分には言葉もない。それは結果において事実なんだから。けれど、自分は山を通して自分の生活を活かし、おおげさに言えば人生の態度を見いだしたんだと言わなければならない。自分の生活全般は、いつも山の影をもって彩られてきたのだから。そして自分は、調和あるGemutの美しさをそのなかから認識することが出来たのだから。

＊

また春が来る。春のうららかな陽と、くすぶった空とザラメの春雪とが朗らかな山行を迎えてく

れる。五月の蔵王、否、その前に三月末にはヒュッテに行って遊んで来度。(登喜坊)

小川が再三引き合いに出した学都アルト・ハイデルベルクは、詩人ゲーテも魅せられた南ドイツの美しい大学都市である。古来山紫水明の地と謳われたネッカー河沿いに、ドイツ最古の大学がある。この都市を舞台に描かれたマイアー・フェルスターの同名の戯曲は、日本では一九一三(大正二)年東京の有楽座で初演され、東北帝大の教授や学生たちにも理想郷的な憧れを生んだという。

戯曲のなかで老哲学者ユトナー博士が、カール・ハインリヒ公子に向かって叫ぶ台詞「ハイデルベルクへ! 二人はそこで人間になるのです!」が印象深い。身分や立場の呪縛から逃れてこそ、ほんとうの自分を見つけることができると言うのである。

小川は東京高校時代に仲間と山岳部をつくり、ガリ版刷りの同人誌「峠」を発行した経験がある。その第二号に戯曲形式の「父と子」という小編を書いており、「アルト・ハイデルベルク」も戯曲としての関心をもっていたのかもしれない。

またここで意外とも思える趣旨の発言が見える。自分たち東北帝大の山行は華やかさがないので、(大きな記録を尊重するような……筆者注)よそから見れば軽んじられることもあるだろう。しかし東北に合ったロマンチシズムを大切にした山行こそ、帝大山岳部にはふさわしいのではないか。自分は仙台にいるあいだ東北の山々に目覚め、そこにじっくり浸ることを覚えた。そこでこそ味わえる静かな、情緒に満ちた登山を味わって欲しいと説くのである。

小川が東北で実践した登山対象は、蔵王や黒伏山南壁を含めてほとんどすべてが、穂高や谷川岳にはないブナとオオシラビソに覆われた山々であった。それらの山で吸収した滋味が小川のリリシズムを育て、その対をなす先鋭的な登攀行為を豊かなものとしたにちがいない。

三月一〇日になると、さらにノート八ページを占める惜別の辞を書き込む。自分の気持ちを整理しながらノートにしたためる行為は、小川にとって大切な別れの儀式であった。

それにしても饒舌で、ルーム日誌にこれだけ紙幅を割いて書かれた例はほかの部員に見あたらない。たった三年ながら、深く親しみ自分を登山者として育ててくれた仙台を去るにあたって、いささか感傷的になっている様子がうかがわれる。理屈っぽくて難解な論文調モノローグであり、小川の性格をよくあらわしてもいる。ドイツ語のスペル混じりで文意もはかりがたいところがあるが、できるだけ文意を損ねないよう読みやすく手直ししながら採録してみよう。四百字詰め原稿用紙にして一〇枚近い大作である。

三月一〇日
自分もいよいよ仙台を離れるのだ。
この気持ちが自分の心をいらだたしい感傷に追いやる。それは深く親しんだ土地にたいする愛着や、山と山友達との別離など以上に、仙台を離れてしまう自分自身にたいして持つ感情である。それが人一倍、沈鬱な自分にしてしまう。未来については朗らかになれるものを持ってない今の自分は、喜ばしい過去の夢ばかり追ってしまい、この日記帳をけがすことになってしまうだろう。もしこれを読んで気分が悪くなる人がいるなら謝りましょう。けれど、自分は懐かしいこの部屋で、山の香に浸り込んでここに書き付けることが嬉しいのです。そんな気持ちで筆をとります。
山へ行くこと、それが芸術と宗教とを貫くひとつの文化現象であるということは、自分が信じかつ主張する考えである。それはどういう意味なのか。まずその対象について言うならば、芸術とはSachwert（価値観）を通じて美の仮象を創り出す、ひとつの作品である。そこには必ず美の輝きを醸し出す具体的な物がある。

宗教はその対象を、超人間的な永遠の絶対者に求める。それは何ら具体的な物を必要としないが、宗教における対象とは、魂が帰依できる確かな絶対者であらねばならない。

そして登山は、言うまでもなく現実の山を対象とする。しかし山はすでに完成された具体的な自然物である。それは人格の創造に依るのではなく、すでに造られて存在するものである。

山は我々が登山の対象とする限り、美の仮象を追求する行為以上に、普遍的な絶対者の神と近似するものを持っている。登山は山の美しさの獲得と、強い引力を持っている。山は自然に対する人の感情の、最も鋭く反映されたものといえるだろう。

次に、対象においてはともかく、それら文化価値に対する行為について考えてみよう。芸術は情熱の純化と、創造を中心とする。そこには必ず創る人の個性が存在しなければならない。ところが宗教においては、情熱は芸術の如き炎のような華やかさは持たないかわりに、深く謙虚にして力強い帰依を核として、個性はひとつの絶対なる永遠の存在に没入してしまう。

簡単に言えば、芸術が美への陶酔であるに比べ、宗教は信への没入である。両者において、個性は共に高められ豊かにされるが、前者はあくまでも自己の主張であるのに対して、後者は自己の没却によってなされる。

山へ行くことが、山の美しさと特有な浄化とを含んでいることは、これと関連して考えられるであろう。したがって登山する人の個性は、山によって限定される。

しかしながら上のことは、まったく正しくはない場合がある。なぜならば芸術についても宗教についても、二つの側面が存在するからである。すなわち芸術は創造されなければならないが、他面それを享受する態度があり得る。宗教は絶対者へと近づくように努力すること、すなわち他力の一面に自力の態度があるからである。ただそれが美と信とによって、その重心の置くところを異にするだけである。

山についても、自分は二つの態度の両極を見る。つまり山を登るとき、自分は自分の心のうちに二つの側面を見る。激しい闘争を予期して岩壁にザイルを巻き、生命を賭して新しいルートを拓いてゆくときである。そのとき、強く激しい心の働きは芸術の創造における態度に近づき、否、それ以上に強い生命の急迫を感じるのである。

春の陽光の漏れるブナの森を行くとき、あるいは澄んだ秋空のもとになだらかな高原の細道をさまようとき、自分は自然の美に陶酔する以上に、何か大きな自然の魂に触れて自己の浄化を感じるのである。

一つの山行において憧憬がやがて行為となり、頂に立ち、自分の考えたコースが完成され、山の下へとたどり着いて静かな思いにふけるとき、そこに二つの態度が認められる。これが創作と鑑賞、自力と他力ともに比すべき、闘争と享受の山特有の態度が存在すると考えられる。

英国山岳会の正統派の人びとは、踏みならされたルートをとって山に行くことを主張した。だが、彼らによって異端視されたMummeryの「真に山へ行く人は常に新しいルートを見出し、全力をもってその完成に突き進む人である」という考えも、人が山へ行く一面から見れば真実だと思われる。

マッターホルンに対するウィンパーの態度は、一つの芸術の創造より以上に、激しい生命の炎を感じさせる。登山の闘争が激しく、緊張がより大であればあるほど、その山行はその人により大いなる価値を与える。これは、すでに多くの人によって言われていることである。行為なくして「山」はない。情熱なくしては、いかなる偉大なることも起こりえない。山への情熱は、山に行くことのうちに純化されるだろう。

しかしながら以上のような態度のうちには、体操とかアクロバットと非難される分子をも含みやすい。山はもっと楽しみに行くこともできる。そこには激しい闘争も華やかな初登攀もないが、深い自然の心に透徹してゆこうとする享受の態度がある。一つの山をその時々、その季節にしたがって味わい尽くしてゆこうとするのも、認められるべき態度であろう。

山の季節は、山へ行く者がよく知るところである。一つの山を恋人のように、帰依する神のように愛し、親しむことは許されるべきであろう。山へ行くことの二つの側面に、いろいろな段階の山へ行く、それぞれの態度があると思う。文化現象が環境によって支配されるように、山行もその人の事情によって影響される。そして、そこにいろいろな行き方の差異をつくるであろう。しかし、その根底には山特有の価値、その価値に基づくところの情熱、二つの側面をすべての人が持っているのであろうと思われる。

山は芸術や宗教との類似において同じ文化現象であることを述べたが、自然ことに山を対象とする山行は、それ自身独自の価値を持つと言うことを忘れてはなるまい。山自体の独自の価値が美であるか行為であるか、あるいはその他のなにものであるかは、私にはまだはっきりと考えられない。ただおぼろげに、山行が山の美と闘争（生命を賭した緊張）とを含む行為であることは確かであろう。

*

自分は体験を基にして考えたつもりであるが、書かれたところはバカに理屈めいてしまった。しかし山そのものの解明は陳腐なようなものの明らかに反省され難いことから、こんな思索もしかたないだろう。こう考えることによって、三年間仙台において養われた自分の山への錯誤した、その時々の態度が整理されたように感ずるのだ。

自分は山によって、そのルートによって、季節によって、その時々に山へ対する気持ちが異なるであろうことを知っている。しかしながら、それらのいろいろに異なる気持ちのうちにひと筋の山へ対するGemut（熱情に近いがもっと静かな愛とも似た、憧憬の母であり激情の父でもある心の態度であろうか、働きであろうか）が流れ行き、少しずつ養われてゆくのを見出したのである。

芸術においてクラシックとロマンチックとの対立が著しく見られるが、ひろく一般に人間性そのものにも、この二つの態度が存在することはよく言われる。文化現象はその両者を父母として生まれてゆくようである。山も同様に二つの側面をはらんでおり、山へ行く者は良い意味での広義のロマンチシズムがなければならないと思う。

少なくとも自分の見出したGemutはロマンチシズムを母とする。それは調和する限りクラシズムであるが、山への動機を持つ力としてはロマンチシズムなる分子を多量に持っている。

自分が生活の現実性に圧倒され、沈滞してしまう時があるとすれば、それは山を捨てる時なのだろう。

自分はこれから社会状態のうちに巻き込まれるのを予期している。きっと現実の生活にとらわれるだろうと思っている。しかし山への Gemut を失わない限り、自分の生命は生き生きとしているであろう。憐れまれるほどに魂の平衡を失いやすく、弱々しく傷つきやすい自分の心が、果たして都会の騒音のうちに、山への Gemut を失なわずにいられるだろうか。魂が枯れ尽くしたとき、おそらく死が美しいものに見えるであろう。

実際世間を知らない自分には、深町さんの「一度世の中へ出て、その気持ちを何の疑惑も持たずにやっぱりそれを望んで生きてゆくことが自分にできるか」という言葉は恐ろしい言葉だ。それについて自分自身、言うすべを知らない。けれど自分がロマンチシズムからニヒリズムへとたどった道は、すでに過ぎ去ったように思う。

田名部は「俺は人を愛するから山へ行くんだ」とよく言っている。自分にはその対象からして、人と山とを結びつけることは正しくないと思えるが、その状態において、否、根底にある Gemut においてその言葉は正しいものを持っている。山へ行く人はいい人が多いことは事実だ。山を行くとき、朗らかな興奮のうちに遠く、広く、山の友に、山を知れる人に、否、全人類に呼びかけたいような気持ちを持つことがある。そのとき、山への Gemut は、山以外のものへまで流れてゆくのであろう。

自分はいつも朗らかな気持ちで、山へ出かけることはできない。時として鉛のように重い憂鬱をルックの上に加えて、さまよい出ることもある。そしてまた、時としては輝かしい山の思い出を胸に秘めながらも、都会へ向かって渋面をつくりながら帰ることもある。

けれど山においてはほとんど常に、そして山そのものに対して心は高く魂は調和して、感傷の子である憂鬱も浄化されてゆくのを感じる。そして山に対する素直な気持ちになり得たとき、自分の Gemut は最も美しく感じられるのだ。山におけるすべてのもの、一輪の花でもコマドリのひと声でもが、貴いものに思われるのはそんなときなのである。

＊

仙台に来て、東北の山々とかなり親しくなった。けれど行き残している、自分に未知の山も多い。Gemut が失われない限り、機会をつかんでできるだけ訪れたいと思っている。

さしあたり、明後日あたりから三日ほど、焼石へ行ってこようと思う。きっと横岳の岩のザイテングラートが素晴らしいにちがいない。（登喜坊）

まるで登山哲学のテキストを読むようである。三月三日の日誌によれば登山とは芸術や哲学、宗教やあるいは恋愛と並んでひとつの文化活動であると書き、その一週間後にも、山へ行くことは芸術と宗教とを貫くひとつの文化現象である、と小川は念を押す。アートの起源はラテン語のアルス（ars）とされ、そこには技術や才能の意味がある。技術が最高度につきつめられれば芸術となるのである。音楽がメロディやリズムによって表現される芸術であり、絵画は形や色彩を使う表現行為である。山と対峙して知識、技術を駆使してルートを完成させてゆく登山も、試練を糧に生まれる創造的な行為である。それこそが一回かぎりの創造であり表現行為であると言いたいのであろう。登山は文化であり、芸術と同じ範疇にあるとする物言いは、小川の登山姿勢を端的に表している。

かつて板倉勝宣は『山とスキー』（一九二一年七月）のなかに「登山法についての希望」と題する評論を寄せ「山男にとって、それはそれ自身人生なのであるから、動的な登山方法そのものが一つの創作である」と明快に論じているのを思いおこす。一九三〇年に発行された藤木九三著『雪・岩・アルプス』にも、「ロッククライミングは芸術である」旨のことばがある。

小川は「少なくとも自分の見出したGemutはロマンチシズムを母とする。それは調和する限りクラシズムであるが、山への動機を持つ力としてはロマンチシズムなる分子を多量に持っている」と書いている。

「ロマン」という語は、ローマ帝国の庶民文化に端を発している。したがってロマン主義とは、支配階級や封建的な教条主義に抑圧されてきた、個性や自我の感情を解放しようとする精神運動であった。秩序と論理の古典主義に対して、自我と感性の尊重を謳ったのである。

フランス生まれのルソー（Jean-Jacques Rousseau 1712-1778）の著作はドイツに伝わり、ロマン主義として成熟しふたたびフランスに逆輸入されることで花開いた。ルソーは『告白録』のなかで自我意識の解放を、『新エロイーズ』のなかで山々を流れる緑の谷や、絶壁に懸かる滝の美しさを描いて見せた。風景は自分の感性で見よ、と教えたのである。アルプスの谷間に理想郷を見、それまで悪魔の棲み家でしかなかった無機質なアルプスの風景に、新しい美の価値を与えたのである。

新しい時代の心は、自然の美を創り出した。その結果、人々とくにイギリス人はアルプスの美しい風景を見ようとスイスに押しよせ、アルプスブームからやがてアルピニズムが発生する。その意味でアルピニズムとは、ロマン主義文学から生まれたと言えるのである。

大島も「山上所感」のなかで次ように述べる。

……山々は尊大と恐怖の対象であった。されど今日現に山に登る身のものは、かの詩人らの感ぜし美《うるわ》しき心のあとを知ると共に、山々がわれらに与うる美の半面をも見出し能うのである。なぜならば、彼らは山々のかの尊大と恐怖をこえて、むしろ山々と親しむべき技にまで達しているが故に。

ロマン主義は、わが国では中江兆民によってルソーの思想が紹介され、自由民権運動として封建制からの、また北村透谷らの文芸運動としては人間の精神活動の解放が謳われた。秩序や規範を重んじる古典主義（クラシズム）にない、その人らしさや個人のもつ理想が尊重された。大島亮吉はロマン主義直系の登山家といえたが、小川もまた時代の思潮に敏感な学生であった証左となるのではなかろうか。

「自分はいつも朗らかな気持ちで、山へ出かけることはできない。時として鉛のように重い憂鬱をルックの上に加えて、さまよい出ることもある。そしてまた、時としては輝かしい山の思い出を胸に秘めながらも、都会へ向かって渋面をつくりながら帰ることもある」という一文が見える。これも大島の「山へ行け！　君がその憂鬱のすべてをばルックザックに入れて」のフレーズも思いおこさせてくれるのである。

このあとに続いて、深町や津野、赤星といった部員によって感想やら自分の事情やらが書き連ねられて、一九三〇年度のルーム日誌は終わっている。新しい年度へ向けて、それぞれが動揺したり後悔したり、山への思いをこもごも綴った。

小川は落ち着かないのか、今度は蔵王ヒュッテに向かった。

1931.3.22
春晴れや　さてもうららかな日和哉　というわけで汗をしぼられて夕方へばり着く。なつかしい小屋は、もっくりと雪布団を被っている。横っ腹に穴を開けられて。中からその穴をのぞくと星が綺麗に散らばっている。（小川）

三年の大学生活を終えて、またヒュッテを訪れた。今まで何回もヒュッテを訪れたが、来るたびに懐かしさは増すばかりだ。一週間の差で八木沢君に会えなかったのは残念だった。八木沢君を思うとすぐ去年の正月のことを思い出す。楽しかった正月！　初めてヒュッテを知り、スキーを知った思い出深い正月だった。当分研究室にいるつもりだから、山羊さんに会う機会もあるだろう。今日は小川、水井と三人だ。パーティも気分も実にいい。今度の登行で小川も仙台を去るのだ。今夜は綺麗に星が輝いてる。それにつけても小島弘一君は何処に眠ってることか。また思い出深い夢を結ぶ。小川は例によってコツコツやっていたがヒュッテンブッフのための棚を作った。いささか上手！（二二日夜　枡田定司）

一九三一年一月某日、東北帝大生の小島弘一が蔵王ヒュッテに宿泊した。翌朝、同宿の山岳部員が一緒に下山しようとしたが、遅れて一人で下りたいと言って別れたという。その日はまれに見る風雪の日で、案の定小島弘一は行方不明となった。警察、大学当局、山岳部員を含めて長期の捜索がなされたが成果はなかった。遺体は六月になって、地元の山菜採りによって地蔵滝付近で発見されたという。

蔵王ヒュッテより標高の高い上部に、二高の清渓小屋が誕生したのは一九三六年の九月である。したがってこのころの蔵王の宮城側に蔵王ヒュッテ以外に山小屋はなく、帝大山岳部員以外に二高生もよく利用していた。限られた登山者しか入らない時代ゆえ開放されていたようで、ヒュッテン・ブッフには「安田生命の二人」「仙台工高電気科」の名などが見える。天気がよい日は帝大生について登ったりして「スキーの応急修理を小川さんにして頂いた」などの書き込みもあり、出入り自由だったようである。これがあだとなって遭難事故が起きたりもし、のちには小屋の什器の盗難事件も現れるようになるのである。

蔵王ヒュッテ最後の日々に

三月二三日は、小川、枡田、水井の三名が蔵王越えをしてコーボルト・ヒュッテを往復した。コーボルト・ヒュッテは、一九二八年秋に竣工された旧制山形高等学校山岳部の山小屋である。安田生命の榎本、菅と名乗る二名も同行したが二人ともスキーを折ってしまったという。ちなみに旧制二高初の蔵王越えは一九三〇年である。

三月二四日

雪が降っているので帰ることにする。小川、枡田両氏が一緒なもので全くのんびり任せきってしまった。今度来るときから一人で動ける自信がついた。小川氏との最後の滑りだと思うと、時々センチメンタルになってしまうので困った。だからこっそり帰る。不忘に行きたいが、まだ呑気

になれないから断念した。春の山は空が高くていいな。（水井）

凄い風とともに俄然粉雪が訪れた。二月のような粉雪だ。小島弘一の遭難のときほどではないが、相当強い風だから峨々へ下る水井、菅、会田正君らを小川と二人で新道小屋まで送る。新滝沢の前後三、四町はかなり辛かったが、ヒュッテへの帰りはオリエンテーションが馬鹿に良く五十分弱だった。そしてモロに美味いズッペ（注：スープ）に舌鼓を打つ。二人水入らずなので非常に具合がよい。（枡田）

蔵王ヒュッテは、ついに小川と枡田の二人だけとなった。午後は時間があるので、二人して吹雪のなかを屏風岳方面へルート偵察行に出た。ヒュッテから南西へ進み、ちょっと深い金吹沢（現在の井戸沢）を渡った。上山《かみのやま》道と思われるあたりをたどり、途中から真南へ下って澄川に降りた。澄川の渓流は、スノーブリッジの下を思いのほか豊かに流れていた。

対岸に移ってシール歩行で進むうちに空がぱーっと明るくなり、杉ヶ峰や屏風岳が見えだした。澄川の右岸に広がる雪の大斜面が広がって、とても気持ちがよい。屏風岳から真北に延びてくる尾根は、タンネの雪坊主に彩られた大斜面であった。これでヒュッテから屏風までのルートは確保した。明日、天気がよければ不忘まで行ってみよう。小川はヒュッテンブッフに屏風までのルート図を描いておいた。

昼食が済むと、それからアルバイトを考える。一時二〇分、再びガサガサと小舎を出る。ぼうと時々陽が出るが相変わらずの吹雪。小舎から西南へ、これから屛風へ澄川を越して、いいルートを捜しにゆくのだ。金吹沢を少々上でからみ、だいたい夏路とおぼしき所を行く。一月の末に通っているので、吹雪いているけれど様子は知れている。いいかげん真っ直ぐ歩いていると澄川へぶつかる。急で木が込んでなかなかいい所ではないが、五〇メートルほどなので横滑りや何かで簡単に降りてしまう（感じが松尾鉱山での夜沼へ下る所に似ている）。澄川の岸辺は広くて悪くない。水は多量にあるが、雪橋は所々にある。時刻一時五五分。

直ちに屛風側をいくぶん右寄りに登る。この方側は木もすいているし、スロープもそんなに急ではない。まもなく上の平な所へ出た。刈田峠の方が明るくなって杉ヶ峰が現れる。同時に屛風の方がぱーっと晴れる。気持ちの良いことおびただしい。いい傾斜をなして、屛風まで広大な斜面が続いている。遠くからみるほどタンネが込んでいないから、ここを滑降したらいいと思った。時間二時二〇分。ちょっと休んで滑降、今度は左よりに下る。沢は狭いから、谷滑降には適さない。

なのに今日は粉雪に近く素晴らしく飛ぶ。澄川へ降りたときは二時三〇分。来たときに降りた所のすぐ下だった。すぐその上を登りだした。やっぱり急だけれど同様に短いから時間もかからない。ここは雪の少ないとき、そうとうブッシュがあるらしく思える。上に出るとやがて来たときのシュプールにぶつかり、二〇分にして小舎に帰着。時に三時。

まずウィスキーとパイナップルとミカンの汁とでカクテルをつくって乾杯。とにかく杉ヶ峰を回らず澄川へ降りて屛風へ行くルートは雪さえ相当あれば優秀なることを確かめ得た。殊に屛風からの帰路としては杉ヶ峰のウィンドクラストで悩まされるより、どんなに愉快な滑降ができるか

しれない。明日、天気だったら不忘をやるつもり。（小川）

今日のワックスは満点だった。スカレの上に medium を塗った。じゃんじゃん飛んでしかも登りも良く効き、アザラシなしで往復した。時間はかからなかったが、その割りに大きな愉快な登降だった。そして Kiss Cocktail の美味しさ。二人ともポーッとしちゃった。（枡田）

アザラシのシールを貼りつけずスキーワックスを塗っただけで登ったというのだから、二人の元気のよさのほどが伝わる。なぜそんなことをしたのか。じつは小川のアザラシ・シールが使用不能となっていた。前日に濡れたシールをストーブで無理に乾燥させようとしたあまり縮んでしまい、スキー板につけることができなかったのである。小屋に帰ってから縮んでしまったシールをゴシゴシ揉んで柔らかくしてようやく使えるようにし、「スルメになったシールは揉むに限ること、ちょっとご参考まで」と書きつけている。当時のシールは長さ五〇センチほどで、当て布を縫合しないでクリスターと呼ぶワックスで板に貼りつける簡単なものだった。

午前七時　小川、枡田は昨日のルートを南蔵王へ向かう。出発七時一〇分、風強く屛風に雪飛ぶ。澄川七時四〇分、シールを張って中ノ沢を登る。始めは悪いけれど、まもなく良い沢となって歩きいい。屛風に近くなるに従い、登りすぎてタンネの間をガタガタ歩く。相当南へからんだが歩きにくい。ここは下寄りに（杉ヶ峰寄りに）廻ったほうがいい。
北屛風九時一五分、東側が凄いハングをなして落ち込んでいる。南屛風へ行きかけて、馬の頭へ続く所で急に馬の頭方面へ下りることにする。摂食。

一〇時、アンザイレン、ピッケルで少しステップを切ってザッテル（注：鞍部）近くまで行ってイヤになって写真を撮って引き返す。屛風全体が素晴らしい。不忘は案外小さい。天気はすっかり良くなった。

北屛風一二時一〇分、そこから下廻りに滑って下る。木も混んでなくスロープもいいけれどクラストになっているので相当流される。面白い滑降だ。

澄川一二時四〇分。のんびりした気持ちで休む。いい谷だ。小鳥が啼いて春らしい。ヒュッテ一時二十分、ヒュッテン・カクテルで乾杯。とにかく時間のかからない、良いコースなる事を確かめました。（小川）

二五日、二人は昨日のルートをとって南蔵王へ向かった。風を避けて中ノ沢（現在の猿行沢《ししのぎょうさわ》）の凹部をシールスキーで歩いた。北屛風のピークとおぼしき頂稜に着いたのが九時一五分、ヒュッテから二時間ちょっとだった。尾根の形が非対象山稜のため東面に大きな雪庇が張り出し、それがオーバーハングとなって落ち込んでいるのが見えた。

ここでスキーをデポし、アンザイレンした二人は、雪庇の切れ目を探して壁を降りはじめた。ステップ・カッティングで下りはじめると、目のくらむような急斜面が広がった。真っ直ぐ下りるのがためらわれるほど急峻で、雪崩の懸念もなくはない。小川がピッケルを打ち落ろすたびに、堅い雪塊がザァザァと鋭い音を立てて虚空へ躍り込んでゆく。

一〇〇メートル以上も壁を降りると、水引入道ピークとの鞍部に近づいた。南に遠く不忘山が案外小さく見えたのは、壁が巨大だったためだろう。

一二時一〇分、必死に下った斜面を今度はもと来た尾根上へと登り返す。ピッケルで慎重に下りのステップを切り直しながら登った。屏風岳に着いてから、スキーを履いて今度は少し西側の斜面を絡むように滑り澄川方面へ。澄川の谷中に降りると風は嘘のように静かになり、小鳥のさえずりも聞こえてきた。もう春は近いのだ……。澄川の狭い谷を振り子のようにジグザグに滑り、対岸に渡っていくつかの小谷を越えれば、午後も早い一時二〇分にはヒュッテに着いてしまった。二人の足がそろっ

1931年3月25日、最後のヒュッテ生活時に南屏風岳方面へ足を伸ばした。水引入道との鞍部までいったん下り、ふたたび北屏風の壁を登り返す小川。見えているのは南屏風岳の雪壁（枡田のアルバム）

ていた賜《たまもの》だった。

二人は成功を祝し、昨日と同じ「Hutten Cocktail」をつくって乾杯するのだった。

今日は完全に成功した。愉快だったが張り切った。これでしばらく小舎ともお別れだ。さようなら Hutte よ。（枡田）

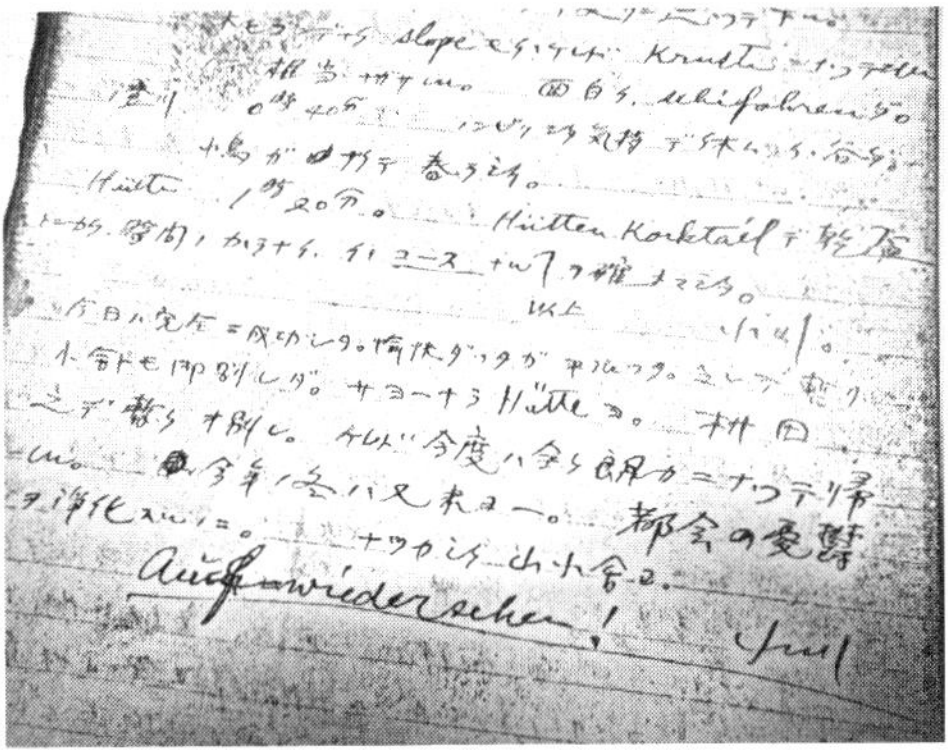

我らが山小屋に別れの辞（ヒュッテンブッフ）

これでしばらくお別れ。けれど今度はまったく朗らかになって帰れる。今年の冬はまた来よう。都会の憂鬱を浄化するのに。なつかしい小舎よ。Auf-wiedersehen!（注：また逢う日まで！）（小川）

二人だけの小屋で、東北の山の名残りを満喫したのである。

一九三一年三月二五日のこの山行で、実質小川の仙台時代の山は終わりを告げた。小川は三月いっぱいで法文学部心理学科を卒業、四月には東京帝大法科へ学士入学の運びとなった。学士入学とは学士号取得者を対象にした編入学制度で、学生生活を東京で継続することになったのである。

東北帝大での卒業論文は「近代に於ける夢に関する学説に就いて」と題するもので、いかにも小川らしい難解そうな研究課題であった。同期の卒業生には赤星、佐山、袖山、橋本、小川と一緒に東京高校から来た出淵もいた。

一方、田名部は二月に健康を損ねてから四月中旬まで入院していた。卒業は七月にずれ込んだものの、九月には仙台を離れていった。一九二七年の入学から四年超の在学は、田名部の人生に多くの豊かな糧を残してくれたようである。

枡田は大学院生として残ったが、一九三二年三月になって中退し仙台を去る。一九三二年は高木力、成瀬岩雄の卒業年度でもあり、仲間はすべて学窓を巣立ち、それぞれの人生を歩み出す年となった。

このあと深町富蔵も仙台を離れることになる。深町は金属表面技術（電気メッキ）の研究者である。一九二五年に卒業後、一時製糖会社に職を求めて台湾へ渡ったが、風土が性に合わなかった。一九三〇年の八月、やり残した学問を追求するとして仙台へもどり、金研の岩瀬研究室に入った。今度こそ研究ひと筋の決心でいたものの、福田にくどかれてまた山岳部の総務委員に引っぱり出されてしまった。結局、深町自身も山の魔力から逃れることができなかった人物といえよう。ふたたび山岳部に力を尽くすことになったこの時期から、「深町総裁」のニックネームを奉られるようになる。理由は推して知るべし、誰も口を出せない立場と、泥臭くスマートさに欠けた一徹な山行スタイルを押し通したところにあった。

深町は厳冬期の岩手山、蔵王の横川下り、松尾鉱山合宿、八幡平から十和田湖、八甲田山のスキー縦断行などを果たしている。一九三一年二月には秋田駒から高倉山への縦走をこなし、充実した山行を重ねてきた。そんな深町も一〇月末には日本電気の技師として入社が決まり、再度仙台を去ることになる。自由奔放に生きた深町にとっても年貢の納めどきで、一年ちょっとの仙台在住はいかにも短かった。

ジロさんも北海道の母校、小樽高商へ教諭として転出した。送別会は、田名部と同じ新河原町の「対橋楼」で催された。「対橋楼　春風亭」は元禄年間創業と伝え、広瀬川に懸かる広瀬橋の左岸、河原町にあった料亭である。橋を眺める立地にあったところから命名されたと言われるが、現在は片平丁に移っている。

ルーム日誌を覗くと深町の筆で「思い出はいくらでも出てくるが、今はただぼんやりしていたい」「一〇月一六日　秋晴れの良い天気だ。高木、深町二人してレコードを聴く」と、後ろ髪を引かれる強い思いがにじみ出ている。一〇月一八日には「荷造りしようとして本を片づけていると、山の写真が目に入る。と、またルームに来たくなった。独りでレコードを聴く」としみじみ別れの感傷に浸るのであった。クラシックのレコードであろうが、教室の一隅で音楽に耳を傾けている様子に、当時の若者の一面がうかがえる。わが道を行くスタイルで山をやりつづけてきた深町にとって、俸給生活への変化は深刻なほど辛かった。

九月一四日
馬場に引っ張り出されて天狗岩に出かけ、正面のバンドに取り付いた。物凄い勢いの安村に引かれてそのルートをやったが、相当なものだった。それだけに面白かった。登ろうと思ったエッジの下はオーバーハングのため、右のガレから入る。一二時よりY（安村）、B（馬場）、M（枡田）の順でIの松まで行く。逆層を四メートルほど登り、左に三メートルほどトラバースしエッジを左に廻り、難場を経てIなる松でわいわい言って休憩。それより順をM、B、Yにして登る。

岩がアンサウンド（脆い）で不愉快。適当なアンカーレッジなく、二一五メートルほどザイルを伸ばし、Ⅱなる松に行く。Bはもよおしたため苦戦す。Ⅲなるピークに二時一〇分に着く。三時より小川と下ったルートを下る。アプザイレン四回するまでに着く。途中そこを登っている二高の人に会う。その人らはゆっくりして、登ったところを下り七時半ころに終わったそうだ。

George

九月二〇日　晴

村橋と二人で鎌倉山へ出かける。前に田名部と行った右側のルートの復習。あの癪だったオーバーハングの所をやるのが目的だったが、村橋がんばりトップを譲らず。村橋のオーバーハングの少し右のオーバーハング・エッジを登る。上で昼寝をし、帰りに作並温泉に行って伸びる。誰か面白山をやらぬか。　George

九月二五日

深町様、東京より帰る。見合いではないそうだ。

一〇月二〇日（火）晴

午後二時一〇分の汽車で深町総裁を送る。部員大勢で。深町さんには去年の秋あたりから随分とわがままを通してきた自分であった。高校時代の反動で、大学に来てから全然人生観が一変した自分は、どうしても自分というものを通すに急であった。それに深町御大を送ってから、自分には一種の淋しさが薄暗く残されていた。ルームに芳醇な香気ただよう！　でかいブドウもある！　こんな時、ルームに現れない者は損するよ！（ツノ）

George は深町の消息を書いている。

深町総裁は東京で腐っている。ルームにいる時の十分の一の元気もない。あれでは今に死んでしまうかも知れぬ。雀を篭に入れて飼っているような気がする。俺が日本電気の社長なら、深町総裁を「送電線見廻り人」にしてやるんだがなぁ。ままならぬ浮き世である。

このあとも彦坂、福田、廣根、村橋、などのOB連はルームを頻繁に訪れて、蔵王ヒュッテのスキー合宿にも参加しているので、賑わいは相変わらず保たれていた。

第六話　闇に飛ぶキューエルスフロイド——東京帝大時代

小川と田名部それぞれの道、そして再会

小川は一九三一年三月、東北帝大の法文学部心理学科を卒業した。仙台に残って医学部の精神科を専攻したかったようだが、なんらかの事情で東京帝大の法科へと転じたのである。東大法学部と聞けば、今も昔もエリートの同義語である。公証人役場にいる父親から、社会に通用する実学に進むようにでも言われたかもしれない。

社会人になってからも趣味を続けられるような時代ではなかった。卒業したら即、俸給生活が待っている。小川もそのへんは充分承知していただろうし、学生時代を延ばすことが山に打ち込める唯一の道であった。山ではやりたいことがまだたくさんあった。

東大に入ってからは同期の清田清、国塩研二郎、田口一郎らと急速に親しくなった。そして安田講堂の右隣りにあった、バラック建て二階の山岳部ルームに入り浸るようになる。清田は「ルームでわれわれの雑談に加わったのが初対面だった」（『山と友』東大山の会五〇周年記念誌）と、そのときの模様を

「東大、図書館ニテ」。左から小川、出渕、赤星（小川のアルバム）

語る。人づき合いの苦手だった小川が、新天地では積極的に仲間の輪に加わろうと努める様子がうかがえる。

小川は、東京随一の繁華街として栄えてきた浅草の生まれである。生家は当時の地番で「浅草区馬道《うまみち》町二丁目」、現在では浅草一丁目となっている場所で、公会通りと新仲見世通りが交差する角に位置している。生家のあったところから新仲見世通りを東へ入って行くと、今話題のスカイツリーが狭い商店街の向こうに立ちふさがるように仰がれる場所だ。浅草寺の雷門からだとひと区画西の場所にあり、五月に行なわれる浅草神社の三社祭《さんじゃまつり》を毎年見て育った下町っ子なのである。赤門の筋向かいにあった不二家でコーヒーを飲み、仲間とうち解けるのにそう時間はかからなかった。

三年に進級すると当時流行した社交ダンスにも凝った。田名部との電話では、岩登りのバランシングにいいんだよと冗談交じりに語っていたという。

しかし二回ほど山行を共にした清田は、「小川君はわざわざ東大に再入学して山登りを続けただけあって、われわれとは一線を画しているようであった」と回顧する。山に対する高い理想を見据えるような目的意識に、気おされている口ぶりである。そんな清田も、一九三二年四月三日、天上沢を遡行して槍ヶ岳北鎌尾根の独標へ突き上げる東稜を登った強者である。これは独標の積雪期初登頂であり、立派な単独初登である。

登山史家の遠藤甲太のインタビューに応じた国塩は「ぼくらとは一線を画すようなところがあった。当時は二流の山とみなされていた谷川岳なんぞに通いつめていたし、孤高というか、一風変わっていたというか……」と証言する。仲間とはしゃいで青春を謳歌する若者を装いながら、一方で胸の奥に秘めた冷徹な意志を誰もが了解していた。

ところで小川がいなくなった東北帝大では、田名部が四月三〇日のルーム日誌に小川の行動の余波を記している。「小川が去っても、僕たちで岩登りという山の一面の登り方をもっと科学的に研究しようじゃありませんか。（中略）最近論じられているフリクション・クライミングとバランス・クライミングとの比較についてもまだまだ相当の研究が必要であると思う」と、山岳部のとるべき方向を確かめている。小川の巻きおこした岩志向は、東北帝大に大きな課題を残した。

また田名部はこれまで山岳部が対象としてきた岩場をリストアップし、可能性のあるルートについても熱心に言及している。当時、穂高や劔での初登攀はひととおりなし尽くされており、学生クライマーのあいだに新しい岩場探しがひそかに流行っていた。「毛虫さがし」と呼ばれ、五万分の一地形図をくまなく探しながら毛虫の這ったような岩記号を物色するのである。一九二九年七月の小川の大東岳行などは、まさしくこれにあたるものだった。

小川たちは東北帝大の西、仙台市内にほど近い八木山の竜ノ口《たつのくち》渓谷の岩場でも、アプザイレンや柔らかい岩質の上でのアイゼン歩行練習をしていた。記録に表れないまでもゲレンデを求めてそうとう活動していたことがうかがわれる。田名部はルーム日誌で、福島霊山《りょうぜん》の岩場や船形山塊の黒伏山の南壁についても、将来は正面壁に取りつくようにならねばならないと指摘している。

ほかに黒伏山近くの柴倉山、最上カゴ、仙台カゴの岩場にも言及した。これらは岩登りの対象としたら小規模すぎて今では問題にならないが、山頂に達するルートとしてとらえれば、当時の原生的な姿をもつ山を登るには面白いプランだったろう。

ルーム日誌に落書きされた作並の鎌倉山のスケッチ（筆致が小川に似るが筆者名なし）

東北帝大山岳部が開拓した鎌倉山（小川のアルバム）

吾妻山域で姥沢の岩場、仙台では作並街道沿いにそそり立つ鎌倉山の名を挙げている。鎌倉山は多くの岳人を育ててきた歴史的な山として定着し、今にいたるまで近郊のクライマーに親しまれるロックゲレンデとなっている。一九三五年のルーム日誌に「……ルームで鎌倉山のルートについて、小川さんルート、ムスコルート、上妻タンゲルート、モータンルートといろいろあるのでその位置につき話してみたが、結局それぞれ違っていて相手にピンと頷かせるように説明できなかった」とあり、小川たちが鎌倉山で本格的な岩登りを実践していたことがわかる。

東北大学史料館に残る山の会のアルバムに「abseilen des Herr Ogawa」のキャプションで、小川が懸垂下降をしている写真が残されている。岩場の様子から見ると、たしかに鎌倉山のピナクルと呼ばれるピークの北面である。背面下方に国道四八号線が写っており、登った経験のある者なら容易に判断できる。

また定義如来へ通じる一本道の入口にあたる天狗岩は、田名部によれば「小川、淵、Georgeが行った」としている。標高四七〇メートルの高柵山の西基部にある懸崖で、現在は大倉ダム（一九六一年竣工）の堰堤部左岸に露頭している。高差一〇〇メートルもあろうか、岩質は石英安山岩質の玄武岩である。ダムのできる前の旧道が、崖の下を通っていた。

田名部は岩登りの適地としてほかに泉ヶ岳の近くの蘭山、大東岳の南面と東面までも取り上げ、岩手網張の三角山《みかどやま》の岩壁もリストに入れている。三角山は雫石スキー場の高倉山から西に続く一四〇〇メートルほどのピークで、北面に一五〇メートルほどの火山性の露岩帯をもつ。当時の人たちの毛虫探しの様子を推測するうえで興味深い。地形図をよく読み、現地でも探していた証しであろう。

お隣りの旧制二高山岳部の岩登りの実態はどうだったのか。昭和三年九月、仙台の北にある七ツ森の撫倉《なでぐら》山で、部員六名が初の岩登り訓練をやっている。作並の鎌倉山では、一九三二年ころからクライミングを始めているようだ。三三年にも四人パーティが入っている。のちの一九三五年一月下旬に、蔵王の五色岳の岩場を中心に雪中キャンプ生活を送っている。

小川が残していってくれた「岩壁の美を求める心」は、自分に対し誠に強い印象を刻みつけている。岩壁登攀は驚くべき山の美の半面を自分に教示してくれた。小川と一緒に歩いた自分の乏しい岩登りの旅は、いつのまにか、かの青黒く輝く岩壁へと自分の心を駆り立てるようになってしまった。人の身体のまだ触れていない岩が東北にはたくさんあるだろう。きっと僕らの行くのを待っているに違いない。僕は、もっとまとまった山岳部の岩登りについての研究があって欲しいとつくづく思う。（田名部）

鎌倉山で懸垂下降する小川の姿（帝大アルバム、二条なる人物による撮影）

数ヵ月の闘病生活を送って、田名部は衰弱しきっていた。卒業も当分お預けだった。病窓から空を眺めて、山のことをどんなに考えたことだろう。そんな鬱々とした四月も二〇日になって、やっと退院のお許しが出た。そして退院一ヵ月そこそこの身で田名部がいちばん最初にめざしたのは、やはり鎌倉山の岩場であった。

田名部ら三人は、バスとタクシーを乗り継いで白沢まで行き、そこから鎌倉山のふもとへは歩いて行った。基部に近づくにつれて、岩の塊は威圧感をもってのしかかるように聳えてきた。岩の砦を睨み返しながら、田名部はこれを登って病を断ち切ろうと決意するのであった。

ルーム日誌に次のように書かれている。

昭和六（一九三一）年五月一八日　鎌倉山　田名部、安村、村橋

ジャンダルムのごとくそびえ立つ鎌倉山は良い山である。岩質もしっかりしていてホールドも多い。七〇メートルくらいのバットレスで、ピッチは六回くらいである。時間は登り四時間であるが、これはだいぶ緩く登ったからである。下りは二時間である。我々が行ったルートの最後はオーバーハングで、これを登るにピトン一本を用い、ショルダーで安村の頭を踏む。約三〇分を費やす。頂上まで行かなかった。途中のピークにケルンを積む。みな一度は行って見るべし。（田名部）

ケルンを積んだ途中のピークとはマッテルまたはP1、現在ピナクルと呼ばれる、山頂の下に突出して見える岩峰と推定できる。とすると田名部らは現在アケビのバンドと呼ばれる正面のルートを登っているようである。アケビのバンドにはたしかに「ピトン一本を用い、ショルダーで安村の頭を踏んだ」とする記述に一致するオーバーハングのピッチがある。

田名部はトリコニーとムガー、村橋はクリンカーとムガー、安村はクリンカーにベルニナを打った鋲靴だった。「自分たちの登ったルートは、ほとんど下から見ると不可能であるように見えた」と、そこを登りきった田名部の、自信を取りもどした書きぶりが見える。白沢からタクシーに乗ると夜のドライブとなってしまった。田名部は心の底から嬉しくなりオータンネバウムが口をついて出るのだった。

田名部は五月末にも、鎌倉山へクライミングに出かけている。メンバーはほかに枡田、二条、江原、安村であった。帝大では小川が去ったため、クライミングは田名部や枡田がリーダーとなって活動している様子がうかがえる。

六月上旬、霊山で実施された新人歓迎のクライミングは、三パーティに分かれた。リーダーは田名部、馬場、高木力《つとむ》がそれぞれ担当した。小川とともに谷川岳の国境稜線に飛び出したときに新人だった高木は、それほど活躍したような記録は見えないが、岩の分野で立派に成長したところを見せている。

七月九日、田名部の工学士卒業祝賀会が、新河原町の「対橋楼」で催された。田名部は晴れて卒業、放免となった。ところがただちに就職するどころか、小川の呼びかけに応じて谷川岳に残していたルートの登攀に出かける。今度のメンバーには、現役のなかで最も信頼のおける枡田にも声がかかった。ちょうど一年前、一ノ倉沢の正面壁を登ったとき、あの素晴らしい谷川岳の岩壁が手もつけられずにいたことが不可解だった。東京を中心にあまた数ある優れた山岳会や岳人たちは、いったい何をしていたのかと思うほど、素晴らしい岩との出会いがあった。登攀の印象は、あまりにも深く脳裡に刻みつけられた。岩壁をまとって傲然と聳える山に挑戦する恐怖、苦しみそして手中にした快感。彼らにとって新しい登山人生を目覚めさせてくれるに足る、それは渇望だった。そして次は一ノ倉沢のひとつ上流の凄いと聞いていた谷、幽ノ沢に狙いを定めたのである。

谷川岳・幽ノ沢左俣第二ルンゼ初登攀（幽ノ沢全体の初登）
一九三一年七月　小川登喜男・田名部繁・枡田定司

二一日　雨　それぞれの地に散らばった小川、田名部、枡田の三人は、谷川岳幽ノ沢山行で再会する。幽ノ沢は、大島亮吉がこの右俣へ入ったものの、途中で引き返さざるをえなかったいわく付きの谷だ。したがって詳細はまったく未知であった。

水上《みなかみ》駅から湯檜曾まで乗合自動車で飛ばした。去年は同じ道を重荷に押しつぶされながら、汗だくで歩いたことを思い出す。

電気機関車の牽引する建設用列車に乗った。この無蓋車は、トンネル内の煤煙を防ぐため珍しく蒸気機関車を使っていなかった。トンネルに入ると冷え冷えとした空気に包まれ、天井からさかんに水滴が落ちてきた。軌道はループを描いて上昇、切れ目に出ると今度は叩きつけるような雨が三人のレインコートを襲った。

土合《どあい》の駅舎から外に出てみたものの、雨脚は弱まるばかりか激しさを増している。やむなく、橋を渡ったところに見つけた工夫長屋に逃げ込む。きわめて粗末な長屋だが、今日はここで足止めだ。キスリングをほどき薄暗い部屋に落ち着いて、湯檜曾川のふくれあがる流れをぼんやり眺めながらパイプをふかす。行き場を失なった紫煙が、低い天井を這った。

田名部は、夕方から妙に身体のあちこちが痒くなってきた。近くにいた賄《まかな》いのおばさんに聞いてみた。「南京虫でしょ」と薄笑いしながら言う。そのあっさりした物言いに、とんだところに来たと思った。

二二日、まだ雨が続いている。ちょっと起き上がって雨を確認すれば、もうけっして起きない。惰眠を貪るにかぎるのだ。枡田は朝早くからガタガタと飯を作って、小川に怒られていた。一一時過ぎ小やみになったため、マチガ沢の検分に出ようとなった。

サブザックに少しの装備を突っ込み、マチガ沢をめざした。残雪を踏むところまで登ってみたが、しつこい霧が岩壁の裾まで垂れ込めてルートなどわかる状況ではない。

「晴れないかなぁ……」

サアッとやってくる雨に追われるように少し下り、サワグルミの大木を見つけて休憩した。

小屋にもどり夕食の時刻になると、虫の攻撃を受けた田名部の身体はますます腫れあがった。イライラはとうとう「チクショー、おれはもう湯檜曾に帰る！」という悲鳴に変わった。気持ちの優しい枡田は、気の毒がって田名部の不機嫌を懸命になだめてくれた。ところが寝る段になって、その枡田も南京虫にやられたらしい。

「オレもやられた！」

「ハッハ、そうだろ」

とたんに田名部の機嫌が直った。そんな二人のやりとりを聞いて、小川はなぜか嬉しそうだった。

二三日は雲行きが早く、空に青いものが見えてきた。いよいよ出発だ。三人してキスリングに重荷を分担、首を伸ばしてあえぐように歩いた。湯檜曾川と幽ノ沢の出合から十分ほど登った先の河原に天幕を張る。

左のガリーに、二ヵ所ほど雪渓が詰まっている。正面には巨大な滝が真っ白に落ち、両岸は切り落とされたような一枚岩。三人は夕食を終えたあと、双眼鏡で観察しながら、取りつけそうな岩壁を物色した。

携行品は、メインザイル三〇メートルに補助ザイル三〇メートルをそれぞれ一本ずつ、ピトンは三本しかない。ほかに水筒一個、シュリンゲ一本、ハンマー一本、ピッケル一本、ロウソク一本。ザックは二人分。食糧は、各自握り飯一食分とパン二食分を用意した。

今回も、どこかでビヴァークすることになるだろう。着替えのシャツを一枚ずつ持つ。靴は三人ともナーゲルシュー（鋲靴）で、小川はクリンカーとトリコニーそしてベルニナを打ったやつ。田名部はクリンカーにトリコニー、枡田はクリンカーにムガーと、いずれもドイツ製ナーゲルシューであった。

当時は靴底が皮を張り重ねたもので、摩耗しやすく滑りやすかった。摩耗の保護策とすべり止めとして、登山者は鋲の特徴を見きわめながら自分好みの鋲打法に意を尽くした。縁に打つクリンカーは縦走に向いており、トリコニーは前縁に打って岩登り用とされた。ムガーは靴底の中央部に打った。鋲は打ち直しをするうちに穴が大きくなって抜けやすくなり、底を張り直さなければならなくなる。また穴から水が浸みてくる。もともと岩登りには不向きと言えたが、なぜか権威があって、鋲靴を鳴らすのが一流登山家のシンボルとなっていた。一九五〇年ころから合成ゴムが開発され、こうした鋲靴は少しずつ姿を消してゆく。

二四日は天幕を六時出発。ゴーロをしばらく歩いていくと両岸が立ってくる。二メートルほどの滝は左側の藪を巻いて越える。一枚岩を音高く落ちる二〇メートルの二つ目の滝も、左側の岩と藪のあいだをからんで上へ抜ける。

右に急折する手前に大きな滝壺が連続し、そこは右岸の草付きの一枚岩をトラバースした。五メートルの滝は、右側の直立した岩を登って越える。午前七時二〇分、二俣。

左俣には二ヵ所に相当大きな雪渓が見えていた。二つの雪渓をつないで登り、できるだけ岩が露出したところを登りたい。八時二五分、第一の雪渓に降り立った。ここで小川（O）、枡田（M）、田名部（T）のオーダーでアンザイレンする。

雪渓を登りきって九時、岩に取りつく。オーダーは枡田、田名部、小川に替える。岩は、雪崩に磨かれた特有のすべすべしたスラブである。大きなクラックを利用して、みなバランスよく登ってゆく。一〇時、目的の第一ルンゼ着。今度はO、T、Mのオーダーで、小さい滝の連続を登る。

幽ノ沢の岩壁を登る小川（帝大アルバム）

約二〇メートル登ってからルンゼを出て、右側をからむがそうとう急峻である。上方はオーバーハングとなっていた。ハングの直下まで、右から左へ約一〇メートルのちょっとやっかいなトラバースとなった。この悪場をどう越えるか。のしかかるチョックストーンは手に負えないように思われた。

Ｍ、Ｔ、Ｏのオーダーでいったん戻ることにする。田名部は立ったまま、肩から斜め掛けでザイルを脇に通し肩がらみの確保体勢をとった。まず枡田が降りる。ゆっくり下りはじめた枡田が右手で草付きを探っているとき、突然岩にへばりついた格好のまま姿を消した！　次の瞬間、田名部の左肩にぐんとショックがきた。足を踏ん張ったが、田名部は左頰をしたたか岩に打ちつける。枡田が田名部の脇の下から伸びたザイルに、直接ぶら下がってしまったのだ。二メートルほどザイルを下ろして枡田がしっかりした足場に立ってひと安心。無事を確認したところ、枡田は苦笑で応えたものの顔面蒼白であった。

今度はＯ、Ｔ、Ｍのオーダーで、ルンゼの左側に出て登る。一二時一五分、大きな洞窟を発見する。二俣から黒々と見えたものだ。イワツバメの巣が多く、シュー、シューと警戒音を立てながら三人の頭上をかすめて飛びまわった。

一二時半、今度はひとつ左、第二ルンゼに取りつく。取りついてみると、垂直のワイドクラックとチムニーの連続であった。雪解け水も相当量流れていた。チムニーの左は少し外に開いているが、ホールドがほとんどない。

右壁はオーバーハングで、内側に幅一メートルほど抉れ込んでいる。そこを三メートルばかり登ると、幅五〇センチくらいに狭くなった。小川は身体をねじ込んで一メートルほど登った。さらに広くなったクラックを、右壁を背にして足と膝で突っ張りながらよどみなく登っていった。このチムニーは全長一〇メートルほどにわたったが、背中がオーバーハングとなっているために、あとに続く二人は極度に腕力を使わされた。

それにしても小川の身体は柔らかい。なにかの岩登り教書に「風や岩角に触れて脱げるような帽子は避けねばならぬ」とあった。しかし小川が登っているあいだ、中折れ帽の鍔が岩に触ることがなかった。

上にまた一〇メートルほどのチムニーが続いた。これもバック・アンド・フットで登る。午後一時を回ったころに登りきり、チョックストーンの上に立ってひと息入れる。チョコレートをつまんだけれど、天気がよいというのに三人ともまったく濡れ鼠でサマにならない。それが愉快で、思わず歌が口を突いて出た。湯檜曾川が岩で区切られた窓から見下ろされ、光っていた。

幽ノ沢を登るトップの枡田と田名部（枡田のアルバム）

「海水浴でもあるまいし、この濡れ方ったら！」

「途中で顔を洗えばよかったぜ」

三〇分ほど幸福を味わったあと、行動再開。第三のチムニーも一〇メートルと見積もったものの、これもそうとう悪そうだ。ちゃんとした岩棚《レッジ》もなく、プロテクション（確保用の支点）がとれそうにない。下向きに突き出したチョックストーンの右側に半身を押し込み、岩を抱くようにして左にまわって登りきった。うっかりすると途中ではじき出されそうな登りだった。上にまたチムニーが続いているので、驚いてしまう。こんなにも続くとは思ってもみなかった。

壁の中に、一条の草付きガリーが続いた。これがチムニーよりも始末が悪かった。小川は登りつめてみたが、上は完全なオーバーハングで、手の下しようもない。下にいる者がチムニーから出て、右のもっと足場のしっかりした場所にトラバースすることにする。小川が上で確保して田名部がトラバースしたが、小川には満足なアンカーレッジ（確保用の岩棚）がない。草付きの小さなでっぱりに立っているだけだ。もしこのままスリップしたら、もろとも壁から引きはがされてしまうだろう。この恐怖のトラバースは、難場のひとつであった。

慎重に横切りながら五メートルほど登ると、やや大きな岩の突起がある。田名部が突起にまたがって上を探ったが、上体を岩から離すことができず、ホールドも探せない。そこへ小川がやってきて、田名部のショルダーを借りながら上の草付きに軽々と登っていった。なんて奴なんだ……。

午後五時五分、時間を節約するためザイルを解いて一時間ほど藪を漕ぐ。と、また岩場となったため再度びアンザイレンして登る。

昨年の七月、一ノ倉沢での経験があるので不時露営に三人はさして驚かなかった。今夜は岩場に眠る覚悟ができている。午後七時一〇分、沢との中間リッジに達し、ちょっとしたテラスでザイルを解いた。気がつくと、濡れたザイルは鎖のように硬く身体を締めつけていた。

猛々しく降ってくる雨のなか、岩場に腰を下ろしたまますずくまった。三人ともいつもそうするように、一本のローソクを雨から守りながら囲んだ。しばらくじっとして、山が繰り広げる雨の饗宴にまかせていた。

七月二五日晴、夜明け寸前に眠ったようだ。かなり寒い。だが目を覚ませばためらいは許されない。藪の中から出て、濡れて堅くなったザイルを腰に結んだ。凍える手でふたたび登りはじめる。五時半、岩場を登りきるとまた草付きとなり、薄くなった霧が果てしなく上部へ続く斜面を見せてくれた。手を離せる場所を見つけ、立ったまま貧しい朝食を摂った。ザイルを解いてなおも笹藪をこぎ登る。

午前七時五〇分、前方に遮るものがなくなった。一ノ倉岳の絶頂だった。

同時に暗く沈んでいた山に薄日が射し、夏の朝がようやく力を取り戻しはじめた。こわばった筋肉を解きほぐすように、さしかかった草原に腰を下ろした。耳二つ（双耳峰の呼称）の稜線に吹きつける霧の動きを目で追いながら、しばしぼんやりする。黒々とした岩峰が、スクリーンに映されるように身を翻して眼前に現れてくるのが面白かった。

田名部は二人が休んでいる様子を写真に撮った。小川と枡田、くつろいだ構図が『登高行』にあった「British hill weather」の銅版画とそっくりで、田名部はカメラを構えながら苦笑した。父親からもらった小川の中折れ帽に、無数の微細な水滴が光った。そうするうちに、霧がまた巻き上がって三人を閉じ込めた。

プロムナードとなった道をゆっくり歩いた。蓬峠から天幕に戻り着いたのは午後二時。温泉に浸かるために天幕をそのままにして出たが、また途中で雷鳴と土砂降りに追われながら歩くはめになった。

この登攀で小川らは一本もピトンを使用しなかったが、現在でも通常Ⅳ（4級）、Aゼロ程度の技術を要するルートとされている。

幽ノ沢を登りつめた稜線でケルンを積んだ（枡田のアルバム）

谷川岳・幽ノ沢右俣・右俣リンネ初登攀
一九三一年七月二七日
小川登喜男・田名部繁・枡田定司

二七日は、幽ノ沢の右俣へ入った。鋲靴ではナメ床によく滑った苦い経験から、今日は用意してきたコハゼ足袋を履いて出かける。おかげで午前七時半には二俣に着いてしまった。九時一〇分、リンネ下の滝に着く。ここから先は急峻な岩登りの領域となるため、穴の空いた足袋をやめて鋲靴に履き替える。

リンネ（岩溝）の右は直立した壁だ。ロープを付けて左壁を慎重に登る。やがて逆層の胸壁が見えてきた。スレート屋根を立てたように光っている。これを右へ、四〇メートルほどトラバースして避け、リンネに入った。

リンネには多量の水が流れていたが、そ

のぶん岩はしっかりしてきた。行き当たった滝は、左側にある胸壁寄りの壁を登り、上部で右上へとトラバースして滝の上に出た。さらに上には幅のあるかぶった滝が、両岸直立した深い釜をえぐって落ちている。滝の上には近づけず、あきらめて左手を直上する。下方に目をやると、いつのまにかはるか遠くまで見通せるほど高い所まで来たのを実感する。目先の手がかり、足がかりばかりに気をとられているが、実際は高く聳え立つ壁のなかでの作業であった。

小さな手がかりをつかんで一歩上がったものの、そこから先はみな下向きの岩でホールドにならない。まったくの逆層になってしまった。田名部ではどうにもならず、小川がトップに立った。だが四メートルほど登ったところで、さすがの小川もピタリと止まってしまった。スリップしたら引きずり落とされ、みなで虚空を舞う。神経のすり切れるような緊張感が支配する。

手を出しては何回となくためらっていた小川が、動きはじめた。そして次の瞬間、安堵の声が上がった。どうやらしっかりした手がかりをつかんだのだ。ピトンを打つリスは探せなかったが、ここは少なくても二、三本は欲しかった。

この場面を回想して、田名部は自分の山日記に「逆層でしかも手がかりの小さい時は、身体を岩面から離して完全なバランシングをやらねばならぬ」と書いている。田名部自身の体験も含め、小川の登り方を注視してこそ生まれた実感であり、この時点で近代登攀技術の要諦に達したと言える。

登り終えた小川は、さすがに憔悴しきったような顔つきを見せたという。ピッチの困難度がうかがわれる登攀であった。そのあとも厳しい登攀が続けられ、午後五時前、一八八〇メートル付近と思われる小さなピークに立つ。

夕闇が近づき、今日も山中で一夜を過ごすことになりそうだ。一行は着の身着のままで山に寝ることに味を占めていたから、むしろそれを喜んだ。初めての山懐に眠ることを許された、幸福な男となるのだ。とくに今回はどこも濡れていない。乏しい食事を摂ったあとパイプをふかし、星を眺めて冗談を言い合ったり歌ったり、若い仲間の会話は尽きることがなかった。ひとしきりしゃべったあと、耿々たる満月の岩陰で子犬のように身を寄せ合い、山の眠りをむさぼるのだった。

このルートは、現在でもⅣ（4級）、A1程度の登攀内容を有するピッチを含むといわれている。小川たちのこの初登攀行で、ピトン使用の形跡がないことにあらためて驚かされる。

遠藤甲太（登山史家）は、登山家として早くから小川の足跡を追っていた一人である。遠藤は自分の評価の信憑性を担保するために小川が登ったほとんどのルートをリードで登り、つねに「小川さんならどう登ったのだろう」と当時を検証する態度で臨んでいたと話す。そして、小川たちの一ノ倉三ルンゼを含む一連の登攀行為を評して「日本登山史上、技術レベルが一段アップされた」と言い、「三級から四級にクライミングが移行したとき、肉体や意識の上でかなりの飛躍、抵抗があったのではないか」と考察している。実証した者だけが語れる評価であろう。

谷川岳・マチガ沢・オキの耳東南稜初登攀　一九三一年七月二九日

小川登喜男・田名部繁・枡田定司

幽ノ沢をやり終えた疲れと満足感が、朝寝のご褒美をもたらした。土合の天幕を出たのは、午前七時となっていた。そのうえ、貴重な好天だから一ノ倉の写真を撮りにいこうとなった。なんだかんだでマチガ沢出合を出発したのは、八時を過ぎていた。行き暮れれば途中でまた寝ればいい。

四〇分ほど遡ると、雪渓から突き出すように露岩帯がひしめいているところに出た。そこから一時間で、先日雨のなかを遊びに来た所へ出た。ガスに遮られていないため奥行きと広がりがあって、まるで別世界である。

最初の二〇メートル滝に突き当たった。ここはロープを結んで右手の壁を登った。大きな本谷のなか、岩を縫いながらまたしばらく行く。まもなく下から見えていた雪渓に出た。耳二つへ向かって雪渓を登る。雪渓の上端には滝が光り、クレバスを丸くえぐるように大量の水を落としていた。広い台地状の緩斜面を過ぎ、なおも本谷を追ってゆくとそこは滝の連続で、いちいち面倒なので右岸通しに登る。一ノ倉や幽ノ沢にくらべると明るい朗らかな気分を与えてくれる谷だった。

やがてオキの耳（北ノ耳）の東南壁が傲然と立ちはだかる地点に出た。圧倒的な胸壁は、まるで小川たちの遊び心を誘うかのようにそそり立っていた。気持ちが高ぶった三人は休みもせず登攀を開始する。

正面からやや左寄りの凹角に取りつく。五メートル上がり、さらに五メートル右へトラバース、さらに右上しようとしたが、かぶり気味の一枚岩のため少し下ってから弱点を選んでそのまま直上、右へと戻った。赤黒くしっかりした岩質は、浮いているところが少なく信頼できて気持ちがよかった。しかし斜度が極端に強くなると浮き石が出はじめ、足場も少なくなった。苦闘した一ノ倉最上部の悪場を思いおこさせた。

一〇〇メートルほど登りつめると広い台地に出、そこから先は尾根状となりナイフエッジやギャップを越えてオキの耳の上に立った。午後四時半であった。

休まずトマの耳（南ノ耳）まで縦走、夕映えの空のもと西黒沢の急な踏み跡へと躍り込んだ。途中からヘッドランプを点けるようになり、土合の幕営地へと帰り着いたときは午後八時をまわっていた。

現在、東南稜自体は高距八〇メートル、グレードはⅣとされている。谷川岳の登攀を、帰仙した枡田はルーム日誌で次のように報告した。

八月一日
谷川岳の岩は物凄かった。小川、田名部がガッチリしてるので、予想外に多くのアルバイトが出来た。幽ノ沢の登攀は右俣も左俣もやっつけた。そちらも途中で一夜を明かしてしまった。マチガ沢を遡り、谷川岳北ノ耳の素晴らしい東壁を最後に攀り、夜道を下って一一時湯檜曾に着いたときは、全く思い残すことがなかった。最初の三日は雨に悩まされたが、最後の日には、それを補ってあまりあるような上天気に恵まれた。いい写真ができればいいと思っている。久しぶりに仙台に現れて、白地の着流しで伸びるのも悪くはない。こんなに暑いとまた山に入りたい。今度は飯豊だ。田名部も四日までには帰るだろう。明日から一泊の予定で蔵王小舎に行きたいと思っている。　枡田

激しい山から帰ると意気のいい着流しスタイルを楽しむ枡田は理想的な都市生活者のスタイルを体現していたかのようだ。小川にも蚊絣の着流しを楽しむ写真が残っており、当時の学生はたしかにおしゃれだった。

しかし谷川行の火照りもさめやらぬうちに、枡田と田名部は津野や村橋とともに八月七日から一〇日間にわたって、今度は飯豊連峰の実川《さねがわ》遡行に入る計画を立てた。疲れ知らずの行動力である。

オキの耳東南壁。トップの小川と田名部（枡田のアルバム）

田名部は山日記のなかで「飯豊の実川上流はまだ人が入っていないらしい。この秘められた神秘の境地は、我々の登高欲を誘うのに充分であった」と意気込んでいた。飯豊連峰の巨大で未知の山塊に入るために、地理に詳しい地元の猟師・猪股運蔵を雇って臨んだ。ところが現実は厳しく、ほとんど谷底を遡行することができなかった。

この年の飯豊は例年になく残雪が豊富で、水量が多かった。沢底通しに行くのは不可能であった。谷底に降りては急流に追い返され、重荷を背負っての高巻きをくり返した。藪の中を高巻きでつなぎながら上流へ進むありさまだった。

やっと谷に降りたものの、今度は夕立がやってきて見るまに濁流が膨れ上がる。そんななか、イワナ釣りが入っていたのには驚かされた。猟師というものはすごいものだ。彼と一緒に天幕を張って美味い飯にありつく。一尺五寸のイワナが串に刺されて火にあぶられているのには一再ならず驚かされた。

最後は目的の牛首沢をつめ、大きな洞穴を見つけて泊まった。「夕べは味噌汁を飲んだきりであった。今朝もまた、ココア一杯でただちに出発」、腹を空かしてフラフラになって暗くなるまで歩いた。雨に濡れた重荷が恨めしかった。そして牛首山へと達し、大日岳、飯豊本山を縦走、小玉川温泉に下った。

本山から下るとき、出会った登山者から山高の連中が桧山沢と大又沢の遡行に成功したことを聞いた。二高は何をしてるんだ、実川上流に早く入んなきゃ。田名部のライバル心は燃えたがどうしようもなかった。

今回は田名部にとっては力を尽くした山行だったが、小川のことを思い出すにつけ彼ならばこのような山行をきっと好まない、もっと鋭い登高でないと気に召さなかっただろうと思った。

この紀行は二高山岳会会報二号（一九三二年六月）に発表された。

穂高岳・屛風岩第二ルンゼ初登攀　一九三一年八月一四日・一五日

小川登喜男（一九三四年卒）・桑田英次（一九三〇年卒）・三輪武五郎（一九三一年卒）

小川は数年前から狙っていた屛風岩を、東京帝大スキー山岳部の部員どうしで登ることにした。夏季休暇を有効に使えるいいチャンスであったし、なにより先輩桑田英次が同行してくれる。桑田と同じ八高出身の三輪武五郎も加わった。

上高地から横尾大橋を渡り、横尾谷をめざして水平路を歩いていく。道幅が狭まって針葉樹林のなかを歩くようになると、谷のほうから涼しい風が渡ってきた。河原へ出て横尾の岩小屋跡を過ぎれば、南側に屛風岩の北壁が左頭上に大きく仰がれる。屛風岩は前穂高から北東へ伸びる尾根の末端岩壁だが、岩質がまったく違うようなスラブである。

ここに初めて足跡を印したのは慶応山岳部で、一九二四年七月八日のことであった。青木勝、大賀道昺《どうへい》、佐藤久一郎の三名は、このとき二ルンゼのF３（三番目の滝）まで登って初登を果たした。当時の装備と技術では正面の一枚岩は対象外であり、左右に刻まれるルンゼが登路として選ばれたのである。山行は同じ年の一二月発行の『登高行』五号に報告された。青木は「逆層の岩には充分に重心のバランスを得るために身体をできるだけ岩から離さなければならない」と述べ、これも実践者としていち早く近代クライミングの基本にたどり着いている。

屛風岩はその後、慶応の登攀記録が唯一の文献だった状況が続き、やっと小川らの登攀を迎えるのである。

小川は慶応が登った四年後にあたる一九二八年、東北帝大山岳部に入って最初の合宿時に屛風岩の正面ルンゼ（ルンゼⅡ）を偵察している。ルーム日誌では登攀の具体的な可能性に言及している。翌二九年にも登るつもりで入山したが、金沢医大の単独行者による遭難があり登攀意欲を失って中止した。

今回のメンバー桑田英次は一九〇三年の生まれ、冬の上高地も慶応や早大、学習院と前後して入った当時のトップクライマーである。名古屋の名門八高山岳部創立メンバーの一人であり「物静かな、人の心に沁み通るような、全く頑固で、辛抱強い」（西脇親雄『山と友』東大山の会五〇周年記念号）男であった。

桑田は八高時代の一九二九年四月初旬、岩登りの不得手だった加藤文太郎（一九〇五年〜一九三六年）を率いて奥穂に登っている。加藤の遺著『單獨行』には「四月一日、奥穂の岩場の一寸した所が登れなかったので、唐澤岳へ登って見る。（中略）四月二日、桑田氏が奥穂へ登ると云ふので連れて行ってもらふ。奥穂の岩場で一寸参ったが、同氏の切ったステップを辿ってやっと登った」というくだりがある。

三人は涸沢の橋を渡って対岸を登りつめ、岩壁の基部へ。見上げる壁いっぱいが朝の斜光線に輝いていた。一枚岩の下でロープをつなぐ。オーダーは言うまでもなく小川、三輪、桑田の順である。靴のエッジが利用できない、角の取れた逆層壁を登り左へからみ、ルンゼへと入る。涸沢から望見した滝状は、取りつきからオーバーハングとなっていた。小川は正面の登攀を三〇分ほど試みたがピトンがまったく打ち込めず、あきらめて左壁をからむ。

滝の上は二メートルほどのチムニーとなって、チョックストーンが挟まっていた。濡れて苔がついた裏側を登って上に出る。磨かれたチムニーをバックアンドフットで登ったが、逆層で手がかりがまったくなく太ももの筋力を使う苦しい登りであった。次も両の手足を使って煙突登り、ハングした上部は左へ一時逃れ、またチムニーにもどった。最後のチムニーは軽いハングになっているので、そこはハンマーで小さな足場を作ってショルダーで乗っ越した。ハングの上から尾根まで登りつづけ、クライミングを終了した。露営地は屛風頭の第一、二峰間の鞍部であった。

三人はクリンカーを打った鋲靴で通したが、平滑なスラブにはピトンがまったく打てないため、やむなく何ヵ所か鏨《たがね》で第一関節がかかるだけの手がかりを作って登らざるをえなかった。慶応パーティが登ったルートからさらに上をつないで完登したことになる。

穂高岳・屛風岩第一ルンゼ初登攀　一九三一年八月二一日
小川登喜男・小川猛男（早稲田大学スキー山岳部）・熊沢誠義

小川は早大にいる弟の猛男《たけお》を誘って第一ルンゼを狙った。ドーム状に突き立つ中央壁の左手、S字状に食い込むルンゼである。中央壁、東壁ともにハング状のスラブであり、人工登攀のなかった当時としては登攀対象ではなかった。

猛男も兄の影響を受けて早稲田大学スキー山岳部に入り、実力をつけてきていた。もう一人の熊沢は小川の後輩で東京高校出身、一九二八年七月に二人で小槍に登った経験のある実力派の男だ。

小川、弟猛男、熊沢の順でロープを結び、正面胸壁から取りつく。一枚岩のため鋲靴はザックに入れ、コハゼ足袋を履いて登った。ひと月ほど前に登った谷川幽ノ沢での学習成果である。

指のやっと入る程度のクラックを、フィンガージャムで左寄りに登る。上部は磨かれて切り立った一枚岩だった。狭いルンゼを三〇メートルも登ると、一時傾斜が落ちた。上部はまた両岸が迫って、二〇メートルほどのチムニーとなった。やや外へ向かって開いた滑らかな壁は、途中まではクラックを利用、上部に至って開いた凹角はバック・アンド・フットで登った。

しかし上もまた狭まって斜度も強く、非常に手こずる登りがあった。上部はハングした岩で遮られていたため、右に逃げて頭上に入るクラックに指を突っ込み、指の摩擦を使って登った。このクラックは右に傾いているうえに、左手が直立した一枚岩、右手もつるつるの一枚岩となっていて非常に困難であった。ピトンを打たずにしのいだが、『山岳』(二六年第三号) に書かれた小川の報告には、

……このルンゼ中で私の最も手こずった所となる。十米もそのままルンゼの狭い割目の中を行くと、上がオーバーハングの岩で妨げられているので右に出て、すぐ上の裂け目に手懸りを求めながら登ったが、この裂け目は右に傾いている上に、左が直立した平たい岩で、右がつるつるの一枚岩である為に非常にバランスが取りにくかった。再びこれを試みる時はそこにピトンを打たなければと思う。

と述べられている。

この上はまたチムニーを登り、しばらく狭いルンゼを登ってゆけば、困難な下部が終了する。次の

ピッチは全体に容易で、ルンゼ通しに連続登攀。最後のルンゼは、左にトラバースして隣のルンゼとの境の胸壁をクラック利用で登った。胸壁も手がかりが少なく、かなり緊張を要するピッチであった。ルンゼの入口から九時間の登攀で、ついに尾根の上に立った。ビヴァーク地と決めたところは屏風の頭の先のコルで、静かな一夜を過ごすには格好の窪地であった。

当時としては最高度の技術（Ⅴ～Ⅵ）を要するルートを、小川がリードしている。ピトンは持参しているはずだが使っていない。現代のフリークライミングに匹敵する、先進的な登山であった。

これら一連の山行は、日本山岳会の会報『山岳』（二六年第三号）に掲載された。「雑録」扱いだったのは、当時の日本山岳会の方向性からやや外れた新機軸の山行であったからかもしれない。純粋なクライミングという、当時の概念にはない登山であり収めるべき位置が不確かだった。また、日本山岳会は名士会的な組織であり、長老主義で組織的な登山を尊ぶ傾向があった。小川はまだ二三歳の若造であり、しかも東北の小さな所帯の山岳部出身であった。それに小川が頭角を現した谷川岳は、当時正統なアルピニズムの舞台である穂高や劔にくらべて標高が低く二流の山に見られていた。

そうは言いながら記録の話題性は充分に認識されたとみえて、小川は一九三一年九月に松方三郎、槇有恒、浦松佐美太郎ら日本山岳会トップの紹介者を得て迎え入れられる。会員番号一三二八番であった。

田名部の谷川岳一ノ倉沢彷徨　一九三一年一〇月一七日～一八日

東京荻窪に暮らすようになった田名部は、小川、枡田らと連絡を取り合っては山に入っていた。ところがうまく連絡がとれず、手違いが生じる事件があった。

田名部は叔父と二人で、珍しく日比谷へボクシングの試合を見にいった。一七日の朝帰宅してみると、枡田からの電報と小川からの手紙が来ている。谷川岳の滝沢に登ろうという誘いであった。街なんかで遊んでいる場合ではない。田名部はあわてた。準備もそこそこに午後の列車で上野を発った。

湯檜曾には夕方七時すぎに到着した。田名部は休まず一ノ倉沢出合までヘッドランプの光を頼りに歩いていった。出合に着いてさかんにエールをかけた。がしかし、暗黒の谷からは何の応答もなかった。しかたなくそのまま谷沿いに奥へ歩いていった。どんどん進み、夜の九時になっても痕跡に出会うことができない。チクショー！　落胆と疲れが重なり、木陰を見つけてシュラフをかぶってふて寝した。

翌朝、なおも奥へ進むと岩壁は紅葉に彩られていた。明るさが一段と増してきた。円形劇場の中央部に、昨年登ったオメガ・ルンゼ（三ルンゼ）が陰影をつくって現れた。見上げる滝沢上部は薄い雪に覆われ、スラブが逆光に光っていた。

新しい焚き火の跡があった。近くに二つのメインザックを発見した。ここにいたんだ。奴らは、今ごろきっと壁のどこかで奮闘しているのか。口惜しい。滝沢を見上げても人影はなく、しんとして何も語らなかった。白く乾いた一枚岩に横になって目をつぶれば、秋の陽はさんさんと田名部の身に染み入るのであった。

少し休んでから諦めて下りにかかった。湯檜曾川の河原に降りて、ひとりわびしく飯を作って食べた。しかし満足にのどを通らない。初めからめざした単独行と、山に来て友に会えないのとは、ぜんぜん気合いが違う。裏切られたような気持ちと嫉妬心がないまぜになって、無性に酒をあおりたくなった。でも酒なんてない。どこにいる、いまごろ何をしているんだ、そんな思いを堂々めぐりさせながら悄然として一ノ倉を背にしたのだった。

谷川岳・一ノ倉沢四ルンゼ初登攀　一九三一年一〇月一八日
小川登喜男・桑田英次

田名部があとで聞いたところでは一八日、小川は同じ東京帝大の桑田英次と二人で入ったとのことだった。当初は滝沢を狙って入ったのだが、下部大滝のオーバーハングは手が付けられないと判断、あっさりと本谷の四ルンゼに転進した。

二人は出合からノーザイルで、本谷ルンゼの入口までスラブ帯を登った。そのあたりからザイルを結びあい、忠実にルンゼをつめた。上部でオーバーハングに出会い、左から取りついて右へ、一枚岩との接触部分を登って越えた。浸食されて深く切れ込んだ二〇メートルほどの巨大なカミーン（割れ目）はまさしく滝であり、両岸ともに一枚岩でなすすべもなく思われた。小川は右壁を背にして八メートルほど、膝と足を交互に突っ張ってせり上がったところで、岩の膨らみに背中がつかえて少し行き悩んだ。やがて右壁に足を突っ張って一段上に上がると、上はまたチョックストーンで行きづまる。ピトンを一本打ち込んで自己確保をし、思いきって左壁へ移ったあと、正面を向いて左足を大きく突っ張りながら上へ抜け出た。ここが四ルンゼの核心部であった。

上にはさらに滝が続いて、雨に濡れた岩は滑りやすく手ごわい登りを強いられた。午後五時半を過ぎてしまったので、狭い岩棚にくっつき合って腰を下ろした。たがいにザイルで確保し、ビヴァークの態勢に入った。ツェルトザックを引きかぶり、膝を抱いていつしか眠りに入った。二人には何の心配もなかった。寒さに震える露営こそ、山とひとつになれる素晴らしい時間だと悟っていたからである。

翌日は一ヵ所ザックの吊り上げ箇所があったものの、まもなくザイルを解いて稜線にたどり着く。この山行は、四ルンゼをダイレクトに抜けた初登攀となった。『日本登山大系』ではグレードⅣで、ルンゼとしては一ノ倉沢で最長とされる。

じつは小川たちより一日早く、青山学院の小島隼太郎、大倉寛、井上文雄の三人パーティが同じ四ルンゼに入っていた。しかしこのパーティは四ルンゼのF4（大滝）に突き当たったため、滝を右から巻きながら尾根上に上がった。そしてそのままリッジをつめて一ノ倉尾根に出ている。小島らの登攀は、この意味で四ルンゼと五ルンゼ中間稜の初登となろう。一ノ倉の頂上ではすっかり暗くなり、近くでたまたま幕営していた慶大のテントに泊めてもらったという。

桑田も前年の一九三〇年九月に単独で一ノ倉沢に挑んで敗退している。小川に劣らず桑田も一ノ倉の岩壁に執心していた。しかしながら逆層の岩に手を焼き「甚だ不甲斐なき次第だったが、余りに岩のタチが悪くて、小生の素直な性には合わぬ」と東大の部報に書き残していたのである。

滝沢下部について

小川と桑田が登ろうとした滝沢の下部は、約八〇メートルの大滝を懸けて本谷へ合流している。周囲全体は、一目見ただけで取りつく気持ちすら抱かせないオーバーハングである。ここを初めて抜けて上部のY字川原に降り立ったパーティは、北ア・常念山麓烏川のガイド浅川勇夫（当時二八歳）と華族出身の平田恭助（同二三歳。慶応の登山同好会モルゲン・ロート・クラブ）のパーティであった。八年後の一九三九年九月のことである。彼らは双眼鏡で遠望しながら冷静にルートの偵察をした。そうして本谷スラブを登りつめてオーバーハングの圏外となる、左岸へ大きく離れたガリーに目をつけた。そこを登りつめてから左へ、外傾した草付きバンドをつないで左上しながら大滝の頭に立ったのである。ルートは現在、弱点を上手に縫った古典的名ルートとされている。

　それにしても猟師や土地付きのガイドがいなかった谷川岳で、北アルプスのガイドを連れてきて登った平田パーティはきわめて異例であろう。

　先導した浅川は根っからのガイド育ちで、穂高近辺では指折りのガイドとして鳴らしていた。浅川の生家である植木職らしく足ごしらえは地下足袋で登ったようだが、初見で登攀ルートを見つけた眼力にただならない才能を感じる。この三ヵ月後、恐怖に打ち勝ちながら第二登を果たした東京登歩渓流《とほける》会の杉本光作も、感無量のあまり「涙がボロボロでてきて、どうすることもできなかった」と『私の山　谷川岳』（中央公論社、一九八一年）に書いている。

　平田は一年後、『山小屋』（六月号第一〇一号、朋文堂、一九四〇年）に「あるガイドの生い立ち」として浅川勇夫の生い立ちを親しい筆致で寄稿している。そしてその直後、初めてリーダーとして挑戦した五月の一ノ倉沢第五ルンゼで墜死した。

　さて、当時小川らのとっていた登り方からすれば、滝沢を登るとすれば正面突破しか念頭になく、人工的手段のなかった時代においては考えがおよばなかったのだろう。桑田英次は『山と渓谷』誌（一二三号、一九三二年五月）に、このときの感想を次のように書いている。「左手に物凄い逆層を以て切り落とされた滝沢の取りつきは全く手が出ない。右から草の生えた急な尾根を絡んでリンネに入る登路を考えて見たが、あまり面白くもなさそうだ」と観察しているのである。二人とも滝沢の弱点を見ぬきながら、岩の露出部に固執するあまりあっさり放棄していたと見てよいであろう。小川が雑誌『ケルン』に「ツイタテ岩登攀」を書いたさい、「岩登りとしては好ましくないことだが、思ったより灌木がついていていやな急傾斜の藪登りを強いられた」と書いた印象と一致している。

またこの山行が桑田によって『山と溪谷』誌に寄稿された例を見るように、このあたりから山岳雑誌に谷川岳の記録が見られるようになり、登山の情報化と大衆化が大きなうねりとなった。とくに谷川岳は、このあと学生エリートから社会人山岳会へとバトンが渡される。慶大やそれに対抗した早大などの学校山岳部から、町の山岳会である登歩溪流会など多くの社会人山岳会を迎えるようになる。

谷川岳・一ノ倉沢第三ルンゼ登攀　一九三一年秋
小川登喜男・小川猛男

小川は実弟猛男と、前年七月に初登を果たした岩場を、翌三一年に再登したと考えられる。これは猛男のご子息、小川正良氏の所蔵になる写真の裏に「一九三一年秋、谷川岳出合にて。谷川岳一ノ倉第三ルンゼ登攀後」と、猛男の筆跡で書かれていることから推察される。小川兄弟が土合の工事人夫詰所の前で写っている写真で、小川兄弟なら実行しかねない山行である。弟にも登らせてみたかったのであろう。

しかし小川が同じルートを登る例はめずらしい。小川の山は、つねに一回性を帯びていた。その

1931年秋、土合。左が弟猛男、右が登喜男（小川猛男氏のご令息小川正良氏提供）

ように見えるのである。登山人生が短かかったからそう思えるのかもしれないが、先を急ぐかのように下見、偵察、事前の研究なし初見で突き進む登り方だった。事後の記録にもいっさい執着せず、ために事跡を残さなかった。新しい地平を見たいがために、一回登った山は興味を失ってしまうかのようで、失敗してもあとを引かなかった。

さて、一〇月二三日のルーム日誌に枡田の書き込みが見える。

昨日の朝、一人で大東岳へ出かけた。白沢からの道は大道ではあるが、いかにも秋らしくときおり襲う時雨も決して悪くはなかった。ゆっくり歩いたが、本小屋に着いたのが午後一時半だったのでそのまま登り、頂上には三時四五分に着いた。霧で眺望はきかなかったが、尾根の上の路はじつに美しかった。一人旅の秋はたまらない。昨夜は野尻に泊まり、正午仙台に帰った。蔵王がわずかに白い。(Geo.)

今夜上京し、（一九三一年）一一月一日から小川兄弟、田名部、東大桑田と一ノ倉へ入る。衝立岩をやろうと思う。山への準備はうれしいものである。安、馬場、木下、山口等は蔵王へ出かけるそうだ。山へ皆が出かけるのは如何にもいいものだ。(Geo.)

なにごとにも肯定的な枡田らしい書きぶりが好ましい。白沢から歩き出し、大東岳を登山口から二時間一五分で頂上に立っている。現在のガイドブックでは、少なくても三時間半は休憩含まずにかかるコースである。さりげなく書かれているが、枡田はそうとう足が速く、ただ者ではなかった根拠となろう。

小川の行動も矢継ぎ早であった。何が彼を急かせているのか、まったく休むことを知らない性急とも思える計画であった。今度も一ノ倉沢に入る計画を、荻窪にいる田名部と仙台の枡田に連絡をしてきた。晩秋に移って日も極端に短く、根雪でもやってきそうな季節であった。

谷川岳・一ノ倉沢コップ状岩壁右岩壁・右岩稜付近初登攀　一九三一年一〇月三一日～一一月一日
小川登喜男・田名部繁・枡田定司・小川猛男・山口正夫・内田桂一郎

一〇月三〇日、小川からの連絡で田名部は急ぎ上野に向かう。前回は自分のミスで同行できずすっかり腐っていたが、本谷登攀に成功した話を聞かされて闘志が燃えあがった。

メンバーは枡田のほかに早大生である小川弟、東京高校の後輩にあたる山口と内田がついてきた。

初めて会う二人は東大スキー山岳部在籍中で、山口はハンサムでバカに大きい男である。エイトを漕ぐが山は初心者らしい。内田は華奢で色白な坊やといったふうだ。ロイド眼鏡をかけてよくしゃべり、まず小川の嫌いそうな男である。なんでこんなやつらと登るのかと田名部は内心腹が立ったが、二人とも小川の可愛い後輩というのだから仕方がない。接してみると、意外に人のよいしっかりした丈夫《ますらお》であった。

三一日は一ノ倉の岩屋をゆっくり出発した。空は抜けるように青い。登ってゆくにつれ、衝立沢と幽ノ沢とのあいだの岩稜には、三本のルンゼが入っているのが確認された。略奪点に達し、今日はいちばん左の未踏と思われるルンゼを登ることにした。

田名部は枡田・山口と組み、小川は弟の猛男、内田と組んだ。雪崩に磨かれたスラブを快調に登ってゆく。スラブはやがて急峻になり、右手上方へ突き上げてゆくルンゼとなっていた。ラストの内田がクラックの登りで一五分もへばりつき、ガリガリと音を立てて苦しんでいた。上では小川兄弟が立ち並び、無表情でボディ確保をやっていた。

しばらく登ると左は衝立岩から続く一〇〇メートルほどの壁、正面は一本の深い垂直のチムニーとなる。上はオーバーハングとなっていて、人はまるでコップの内面を這い上がる蟻である。田名部はこれを「コップの内面」と称したが、これが初見の用語であろう。

次にとるルートを思案しているうちに、事件が起こった。

「やられたぁ！」

田名部のパイプが、木琴を叩くような音で落ちてゆく。ほかの五人の眼はパイプを追って音が聞こえなくなったとたん、笑いがはじけた。これで岩場のムードは軽くなった。

やがてピトンとハンマーを持って、小川が立ち上がった。軽々とトラバースしてゆく。ザイルは次々と延ばされ、二〇メートルほどの地点にある一枚岩の下に行き着く。そこでしばしへばりつく。左手のホールドがない。ここでさかんにハンマーを振るってピトンを打ち込もうとしたが、硬い岩面はいたずらに冴えた音を響かせるのみであった。

失速するかと思われた小川は、ピトンをあきらめると左手をつるつるの壁に当て、じりっじりっとトラバースしてゆく。よく見ると、つま先だけで垂壁を移動しているのだ。岩壁を舞うとはこんなさまを指すのか……。小川は作法どおりブリム（鍔）の前部を下げて後部を高くして被っていたから、スマートな登りでないと高級なラビットファーフェルトのソフト帽は、虚空へ飛んでいったろう。

やがて狭い草付きの棚に登りついた。この棚から恐ろしいことにいったん斜め右方向に下り、垂直の岩を登って岩稜に出た。すっぱりと切れ落ちて、周囲が一〇〇メートルほども直立している岩壁である。後に続く者にとっては、失敗の許されない身の毛もよだつトラバースであった。

田名部のあと枡田がトラバース、山口、内田、猛男の順で登りつき岩稜に立った。山口が三メートルほど落ちたが、枡田が辛くもくい止めた。この岩場はザイルが二〇メートルも延び、本来はピトンが三本は欲しいピッチだった。二〇メートルもノーピンで落ちたら、落下距離は倍の四〇メートルになる。

リッジ（岩稜）はやがて一〇〇メートルほどの壁に吸収され、七〇度ほどの壁となった。六人で登りきるのに二時間はたっぷりかかるだろう。上は黒い岩がオーバーハングをなして、かぶっている。

夕闇とガスのなかを、いったん足場のよいところに下ることにする。ホールドが乏しいところは泥の中に手を突っ込んですがるが、指が凍りそうに冷たい。かろうじて笹の生えたアンカーレッジにみな並んで立ちつくしたものの、どうしようもなくぼんやりしてしまう。笹の下は虚空でなにも見えない。

「こんなところでオカンか？」

「仕方ねぇさ」

小川はだいぶ不機嫌であった。オカンとは天幕なし、着の身着のままの露営である。口には出さない男だが、お荷物が足を引っ張っていることはたしかで、だいいち人数が多すぎる。

予備の衣類を身につけて腰を下ろした。岩は濡れているし足場は滑るし、お世辞にもけっこうとは言えない。四人がツェルトをかぶり、田名部と山口は軍隊テントをかぶった。月明かりのなかを霧がしきりに飛んで、夢のような眺めを見せた。

一一月一日。夜明け前、誰かの声で外を見ると雲海が見えた。小川が遠くへ向かって、例のごとく「アヴェ・マリア」を歌っている。奴の機嫌もだいぶ直ったらしい。

冷たい泥に手を突っ込んで登ると、すぐに感覚がなくなった。小川一人がトップで登り、ロープを引いていった。いつのまにか雪が出てきた。岩と藪が交互に出てくる壁を、どこまでも登る。雲ひとつない空の下、なおも登りつづけてついに一ノ倉尾根上の五ルンゼの頭に着いた。

突然、小川が号令を発した。我慢の糸が切れたのだ。小川弟をリーダーとして山口、内田と一緒に一ノ倉岳を経て西黒沢を下れ、との命令である。こういうときの決断は早い。小川兄はルートを細かく教えてから「そんなところで迷ったらお前、山をやめろ」「つれぇなぁ」と小川弟。弟の成長ぶりを確信していた。

三人の後ろ姿を見送った小川、田名部、枡田は、五ルンゼの頭から一ノ倉尾根をさらに下りつづけ、新雪の詰まったγ（ガンマ）ルンゼに入った。下方が見えなくなるほど切れ落ちたところは、アプザイレンでどんどん下ってゆく。何度かそうやって下るうち、壁の途中でザイルが引っかかった。どうしても手繰れなくなった。完全ロックしてしまったらしい。ザイルは小川が桑田英次から借りてきたものである。三人顔を見合わせて、値段が頭をよぎる。「三円くらいするだろう」「そうとう優秀なんだな」などと話し合っているうちに、仕方ないと思ったか借りてきた小川が登り返していった。ごそごそやっていたが、まもなくザイルが動いた。そのあとスルスルと降りてきて、ひと息大きく吐いた。

やがて岩場は階段状になって下りやすくなった。ルンゼに入って初めて水にありつき、硬くなったパンをかじった。藪の中を三人は熊のように走った。ことに枡田は早かった。ついに一ノ倉沢本流に出て、根城にした岩小屋にたどり着いた。川原で星を見ながら、オジヤを作ってむさぼり食った。

夜九時ごろになってから小川は一人で懐中電灯を下げ隣のマチガ沢へ、東京高校の天幕へ行くと言って降りていった。やっぱり猛男たちが心配なのだ。

田名部と枡田は翌日、マチガ沢出合へ下った。東高の天幕を見つけしばらく休んでいると、猛男ら三人が小川につきそわれるようにしてもどってきた。山口が鼻血を出していて、もう一泊西黒沢でビヴァークしたとのことだった。初心者が初めて二晩の野宿とは、気の毒な話だった。

みんなで湯檜曾へ下ることにする。すると小川兄弟は一ノ倉沢へ向かうため残留するという。なんて兄弟だ！　あきれ果てて付き合っていられないと思った。

小川兄弟はそのあと一一月三日、現在コップ状岩壁の右岩稜と呼ばれるルートを登ったようだ。ルートは、ブッシュと草付きが多くて今ではトレースする人が稀になったという。要するに「育たぬルート」だったらしい。さらにこのあと、小川は東高の後輩小山、村瀬、竹島などを率いてマチガ沢を登ったという記録が、東高校友会の記録に見える。
コップ状岩壁右岩壁の山行は、田名部繁によって一ノ倉衝立沢αルンゼ登攀のタイトルで『山と渓谷』（一九三二年五月号）に書かれた。

一一月九日（月）
谷川岳の衝立沢が延びて、今朝ようやく仙台の土を踏んだ。衝立沢も相当なものだったが、いずれにしても草地が所々にあるのが残念だ。秋の岩場は夏よりも汚いが、上部は新雪に被われていて、岩の感じが実に冷めたかった。東京高校を今年出たのが二人来てブレーキだったので、ずいぶん時間がかかった。小川の弟は兄に劣らず素晴らしいバランスがあり、良い素質がある。一ノ倉の少し下でブレーキ二人を小川弟に任せて、小川、田名部と三人で幽ノ沢との間の尾根を下り、幽ノ沢に下って夕方岩穴に帰ったが、正味二日間のアルバイトは相当だった。他のパーティはまた途中で一夜を明かしたそうだ。
谷川には一〇月三一日〜一一月四日で、大部分は鎌倉に過ごした。山も良いが鎌倉も良い。二日ほど小川や東大の桑田や三輪と山の話ばかりしてた。それにしても、つまらぬものはdanceとcafeである。もういずれもやめる決心である。山が何よりも良い。　a.m. 10.（George）

一九三一年一二月末から三二年一月にかけて小川、田名部は厳冬の穂高に入り、二つの初登攀記録をつくった。

西穂高間ノ岳登攀　一九三一年暮～三二年

小川登喜男・田名部繁

一九三一年の暮れから正月にかけて、小川と田名部は二人で穂高を登ろうと連絡し合った。打ち合わせどおり、田名部はクリスマスの一二月二五日、新宿発午後四時すぎの松本行きに乗った。やきもきしながら待っていたが、小川はとうとう乗ってこなかった。走り出した列車に田名部は一人。それでも酒を飲みながら、いい気分で寝てしまった。松本に着くと、「ヒトキシャノリオクレル　オガワ」の電報を受け取る。駅前で飯を食いながら小川を待った。雪がちらほら舞ってきた。

駅で無事小川と合流し、島々までバスで行った。そこからは車で沢渡《さわんど》まで行き、坂巻温泉に入った。坂巻から釜トンネルを通りぬけると、とたんに雪が多くなる。まだ時間があるので大正池で滑って遊んだりしながら、穂高の全容を仰ぎつつ河童橋のある五千尺に入った。積雪はまだ一メートルくらいだろうか。

二八日は、午前二時に五千尺を発った。石が出ていてまだスキーが使えない岳沢の登りを、天狗沢入口まで登った。湿った雪の降りがおさまらず、こう一気に降ると雪崩が怖い。今日はいったん下ることにした。そうするうち今度は雨がどんどん降り出す。どうなってるんだ？　田名部は腹が立ってきた。

一二月二九日は風が出て、雪が盛大に吹き荒れて沈殿をきめこむ。低気圧が去って冬型の気圧配置に変わったらしい。午後、温泉につかりに行くと、留守番夫婦が柴栗を出してくれた。

三〇日、午前二時に目を覚ましたが、まだ吹雪いてそうなのでふて寝してしまう。ところが九時近くになって好天に気づき、あわてて五千尺を出発した。奥穂へ登るにはすでに時間が足りないので、間ノ岳へ向かう。岳沢を行き、天狗沢のひとつ手前に入る間ノ沢を登った。沢の雪は安定せず、雪崩の危険区域そのものだった。だいぶ登ってから左手、間ノ岳のリッジに取りつく。尾根をアイゼンで登りつめるが、難しいところが一ヵ所あった。上部はやや広い岩場となっていて、間ノ岳直下の肩に到達したことを知る。夕暮れ間近になっていた。足慣らしであるし、ビヴァークの用意もしていないので下ることにする。下りは用心のためザイルで結び合った。

まもなく太陽が落ちると、たくさんの星が主役へと踊り出た。風もなく「こんな晩ならビヴァークはラクだったろうに」「用意してくればよかったなぁ」などと話しながら下山の途に就く。上高地の五千尺に着いたのは、午後八時半になっていた。

田名部は自分の山日記に、食糧以外の全装備を書き残している。興味深いので紹介してみよう。

ザック大小二つ　スキー一式およびストック一式　スキー靴　ピッケル一本　クランポン（アイゼン）　シールスキン　ワックス（ゾーム赤・ミックス・ブラトリー）　馬油　靴紐　雪眼鏡および近眼鏡予備　磁石一個　地図　水筒　懐中電灯　コップ　スプーン　時計　手拭い　ハンカチーフ　紙　山手帳　鉛筆　紐　写真機（プレート一打・パンクロプレート一打）　針金と糸　羽毛シュラーフ　歯磨き　楊枝　薬品（包帯・ガーゼ・ヨーチン・カスカラ・胃散・アスピリン）　マドロスパイプ　安全カミソリ　服装：スキー服上下　ハンティングおよびスキー帽二つ　手袋三つ　靴下三足　毛製シャツ上下二枚ずつ　ヒツジ毛革チョッキ　セーター

以上が田名部が用意した当時の装備で、現在からみるとかなり簡素な内容だったことが判る。彼らはこのような装備で厳冬期の穂高を登っていたのである。

奥穂高岳南稜　積雪期第二登　一九三一年一二月三一日

小川登喜男・田名部繁

一九三一年の大晦日は、岳沢の奥に王者のごとくそびえ立つ奥穂高の頂に立つと決めた。岳沢は露出した岩石のあいだを縫ってゆく。今日は雪が締まっていて歩きやすい。それにしても、もう少し降れば東からも西側からも雪崩が来るだろう。

どん詰まりの滝まで来たとき、東京帝大の国塩パーティと思われる五台のスキーデポを見つける。話に聞いていたが、彼らは昨日中に奥穂のピークを獲ったにちがいない。

凍った岩場は足場がしっかりしていて困難なところはない。国塩パーティのビヴァーク跡を通過、奥穂と前穂間の尾根に出た。東側は大きな雪庇になっていて、近づくと即崩落の危険性があった。奥穂から南に延びてくるこの尾根は、急峻なハイマツ帯の上に積もった雪で登りにくい。左のクーロアール（岩溝）に逃げたがここも雪が深かった。四五度はあり、いまにも雪崩れてきそうだった。

クーロアールの上端は大滝となっていて、雪崩による紡錘形のデブリがある。右の急なルンゼからはたえず表層雪崩が落ち、大きな一発が来ればぜんぶ埋まってしまうだろう。

大滝付近を越えるのは危険であった。やむなく右側の急な尾根に取りついて登る。ガスが濃く雪質もぐずぐずしてきて、小川のステップ・カッティングで落とされたチリ雪崩が、暗い上方からたえず流れてくる。胸まで埋まる雪を何度も両手で払いのけてから一歩を勝ちとる。

奥穂頂上に達したとき、国塩パーティのトレースが先の穂高小舎方面に伸びているのを確認した。

雲海の上に飛び出し、前穂のピークまで行きたい誘惑に駆られた。すぐさま下山にかかった。雪崩に神経を使いながら、ルンゼを横断し岩稜に達する。これを大きく巻いて下りつづけ、スキーデポを見つけた。

五千尺にもどったのが、午後八時四〇分となっていた。この山行は国塩パーティに次ぐ奥穂南稜第二登となったが、ワンディであるところに特色が見られる。

ところで積雪期の奥穂頂上に初めて登ったのは慶応山岳部で、一九二四年三月三一日のことである。隊員八名に八人用テント二張りを用意、トナカイの寝袋が各自に一つずつ用意された。三人の人夫も使った重厚長大の登山であった。翌二五年三月になると対抗意識を燃やした早大の舟田三郎、安田利喜之助の二名が徳本峠から一九時間で奥穂を往復する登山をやってのける。

ノンデポ・ノンサポート、ベースを出たあと一気に登って帰還する。小川たちの登山もその六、七年後で、アルパインスタイルの登り方になっていることがわかる。宿泊も上高地の五千尺の宿をベースにして装備の軽量化を徹底、迅速化を図って登攀に重点を置くようになった。包囲法という考え方から抜け出し、積極的なビヴァーク手法による登り方を、小川はすでに東北の船形連峰や吾妻連峰で実践していた。慶応が冬の穂高の意識を変えてくれたとはいえ、一〇年も経たないうちに次の時代を切り開く合理的な登り方へと進化している点が注目される。

小川が卒業した東京高校では、編集委員に串田孫一が入った一九三三年一月、ガリ版刷りで『東京高校山岳部部報』が創刊されている。その巻頭に、二六歳の小川は先輩として「BIWAK」という短文を寄せ、ビヴァークの効用を静かに語っている。

ビヴァークには二種類あって、ひとつは予期しない不時露営（フォースト・ビヴァーク）、もうひとつは予定された簡易露営（フォーカスト・ビヴァーク）である。小川にとって簡素な装備で山に眠ることは、大地の鼓動を感じながら眠ることであり、山とひとつになれる最良の方法であった。小川の登山哲学に重要な位置を占めると思われるので、ここに全文を採録しておこう。

BIWAK

ずっと以前、漂泊的な山旅を好んでよくした頃から、私は充分な用具なしにぢかに山の中に眠ることを喜んだ。もちろんその山は大菩薩嶺の如きであり、天幕は持たないがシュラーフザックで寝たのであるから何でもないことなのではあるが、唯独りの山旅に夜の闇を秘めた暗い木枝越しに星を仰ぎつつ、山のしじまに呼吸している自己を意識するとき、何かしら心の底から湧き上がってくる喜びを感ぜずにはいられなかった。

その後余儀なく、幾度か樹陰にあるいは岩陰に眠った。岩手の東に孤立する早池峰山では、半日の薮漕ぎに疲れ切った身体を香ばしい栂の葉を敷いた柔らかいクッションの上に、静かに照る月を眺めつつ寝入った。私はその快い一夜を忘れることができない。四月の奥会津の山旅では、雪の中に二晩の露営を余儀なくされた。未だ登山者の訪れたことのなかった会津朝日の頂きを踏んだ歓びに包まれ、遠く霞の上に浮かぶ飯豊山の夕陽に照り輝く雄大な雪嶺を眺めつつ、風を避けて掘った雪の穴の中にひしひしと迫る寒気に、暮れてゆく早春の山稜の静けさを深く味わったのも思い出深い。そしてまた、荘厳なその大きな山容に惹かれて飯豊に登ったとき、再びその山頂でツェルトザックに一夜を明かしたが、固く凍てついた岩間に灰色の曙光を待ちわびて過ごした夜の思い出も忘れがたい。さらに二月の厳しい吹雪の日、仙台から近い泉ヶ岳の裏側で冬のビヴァークを試みたことも、自分にとっては貴い経験だった。微睡のあいまに積もる雪の重みを感じては、身近に風のうなりを聞きながら荒れ狂う吹雪を案ずる気持ちはまた、格別の思い出である。

近くしばしば試みた比較的厄介な登攀では、ビヴァークはいつものこととなって、もう物珍しいとも思われない、しかしながらその一つ一つにやっぱり夫々異なった深い回想が残っている。穂高の屏風岩でのアルバイトを終えて、前穂北尾根との鞍部に過ごした二夜は、常念の上の蒼白い巻積雲の中に光る電光と、なつかしい穂高小屋の灯、前穂の上に冴える月影、そして涸沢のカールを取り囲んで薔薇色に明け放たれてゆく美しい山稜などによって、はっきりと自分の心に浮かび上がってくる。また谷川岳で過ごした幾夜には、岩場での強い印象と切り落とされた岩壁に刻まれた深いリンネの暗さや、怪奇な岩峰を朧ろに描き出すネーベル（注：霧）・ファンタジーなどが絡み合って、陰鬱な谷川らしい岩場の夜の幻想が心の中ににじみ出てくる。

私はこれらビヴァークの思い出を愛する。そのビヴァークがその時においてはどんなに苦しく厭わしいものに思われたにせよ、回想として想起するときには、それらは快いもののみである。こんな獣のような稀な有様で直かに山懐に抱かれて過ごした夜には、普段知らなかった山の心がひたひたと自分の心の中に溶け込んで来るようにさえ感ずる。そしてそんなにも深く素朴的に山というものを、夜というものを感ずることは他にないだろうと思われる。文明の中にひそむ原始の心、人間の野生というものが、こんな場合に覚醒するとでも言うのだろうか。文化の中に生きる自分にとって知り得ない深い心は、山の夜の静寂の中に浸ることによってその相貌を現し、太古の芳香を快げに呼吸するのだろうか。

私はビヴァークの暗い夜の回想の中に強い親しみをもって、快い山の幻想をはっきりと思い浮かべるのである。このような夜の思い出にその山行はいっそう深められ、昼のアルバイトさえも、それによりくっきりと浮き彫りにせられてくるように感ずることが多い。

ビヴァーク……その中に情趣として、幻想としての山行のひとつの変わった思い出深い体験のあることを、私は述べた。けれど上の如き主観的な回想と言うこと以外に、なおそれが登山に対して持つ意味について言わなければならない。それはビヴァークということが、登山者が山に親しみ、山になれさせるのに良い役目をする、ということなのである。

都会に生活する私たちには山は最初フレムド（注：馴染みがないもの）である。山が人を拒否すると感ぜられるほどフレムドである。山へ行く者には第一にこの気持ちを除くことが必要であろう。換言すれば、登山者はみずからの体験によって速く山になれてゆくことが必要であろう。そしてこの山慣れというものは、晴れた空の下を愉快に歩き回ることのみでは得られない。否、日中の山歩きによっては充分ではないだろう。明るい昼の山を知ると同時に暗い山の空気にも自ら触れなければならない。そして尚、できれば夏と言わず真冬の雪に埋もれた深山の闇をも知ることは好ましい。機会を得ていろいろな条件の下に、山の種々なる態様を経験することは望ましい。そしてその一つ一つは貴い体験となって積み重ねられてゆくだろう。

山に於いて充分な用意もなくして一夜を過ごし得たと言うことは、異常に人をして大胆にせしめる。何かのことで思いかけずにビヴァークしなければならなくなった時は、それ以前の経験は第一に心の平静の失われることからその人を救う。山に於いていかなる場合にもあの遭難というデプレッシブ（注：平常心を失う）な気分に支配されることは怖ろしいことである。山慣れがしているか否かは、全く困難な状態に立ち至ったとき、著しく響いてくるものなのである。いつでも充分一夜を堪え忍び得るという自信は、心を常に穏やかに朗らかに保つであろう。このような態度はなんら難しいことでなく、一、二度のビヴァークによってある程度得られるものである。かかる意味に於いてビヴァークは、山登りに対して有意義であると思われる。

しかしなお、ビヴァークは近時さらにより大いなる登攀への重要なトレーニングとして考えられて来たことは著しい。すなわち、ヒマラヤ遠征において試みられる高所のビヴァーク。一般にツェルト・アルピニズムは、高峻な山岳を対象としてビヴァーク要素を特別に重要視しなければならなくなったのであって、大いなる登攀に於けるビヴァークのトレーニングは確かに今までの登山には見られなかった一つの新しい色彩であるといっても良いであろう。

私はいま、これを取り立てて言おうとは思わない。自分たち日本の山に親しむ者にも、ビヴァークということが積極的な意味を持つものであり、それ自身山行の一つの深い体験をなすものであると言うことを、私の経験から考えるのである。わざわざ不必要な場合にもやたらに露営して喜ぶには当たらないかも知れないが、機会を摑んで自らそれを試みることは決して愚かしいことではないであろう。

山行は実践によって育まれ、実践なくしては無意味となる。山の美と力は自らの行為によって得なければならないし、自己の体験のなかに自ら積み重ねたもののほかは、無意義となるであろう。（一九三二・一〇・一）

奥穂高岳・岳沢コブ尾根積雪期初登攀　一九三二年一月五日

小川登喜男・田名部繁

四日まで休養と悪天のため沈殿。一月五日、天候の予測はつかなかったが午前二時半に小屋を出た。今日は穂高岳の前衛をなす、ジャンダルムを狙う。ドーム型のピークはひときわそそり立っていて、登攀意欲をかきたてる。岳沢をしばし行き、天狗沢が分かれるところからコブ尾根の下へ回り込んでコブ沢出合に向かう。

深雪のなかを支稜に取りつく。腰までもぐる雪をしばらく登ると、感触のよい岩稜に達し「コブ」の岩峰直下に着く。岩峰は岩ひだにまで雪をつけ、祭壇のごとく早朝の光に煌めいていた。ここでザイルを結び合う。

岩峰頂上まで一〇〇メートルほどだったが、岩溝を登るのに一部やっかいに感じたところがあった。北東方向が雪庇となって、下はスッパリ落ち込んでいた。ルンゼに小規模の雪崩が走るのを見る。同時登攀で登りつづけ、コブ頂上には一二時ちょっと前に登り着いた。すぐさま氷を砕いて岩を掘り出し、手拭いを岩に巻いてザイルを懸ける。全体重をザイルにあずけ、空中気味の懸垂下降でコルに舞い降りる。それから岩の混じった急な雪稜を、ジャンダルムへと近づいていく。

ジャンダルムの登りは、氷の登攀からやがて雪稜へと変わった。深雪に胸まで埋まり、何度も両手で雪を払いのけながら一歩一歩慎重に勝ち取っていく。不確かな足場を探りつつ、壁もろとも雪崩落ちて行きそうなクライミングである。飛び散る光のかけらを、風がそばから奪い去ってゆく。そうしているうちに西風がいっそう強く吹きつけて、ルートはふたたび氷化が顕著となってきた。

上：「奥穂より見たる前穂高岳」（『登山とスキー』第９号、撮影小川）
下：「上方より俯瞰せるコブの岩峰」（『登山とスキー』第９号、撮影田名部）

ジャンダルムピークの上空に小さな雲があり、その縁から美しい光が零《こぼ》れている。導かれるように登り進み、午後四時山頂へと到達した。静寂のなか、周囲の山々が手に取るように眺められた。そして空気までも凝固するような寒さが、ひとつの極地に立つ気分を与えてくれた。

帰路は畳岩までもどり、左の尾根をとった。堅雪にアイゼンを効かせながら、気持ちよく下っていく。三分の二ほど下ったところで、とうとう暮夜を迎えた。

Ich kann zu meiner Reisen
nicht wählen mit der Zeit,
Muß selbst den Weg mir weisen
in dieser Dunkelheit.
Es zieht ein Mondenschatten
als mein Gefährte mit,

旅立つぼくは　時を選ぶことさえできず
暗い夜道に　行くべき道をひたすら探す
月明かりが刻む　自分の影だけを道連れにして……

（Schubert Winterreise　冬の旅：おやすみ）

前穂の尖ったピークの上を星が美しく飾っている。風は冷たく重いが、行動に支障を来すほど強くはない。北側に下りて慎重に足場を確保しながらいく。不快なブレーカブル・クラストの小尾根を、懐中電灯頼りに進む。途方もない、長い下りに感じられた。

さらにスリップの許されない、固くクラストした岳沢を下降した。スキーデポ地に着いてから、今度はアイゼンの紐が堅く凍りついていて外すのに難儀した。不安定な雪崩地帯を脱出し、きらめく星空に祝福されつつ五千尺に着く。夜も一〇時となっていた。ざっと二〇時間近い行動で、厳冬期におけるコブ尾根の初登であった。

前穂高北尾根・涸沢側Ⅰ・Ⅱ峰間リンネ積雪期初登攀　一九三二年一月七日〜八日
桑田英次・三輪俊一（一九三〇年卒）・三輪武五郎・小川登喜男・田名部繁（東北帝大OB）

ここ二日ほどいい天気が続いている。午前二時四五分、徳沢小屋を出る。満点の星が天球を飾り、放射冷却で冷えきった耳が痛む。横尾の岩小屋を過ぎて本谷を渡るあたりで、白銀だった山がバラ色に染まりだした。

池ノ平からの急な雪壁を、五〇回もターンをくり返しながら前穂北壁に迫る。歩き出して七時間を越えたころやっと北尾根第三峰の下に登り着き、岩陰でスキーを外す。

スキーをデポしたあと、小川と田名部のパーティそして桑田、三輪武五郎、三輪俊一の二隊に分かれて行動する。氷結した岩場にステップを刻みながら、着実な足どりで登ってゆく。ステップカットするたびに、氷の破片が光を破裂させて散り乱れ、未知の領域に踏み込む愉悦を教えてくれる。登りつめてゆくと、四五度くらいの氷壁に三〇センチほどの新雪が出てきた。腕を使って新雪をふるい落としながら、その下にある氷にステップを切りつづけた。

上部は、六〇度はあろう氷壁となった。小川がトップで、執ようなまでていねいなステップカットを切って直上した。ついに長いクーロアールに入った。岩溝の中は新雪の下が氷っていて八本爪のアイゼンがよく効いた。

霧がしきりに飛んできて、天気の下り坂を知らせる。小さな岩稜をいくつか越えて、Ｉ・Ⅱ峰間のコルに突き上げるクーロアールへと入る。小川パーティは最後に右へ移って八〇度ほどの岩場をアイゼンをしっかり効かせながら登り、コルに立った。桑田パーティはクーロアールを忠実に詰めたせいか苦労していた。

コルは梓川と涸沢が眼下に見下ろせる、小さく鋭い岩稜であった。最後に急峻なスラブ状を下りきったあと南へぐんぐん登りつめると、ぽっかりと前穂の絶頂に飛び出す。午後二時三五分。五人それぞれが無言で握手を交わす。

北尾根をもと来た方向へ向かって、慎重に下りはじめる。五人一人ひとりが懸垂下降をするとなると能率が悪い。ザイルもすっかり凍りついている。Ⅲ・Ⅳのコル上部に達し、梓川側をトラバースするところで桑田が下りすぎて手間どっていた。田名部もアプザイレンで桑田の所まで下ったが、もはや視界がなく足場を探すどころでない。仲間のヘッドランプが岩稜のそちこちで弱々しく、遠い漁火のように明滅する。

稲妻が光り、重い雪が狂喜乱舞しながら襲ってきた。みるみる降り積もる雪は、このままだとどこで雪崩が起きてもおかしくない。森厳な音をさせて、山がわれわれを追い立てにかかっている。

小川が見えない岩場の上で、キューエルスフロイドを歌っている。こんなときに大島亮吉へレクイエムを捧げようとでもいうのか……。漆黒の闇に、小川の歌声だけが風に乗って切れ切れに飛ぶ。夢のなかで聞くような感覚が、いつまでも耳朶に残る。

懐中電灯を頼りにさらにアプザイレンをくり返す。暗黒を透かしてⅢ・Ⅳのコルと思われる岩棚《レッジ》が白く浮かぶ。集結して全員の安全を確認、これ以降ザイルは不要と見てセットしていると、小川はすでに懐中電灯をともし、深い一条のトレースを刻んで下っていった。

回り込んでゆくと、まもなく岩陰にスキーを発見した。少し休んで腹に詰め込むあいだこれから向かう下方を覗うが、涸沢の谷は闇に沈んだままであった。

いよいよ滑降となったところで、突然小川のスキーの片方が外れた。意志あるもののごとく、一本のスキーはあっというまに涸沢の闇に躍り込んでいった。

傾斜が緩くなると、立っているだけで田名部のスキーは滑ってゆく。対象物が何もないため空間識失調に陥る。滑っているのか止まっているのかわからない。止まっていると思えば猛スピードが出ていて、慌ててターンして止まる。何も見えない夢中の滑降だが、激しく疲労した脚だけが現実であることを教えていた。小川はどうしたものか、片足スキーで漕ぎながらさっさと前方を行ってしまった。

横尾谷に入ってからも先が見えず、田名部は七転八倒のありさま、いつのまにか仲間と離れてしまった。そしてついにヘッドランプの光は尽きた。予備の懐中電灯を左手に持ち、夏道らしき上を滑る。そしてまた猛烈な転倒だ。

なるようになれとばかり立ち止まった。闇に沈んだ森の底からいつのまにか星が仰がれた。ザックを放り出し、並べたスキーに腰を下ろす。しばし運動の余熱で温かく、濡れたままで目をつぶる。

胴震いとともに目が覚める。食い物と暖かい火が恋しい。闇のなか目を大きく見開きながら、ストックを杖のごとくつきながら歩き出す。第六感を極限まで働かせるが、それでも先はまったく見えず恐ろしかった。そんな歩行をどれほど続けただろう。

午前三時ころ、やっと徳沢小屋にたどり着いた。中に入ると、桑田が一人で火を熾してくれていた。ありがとう、桑田よ。田名部はなかばもうろうとして、火のそばで一心に眠りこんだ。

東北帝大出の田名部を除くと、東京帝大で出会った面々は東から小川、三輪俊一、西から桑田など各校で勇名を馳せた男たちであった。桑田は八高出身の岩の第一人者、三輪（一九二五年卒・一九七四年七月没）も旧制山高きっての山狂いと称され、最も傑出したアルピニストと謳われた男である。東西の勇者が一堂に会してなし遂げた、一回かぎりの登攀だった。

この山行は前穂Ⅰ・Ⅱ峰間リンネ積雪期初登となった。徳沢を一月七日の午前二時四五分に出発して、一月八日午前二時四五分徳沢小屋に帰着という、二十四時間行動のラッシュ・タクティックスである。

小川二三歳、田名部二七歳、桑田は二八歳。田名部はこの山行を「小川にとっても自分にとっても、山のクライマックスであった」と回顧する。清田も東京帝大の部室で小川と会ったさい、「独特の笑みを浮かべて話すのを今でも憶えている」と追想している。

（キューエルスフロイド：小川がよく熱唱していたと田名部が証言しているものの、何の歌か不明。Kueher は牛飼いを意味し、Kuehers freude なら「牛飼いの喜び」となると推定される）

谷川岳・一ノ倉沢一ノ沢から東尾根の積雪期初登攀　一九三二年二月一三日〜一四日

小川登喜男・国塩研二郎（一九三四年卒）・田口一郎（同）・清田清（同）・田名部繁

田名部は、小川の呼びかけで東京帝大の連中と一ノ倉の東尾根登攀に加わることにした。足慣らしと偵察を兼ね、どこか取りついてみるつもりで一日早く入山した。気力がみなぎって、いても立ってもいられない気分だった。土合の「国鉄山の家」に入り、余分な荷物を置いて一ノ倉沢に向かった。一ノ倉沢の一ノ沢の手前まで来ると雪崩のデブリが盛り上がっている。北側から入る第一の沢にクレバスが入って、第二の沢は青白い氷瀑となって流入している。この沢の上部からはチリ雪崩が間断なく落ちていた。

一ノ沢をアイゼンで登りつめ、シンセンのコルまでに要した時間は二時間半であった。今のところ雪崩の心配はなさそうだが、見た目だけでわかったものではない。尾根の行く手方向を見ると急な雪壁が立ちはだかり、そうとう厳しそうだった。左のマチガ沢へは、急なルンゼが落ち込んでいた。本谷のほうで起きる遠雷のような雪崩の音が耳をふるわせた。雪崩が来ないあいだにとただちに下った。

一三日は早く起きて準備をし、小川一行を待った。小川、国塩、清田、田口それに早大の小川弟と成城ボーイもやってきた。一緒になって午前八時前に出発、一ノ倉沢出合には四五分で着いた。今日も天候に恵まれ、一ノ倉全体がパノラマ状に広がって円形劇場のように輝く。

本谷は次から次へと重なってくる膨大なデブリで埋まっている。一ノ倉の壁は、一回の降雪ごとに雪崩れるから油断がならない。一ノ沢出合に来てスキーをデポ、アイゼンに履き替える。小川弟たちとはここで分かれた。

小川ら五人が取りついた一ノ沢のルンゼは、七〇度ほどに見えるが、取りついてみるとそれほどの強傾斜でもなく、膝が没する程度の積雪だった。尾根は安定した雪稜となっていて、マチガ沢に向かってシャープなルンゼが数条落ち込んでいた。

ここで小川、田名部の組と、国塩、清田、田口の二組に分かれてアンザイレンする。雪稜の斜度は五〇度くらいか。美しいピラミッド・ピークの先からは細い雪稜となり、どんづまりでは一〇メートルほどのバットレスに突き当たっていた。左側には急峻なルンゼが、マチガ沢めがけて落ち込んでいる。

手こずってだいぶ時間を食ったが、なんとか垂直の壁を乗越してバットレスの上に出た。上部は、両刃の雪庇をだましだまし進んだ。北ノ耳（オキの耳）直下の岩場は五〇メートルあまり、登りつめると稜線直下に巨大な雪庇が張り出していた。岩場を各パーティとも慎重に越し、雪庇はピッケルをふるって打ち破り、ついに主稜線に立った。ときに午後五時五分であった。

さっそく谷川富士の祠の裏に雪洞をつくり、シェルターとした。雪の中で絹製のツェルトをかぶると、息苦しいほどに暖かい。ロウソクの灯を囲みながら、夜は快い睡眠が与えられた。

二月一四日。ツェルトから顔を出してみると、酷寒のなか高曇りながら遠望は効いている。小川は早くも外に出て、キューエルスフロイドを歌っている。彼が山で歌うとき仲間とは別の世界にいて、愛するものと向き合っている。それは山という厳粛な存在へ捧げる、アンセムでもあるかのように。

主稜線を北に向かう。踏み込んだ一歩が巨大な雪庇を割り、一ノ倉本谷へ落としてしまう。三度ほどそんなことがあった。あとで小川弟が望見したという雪崩は、蹴破った雪庇が引きおこしたものであろう。

一ノ倉岳に着くあたりから盛大な降雪がやってきた。そんな状況のなか一ノ倉尾根の下降へと向かう。岩にアイゼンのツァッケが引っかかり、歩きにくい。ここで今度は田名部、清田がアンザイレンし、もう一つは国塩、田口、小川がつながった。はじめはコンティニアス（同時行動）で下った。幽ノ沢がすっぱり見下ろせるバットレスの上で、食事を済ませる。

深い霧の中から何という鳥か猛禽類が突然姿を現し、弧を描いて飛び去った。アプザイレンにとりかかるが、ザイルがワイヤのように硬く凍ってしまい、難儀する。三〇メートルを一気に下ると、着地したところは深い粉雪が底なしに沈み込むようだった。次のパーティが降りきるまでのあいだ、田名部はパイプを取り出して火を点けた。冷え冷えして切り立った雪稜は高山気分にあふれ、名状しがたい幸福感が湧いてくる。

ルンゼを下りはじめる。一ノ倉本谷へ向かうのだ。六〇度ほどはあろうか。国塩はザイルから離れ、小川は田口がおぼつかないと思ったか、二人でザイルにつながった。

と、田口が突然転倒、その瞬間小川も人形が引き込まれるように倒れ込んだ。叫び声もない二人の身体はもつれ合って、空中を飛ぶように霧の中へと没していった。嗚呼、これで小川を失った……。田名部は暗澹たる気持ちになった。恐れていたことがとうとう起きた。

三人が絶望感を打ち消しながら追ってゆくと、デブリの上に点々と赤い血痕が散っていた。ときどき雷鳴のように、本谷の雪崩れる音が聞こえる。その衝撃波なのか、風は吹き迷うがごとく一行の身体を揺さぶった。

はるか下方、デブリの上に立つ二人の姿が豆粒のように見えた。ザックとピッケルは、それぞれ別の方向に飛んでいる。駆け寄ってみると、氷塊にこすられた小川の顔は皮が剝けて無残な形相を呈していた。とにかく二人とも歩けそうなので安心する。

前沢を慎重に下り、本谷へ出た。谷はもの凄いデブリに埋まって、とくに衝立沢は雪崩れきって黒々とナメの岩肌を露わにしていた。次の雪崩が来ないうちにと膨大に盛り上がる雪塊の上をみな必死に、飛ぶように下った。シーデポ午後三時。降雪はしだいに激しくなってきて次の雪崩が来る直前、間一髪であった。

どうしてこんなことになったのか、小川は帰りの汽車のなかでも、ピッケルの上に顔をふせたままひと言も発しなかった。傷さえ見せようとしなかったために、二人が落ちた原因はいまだ不明である。小川という奴はこんな男であった。

この山行は積雪期に一ノ倉沢へ入り、東尾根を登って国境稜線に到達した初の記録となった。また積雪期の一ノ倉尾根に初めて足跡を印した、記念碑的登山であった。積雪期初下降、γ（ガンマ）ルンゼの積雪期初下降ときりがなく、とにかく当時冬の谷川岳でこのようなことをやること自体破天荒であった。

積雪期の一ノ倉尾根は、こののち久しく登山者の足跡が絶えた。そして二十三年後の一九五五年三月、ベルニナ山岳会の古川純一《よしかず》ら二名が登攀に成功し、登山界の大きな話題となる。古川純一は当時、国内一流のクライマーとして名を挙げていた男である。

古川らのとった戦法は入念なものだった。まず夏に小川らの下降した一ノ倉尾根の偵察を行ない、ピナクルや雪崩の可能性のあるルンゼの登高法と、核心となる垂直岩の突破法を練った。翌年の正月、会の総力を挙げてアタックを開始した。ところが、悪天候に見舞われて敗退、一月末に再度の偵察を重ねた。三月決行と決まったが装備、食糧のサポートが必要との結論に達し、二月中に荷揚げをした。

二月下旬入山して尾根上に四人用のテントを張り、三日間進んで三月三日を迎えた。ピナクル群を越え、懸垂岩をピトンを打ち足して越えたときは、午後の五時半。ここで二名の登攀サポート隊を帰し、いよいよ二人は一ノ倉尾根から国境稜線へと、不退転の決意で向かった。食糧も尽き、月光のなかを歩きつづけてついにサポート隊の待つ肩ノ小屋（一九三九年建設）に入ったのである。この山行は積雪期谷川岳東面の長い空白を埋めた快挙として、大きなニュースとなった。

古川らの山行に刺戟された東京朝霧山岳会の吉尾弘が、一九五七年、単独で東尾根の厳冬期第二登を果たした。この時代の冬季登攀は、包囲法で登られた一ノ倉尾根、岩稜会の前穂東壁、独標登高会の北岳バットレスなどがおもなものであった。それほど冬季登攀の夜明けは、小川らの時代から時間を要したのである。

剱岳・八ツ峰Ⅰ峰東面・Ⅰ稜から5・6のコル積雪期単独初登攀　一九三二年四月二日

小川登喜男単独

剱御前の小屋を午前三時一五分に発った。Ⅰ稜には一ノ沢側から取りつき、マイナーピーク上からはⅡ稜に合流した。単独登攀であった。小屋帰着が二一時三〇分、連続行動時間は一八時間一五分におよんでいる。小川は四月四日にも早大の今井友之助、池野信一と八ッ峰上半も登攀（前日の慶大に次ぐ積雪期第二登）し、さらにこのあと今井と二人でチンネの頭まで縦走している（積雪期初縦走）。一九〇七年の初登頂から二五年、剱岳登山の進展に驚かされる。

剱岳・源治郎尾根・積雪期単独初踏破・初下降　一九三二年四月九日
小川登喜男単独

剱御前小屋を午前六時五〇分に発って剱岳山頂へ登り、山頂から二峰、一峰と越えて平蔵谷の支稜を下った。平蔵谷の出合に達してから剱沢を登り返して剱御前小屋に一七時帰着。行動時間一二時間一〇分を要している。

また、『山』（第一巻第二号、一九三四年二月、梓書房）に「大日岳」と題する小川の撮影になる一葉の写真とコメントが掲載されている。

大日岳――立山雷鳥沢上部より　小川登喜男
犇く風の咆哮と濃い雲霧の去来に、山小舎のやるせない籠居が続けられる。登高の心は頂の夢に破れ、物倦く耐へ難い時の長さ。その空しい幾日かの過ぎた或日、雲間になつかしい明るみがさすと疾風のやうに蒼空が広がって行く。たじろぐ霧は剱沢の彼方へと追落され、さへざへとした風が勝ち誇ったものの如く鞍部を越えて行く。今や白銀の山々は陽を受けて甦る。澄明な空の深さ。小鳥のやうに心も軽く山の唄を口づさみながら雷鳥沢の雪上にさまよひ出る時、目近に浮ぶその山の美しい姿、それは幾日もの忍従を充分に補ってくれる。――平野の彼方に消えゆく雲の群は尚明日の日を約束する。心は唯生生と頂の夢を夢見る。
（昭和七〔一九三二〕年五月一日午後四時　イゾクローム・フィルム　ラッテン K3. F.6.3 1/25）

「大日岳・立山雷鳥沢上部より」（撮影小川）

写真は剱御前小屋で風雪に閉じ込められたあとに、晴れた一日を見て撮影されたもののようである。日付からみると前記の一連の山行後、後日あらためて入ったのであろう。この時期、小川は剱岳に執心していたものとみられる。

西穂高岳天狗岩登攀　一九三二年七月二八日
小川登喜男、桑田英次、三輪俊一、国塩研二郎、大場（松高）

天狗沢の途中から東南稜に取りついて登った。下半分のハイマツ帯を登った上からアンザイレンした。巨大なブロックを重ねたような岩を縫って登っている。

西穂高岳山域・明神岳五峰東壁中央リンネから中央リッペ初登攀　一九三二年七月三一日
小川登喜男、桑田英次、国塩研二郎、三輪俊一

明神岳五峰東壁中央リンネ（小川のアルバム）

明神岳五峰は、徳沢付近から正面を見上げると高距四〇〇メートルほど直立し、オーバーハングの目立つ障壁となっている。嘉門次小屋を午前五時半に出て、三時間ほどかけて基部へ。しばらく順調に登ってゆくと第一のオーバーハング。ここはハングを嫌ってガレた草付きを巻いて左上、リッジをからんで斜めに登り、第二のオーバーハングの下部に迫る。短い垂壁を登って左に顕著に入ったリンネをとる。西穂によく見る赤い岩はきわめて脆く、浮いていて悪かった。直上したリンネの途中から右へ、草付きのリッペ（支稜）に逃げ、これを登ってからリッペが吸収される頂上直下の壁を登った。最後に一〇メートルほど直上、最南峰のピークに立った。『日本登山史年表』（山と溪谷社、二〇〇五年一一月）では、当時として技術的にきわめてハイレベルの登攀と評される。

このとき五峰正面を小川が撮影した写真が残っており、中央リンネの登攀ルートが白い点線で示されている。

なお、明神岳南面の登攀は、ルートこそ違うもののこれより先に東京医専のパーティや、一九三一年に三輪俊一と千家《せんげ》哲麿ら五名が登っている。三輪はこの登攀を「明神岳南面のルンゼ登攀」として『登山とスキー』（第一〇号、一九三二年八月）に寄稿している。

前穂高岳・中又白谷初登攀～松高ルンゼ下降　一九三二年八月二日
小川登喜男、桑田英次、国塩研二郎

奥又白谷の出合へ向かって左から落ち込んでいるルンゼが中又白谷で、穂高で未踏のまま残されたルートのひとつであった。この谷を登り、前穂の池に出て奥又白谷にそそぐ支谷を下った記録である。
徳沢小屋を六時に出た。奥又白谷の出合で梓川をわたり、河原を三〇分ほど歩いてからまだ残雪の詰まったルンゼ入口に至る。最初の四〇メートルほどの滝は右をからんで通過。あとはほぼルンゼ通しを行く。ルンゼが壁状になった所は思いきって直上、上は右岸の壁をとるが、ナーゲルが滑りやすく緊張を要する壁だった。屈曲するルンゼに入り、狭くなった谷芯を登る。開けたスラブに出、ザイルを解いて登りぬけた。上部のスノーブリッジを潜ると、ルンゼは草付きのなかに消えた。奥又白の支谷を下るさいは滑るのを嫌い、足袋に履き替えて下った。梓川に出たのは午後六時過ぎであった。

屏風岩γ（ガンマ）リンネ登攀　一九三二年八月五日
小川登喜男・三輪俊一

前年の夏、六高によって登られたルートであった。横尾の岩小屋を午前七時二〇分に出た。雨のなか、一部ザックの吊り上げで登り、あとは順層の岩場をリズミカルに登り二俣に分かれたリンネの右をとった。雨足が強くなり、面白い岩場の尽きたところで隣りのルンゼに移って下り、涸沢の道に出て横尾の岩小屋に戻った。東北帝大出身の小川と同じ東北の旧制山形高校出身の三輪俊一がペアを組んで登った、唯一の登攀であった。

朝鮮半島外金剛仙峯山群遠征　一九三二年八月

小川は東京高校の先輩として上高地合宿に参加、奥穂、ジャンダルム、明神岳の岩場を登ったあと、朝鮮の外金剛（ウェクムガン）にある仙峯山群に東京帝大山岳部の一員として参加した。二五日から二週間にわたり、周辺岩峰の放射状登山を楽しんでいる。東大山岳部にとっては初の海外登山であった。

メンバーは小川のほかOB桑田、OB三輪俊一、北野、清田、国塩ら六名。日本アルプスの主立った壁やバリエーションが少なくなり、登山界では海外登山志向が芽生えていた。しかしヒマラヤやヨーロッパアルプスは、まだまだ手の届かない時代であった。そこで古くから岩峰のすばらしさが伝えられていた、朝鮮の外金剛で岩登りを実践してみようという計画が持ち上がったのである。桑田英次の発案であったという。

どこの大学でもそうであったように、東京帝大は出身校の異なる学生の集まりだったため、出身校別のセクト意識が残っていて部員としてまとまったパーティを形づくることが少なかった。今回は出身高校が違い、また山との対話法を独自にもつ六人が、ひとつの登山隊をつくったのである。この山行を契機にして、東大部員に強い連帯感が生まれたとされる。

一行はベースキャンプから金剛山特有の鋭い鋸歯状のリッジを突き立てている岩峰や、急峻なバットレスを放射状に登って充分に岩登りを楽しんだ。国塩が対岸から眺めていたとき、ナーゲルをきしらせながら平滑なスラブを攀る小川を見て「よくもあんな凄いところを登るなぁ」と感嘆したそうである。まるで自分が岩から墜落するイメージが欠落しているかのように、真っ直ぐ登りつめたという。

集仙峰東北稜S2
（東京帝大スキー山岳部『部報』1932、撮影小川）

小川は朝鮮の金剛山から帰ると、ふたたび谷川岳へともどり、自分がテーマとするルートの最後の仕上げに取りかかった。

谷川岳・一ノ倉沢衝立岩中央稜初登攀　一九三三年九月二二日〜二三日
小川登喜男、田名部繁

小川は七月に行なわれた東京高校の夏合宿に先輩として加わり、このとき三名を率いてジャンダルムの第三尾根を登っている。それから二ヵ月後、谷川岳に立ち返って衝立岩に狙いをつける。

一九三〇年、小川たち東北帝大生がはじめて谷川岳に入ったとき、懸崖状に立ちはだかる一ノ倉沢のなかでひときわ群を抜く岩壁として目についたのが、衝立岩であった。これを小川は、『ケルン』（第一七号、一九三四年）という雑誌に「沢奥の立ちめぐらされた峭壁のほとんど中央に臨んでいて極めて傲岸に見え、いつも一ノ倉を訪れるたびに、いわば目障りな存在として私の眼に映っていた」と書いている。数年前までは「藪で蔽われて著しく興味をそぐ」（東京帝大スキー山岳部『部報』）と切り捨てていたものの、めざすルートがひととおり終わってしまえば、思いは自然にその存在へとそそがれてくる。数々挑んできた、最後の仕上げをしなければなるまい。

真正面から切り込もう。気持ちは高まっていた。攻めるべき登路として、二本の岩稜が考えられる。そこは屹立していて、真冬にさえほとんど雪をとどめない姿を見てきた。降った雪が根こそぎ雪崩れるさまも目にしている。むき出しの岩稜は、さながら何びとの侵入も拒絶する巨神であった。

準備と言っても簡単だ。まず最も信頼できるパートナー、それも一人にかぎる。そうなれば田名部

小川による一ノ倉のスケッチ。点線のついた稜が中央稜、左側の稜が南稜
（『ケルン』第17号、1934年10月）

しかいない。そして、ひと晩の露営用具といつもより多めのピトン。なぜなら、小川たちはマッターホルンの北壁を登ったシュミット兄弟の映画を見ていた。そこでザイルでの吊り上げ技術を見たのである。小川はこの技術に興味をもった。相棒の田名部などは映画の上映館を追って四回も観たという。今回はぜひ、ピトンを使ってそれを試してみたい。

二一日の昼下がり、二人は期待と不安の入り交じった快い興奮に包まれて、一ノ沢出合の大きな岩の上に立っていた。

携えたプリズムで岩の詳細を観察する。鉛色した壁は見上げてもあまりに近すぎて、どこをどう登ったらいいものか判然としない。ただ、灌木帯を避けて稜の取りつきへ行くには二つの稜のあいだに走る凹状のルンゼを登ればいいというのが、二人の一致した意見であった。

二二日、シュラフザックから顔を出すと、天候が思わしくない。できれば初めての壁は天気のよい日に願いたいのだが。奥壁のほうを見やると、壁は鈍色の渋面をつくって影を刻んでいる。逡巡しているあいだに時間は過ぎていった。

わざとゆっくりとザックを背負ってみる。そして一歩踏み出すや、二人はもはやひたむきに登りきる気持ちになっていた。岩と草付きの急斜面を登りながら横切ってゆけば、ほどなく衝立沢出合の岩床に立ち、身は堅固な花崗岩に取り囲まれていた。そこから中央稜の末端をなす右手の岩にとりつき八〇メートルほど登ったあと、いったん一五メートルいっぱいの懸垂を行なって本谷へと降り立った。こうすれば全ルート、ナーゲルシューで通すことができる。

九月も末だというのに、谷壁にはなお巨大な雪塊が散乱して身を締めつけるような冷気を漂わせている。雪崩の強烈な圧力が雪を圧縮して氷のように硬くするために、溶けずに残ってしまうのである。

ルンゼの入口から見上げると、上方に一枚の壁が広がっていた。二人は薄日が差す衝立岩の領域に、快い岩の感触を楽しみながら入ってゆく。

「これならそんなに難しいこともあるまい」

「そうだな、まずこれをやろう」

三〇メートルのザイルを取り出し、ここで初めて二人の身体を結び合った。取りつきは南よりの壁を登り、ちょっとした棚をトラバースする。ややかぶり気味なピッチをからむように乗り越えて稜の正面に回り込むと、それは岩稜というよりも直立した壁となっていた。数メートルも登れば、もはやなんらの手がかりも探せない。

静かに一歩下ってより確かな足場に立ち、頭上いっぱいにリス（割れ目）にハーケンを力一杯打ち込んだ。ハーケンは秋の冷たい空気に、金属性の冴えた歌を唱ってくれた。ハーケンにシュリンゲを結び、映画で見た吊り上げ技術を、ここでどうしても試してみたいのである。

「いち、にぃ、さんで引いてくれ」

「ようし、わかった。ゆっくり引くぞ」

ザイルが合図とともに下方に引かれると、小川の靴先が岩面をとらえた。上方いっぱいに伸び上がって手がかりをつかむ。その瞬間、小川の身体は大きくくねりながら上へと上昇した。田名部には重量物を引き上げた実感がなく、小川が勝手に踊っているように思えた。

上方にはさらに垂壁が広がっている。右手上方いっぱいにピトンを打つ。勇気づけられて、ザイルがいっぱいになるまで登りつめる。セカンドが登り着くやいなや、小川はもどかしそうに次のピッチに取りかかる。

目を疑うのだが、小川は身体が飛び出るような垂壁を伝っていく。ごく小さな足場を拾いながら右へ五メートル登ると、一本の浅い垂直のカミーン（割れ目）が通っている。割れ目に両の手をくさびのようにねじ込み、ほんのつま先に全体重をかけて登ってゆく。と、カミーンの上部はかぶり気味の出口となっていた。そこに申しわけ程度にくっついた細い木の枝を見つけ、押しつけながら左へと抜け出た。ついに垂直に近い灌木帯に突入した。

「コーヒーでも飲みたい気分だな」

「ああ、ここがキッチンならばね」

二人とも確保をとって、景観を楽しみながらの昼飯である。今までの興奮も緊張による火照りも、ひとときの休息になだめられていった。休みながら小川は朝鮮の外金剛遠征で仕入れた妙な歌、「ブタブタ」をしきりに歌った。こんな初めての所に来て緊張感より嬉しさが勝るなんて、やっぱり変わっている男である。この時点で中央稜の核心部は終わったと直感したのであろう。

一ノ倉沢出合からよく見えた烏帽子岩に行き着くまで、小さな岩峰が三つほど続いた。烏帽子岩の西面に回り込んで登りつめると、手頃なクラックが二人を小さな頂へと導いてくれた。岩峰上は一〇坪ほどの平坦地となっており、苔むした骨が散らばっていた。かつて猛禽類が食した兎のものだったろうか。

塔頂の一隅に、初めての訪問者としての小さなケルンをていねいに積む。そのあといっとき懸垂下降して、さらに尾根上へと登っていった。冷たい秋の夕べが迫っていた。薄墨を刷いたような空がしだいに黒くなり、二人は下が急峻に落ち込んだ尾根の途中で行動を停止した。着の身着のまま寒い一夜を過ごさなければならないが、この揺りかごは今日のご褒美というものだ。翌朝降りれば、ささやかなベースキャンプに果物の缶詰とウィスキーの小瓶が待っている。あいにくコーヒーは品切れだ。

登攀後、小川らは一ノ倉尾根を下りγルンゼを下降した。中央稜のグレードは現在Ⅳ・A0とされている。


谷川岳・一ノ倉沢烏帽子岩南稜初登攀　一九三三年一〇月二八日

小川登喜男（東京帝大スキー山岳部）、小川猛男（早稲田大学山岳部）

小川の気持ちは、谷川でのクライミングに没頭することだけであった。中央稜の次はそのとなり奥の南稜を登ろう、と田名部と約束をとりつけた。ところが肝心の田名部のほうが仕事の立ち上げで、どうしても日程がとれなくなった。やむなく弟の猛男を誘うことにした。クライミングをするうえで、猛男はまったく遜色のないパートナーである。山から雪の便りが来た、一〇月も末のことであった。

暗くなってから土合に着いたとき、おりからの月明かりに上州の青白い連嶺が浮かび上がって二人を驚かせた。空との境界をわずかに光る稜線が区切っていて、そこだけが冷え冷えとした惑星のように浮かび上がっていた。明日も晴天の嬉しい兆しである。ほんの一瞬ののち黒雲が大きくなって、すべてはベタな闇に沈んでしまった。

翌朝、霜に凍てついた草葉を分けながら暗い道を歩いた。一ノ倉の出合に来たとき、折しも雪化粧した岩壁を朝日がバラ色に染めてくれた。それは二人の心を、冬山の新たな欣求《ごんぐ》へといざなってくれるようであった。

本谷をこつこつ登って一ノ沢出合に着いてみると、雪はちょうど衝立岩の裾まで下りてきていた。

新しい冬の表情を見せる山に、二人とも何かしらほほえみたいような気持ちになって見上げる。奥壁から吹き下ろす風が、顔を刺すように冷たい。岩床の水たまりは、鋲靴で蹴っても壊れないほどの硬い氷が張っていた。

登るにしたがって景観は不思議な様相を呈してきた。湯檜曾川をはさんだ対岸は紅葉しているのに、間近に見る滝沢一帯は雪をつけてもはや冬の峻厳な貌に変わっている。これから登ろうとする衝立岩からはたえまなく雪解けの水がしたたり落ち、ときおり重い雪が雪崩れ落ちてくる。

取りつき点からまもなく垂壁が現れ、これはしっかりしたホールドを拾って登りきった。一段落するとまた垂壁が立ち上がる。さらに上部、岩稜上にある難所と思われる場所が二ヵ所ほど現れたが、中央稜で試みた吊り上げ技術を試すほどではなかった。登りながら念のためピトンを三本ほど使ってみた。さらに上部の一〇〇メートル近い急な岩稜は、右側がピトンも打てない一枚岩となった。とって返して左寄りの草混じりの岩場をからむような、デリケートな登りに没頭する。最後の登りは谷川の岩場特有の浮いた草付きの垂壁が続いた。これらの草付きは毎冬雪崩によってそぎ落とされ、夏になると雪渓の上を覆う堆積物となる。

日が翳るにつれて気温が下がってきた。そんな中をヮルンゼのコルから幽ノ沢側へ下った。岩のあいだに寒い一夜を明かす準備をした。豊富な枯れ木がぽかぽかの焚き火を約束してくれるだろう。懸案の登攀を果たした満足感と、月影とともに変化してゆく青白い岩壁の美しさに、二人だけで浸れるまたとない体験だった。

内省的でことばを選ぶ山ひと筋の登喜男二五歳、快活で剛毅な猛男二三歳、対照的な仲のよい兄弟がなし遂げた最後の登攀であった。

このルートは『日本登山大系　谷川岳』によると「チムニー、フェース、カンテとひと通り揃っており、しかもそれらがすべて標準レベルの難度をもつ」とされる。グレードは、Ⅳ・A０で、今でも一ノ倉沢では人気の高いルートとなっている。

一九五三年に田端義夫の「ズンドコ節」をもじった替え歌「一ノ倉ズンドコ節」が登山者のあいだで流行りだした。「行こか戻ろか　南稜テラス　戻りゃおいらの　男が廃る」などと歌われるほど、

「一ノ倉沢衝立岩上部の岩峰」
(『山と溪谷』13号、1932年、撮影小川)

このルートは多くの岳人を迎えるようになる。

元『クライミングジャーナル』編集長であり山岳ガイドである菊池敏之は、のちの『岳人』誌上で「一ノ倉沢の烏帽子南稜。ここは一九三三年初登攀者の小川登喜男氏はたった三本のピトンしか使わずに登ったそうなのだが、今、いったい何本のボルトやハーケンが打ち足されていることか」と感想を述べている。

ピトンは出まわりはじめたころでもあり、当時は使って登ることにまだ神経質な時代であった。貴重品であるため大切に使っていたこともあろうが、たしかに小川の登攀では積極的に使われた形跡がない。ザイルでの吊り上げ技術に好奇心をもったのが、使いはじめだったようである。小川のそうした態度になにか思想的なものがあったのか、報告が少ないゆえにそれらしい主張を窺うことはできない。ただ、小川の登り方や考え方を推しはかるに、自分の手足だけでよじ登ることに快感を抱いていたことはたしかであろう。

登歩渓流会では「小川さんもハーケンの使用は許されると言っている」という情報で、自分たちも使うようになったという話が残る。草創期は、まだハーケンを使って登るやり方に慎重な時代であった。

第七話　もう一度穂高へ――生のきらめきを求めて

一九三一年三月、小川と田名部が東北帝大を卒業してからも枡田は大学院に残って研究生活を続けていた。だがその枡田も一年後には就職が決まって中退、急遽仙台を去ることになる。

枡田定司《さだし》（一九〇八年～一九四八年）はK・S磁石鋼を発明した本多光太郎博士に憧れて、名古屋の八高から東北帝大に入学した。金属工学の研究者として成長しながら、国産のピッケル製造にもひと役買っている。

「山内《やまのうち》ピッケル」の製作者山内東一郎は、東北帝大の金属材料研究所を辞めてから山内鉄工所を起こし、実用品製作の合間に帝大生の求めに応じてピッケルの試作をはじめている。福田昌雄がスイスのシェンクをモデルにした十二本を、まとめて依頼したのである。できたものは、東北帝大OBの立上秀二が東京に開店したばかりの好日山荘に売り込んでくれたものの、外国産の模作の域を出るものではなかった。材料に恵まれず、曲がったり欠けたりするものが多かった。

枡田は金属材料や力学的形態について、山内鉄工所への助言や指導を惜しまなかった。職人かたぎの気むずかしい東一郎を、材料などの相談に乗りながら導いてゆくのは、枡田ならではの手腕であった。やがて硬くて粘りのあるニッケル・クローム鋼のピッケルが鍛造され、名品と謳われた山内ピッケルが誕生する。魂がこもった優美なその姿に、多くの岳人が憧れた。完成を見届けた枡田は『RC報告』（五号、一九三三年一二月）に、「アイスピッケルの材質に就て」と題する論文を寄稿した。三五年発行の『ケルン』二五号にも「ピッケル及びシュタイグアイゼンの組成と鍛錬」を書いている。

一九三一年九月に起こった満州事変以降は国防が叫ばれ、軍需増大によって景気が回復する兆しがあった。一九四五年の太平洋戦争終結におよぶ、いわゆる一五年戦争の始まりである。そんなおり枡田の就職先は、建材鋼板の製造販売会社尼崎工業所であった。重工業を抱える兵庫県尼崎地域の工業生産額は、昭和恐慌で一時落ち込みをみせたが、一九三二年ころになって回復しはじめる。鉄鋼の生産量は国力の指標であった。

尼崎市街に下宿生活を送っていた枡田は、とんとん拍子の会社員生活を送った。縁あって大阪金属工業（現ダイキン工業）の創業家社長、山田晁氏の令嬢と結婚し芦屋に住居を構えた。東北帝大金属工学出身の研究者としてはもちろん、管理者としても腕を高く買われ将来を嘱望されての婚姻だったという。やがて同社の常務取締役に昇進してゆく。

ほどなくして、その尼崎工業所に小川も入社する。一九三四年三月に東京帝大を卒業したものの、就職難にやっと明るい兆しが見えた程度であり、ひと足早く実業界で活躍していた枡田の口添えが大きかったと言われる。

枡田は中学時代に弁論部、八高ではサッカー部のマネージャーもつとめ、弁も立った。人なつっこく交渉術にも長け、面倒見のよい人間であった。

対して小川は口数が少なく、人づき合いも不得手でうまく生きられないタイプである。実社会に身を投じて世渡りしていくには不向きな性格だった。成瀬岩雄は『山岳』（第六三年）の「小川登喜男君を憶う」で次のように述べている。

常に無口で、その謙虚なる行動、態度は一面、山の崇高さに似たものを備えた人物であった。（中略）東北大学の法学部〔注：法文学部心理学科〕をおえた彼は、一面、真摯なる勉学の士でもあったから、さらに東京大学の哲学科〔注：法学部〕にもう一度入学、この時代が、彼のもっとも谷川岳や穂高岳の岩壁に思う存分親しんだ時代であったようだ。哲学とはいうものの、あるいは山の哲学だったかも知れないが、しかしどう考えても、いわゆる会社のサラリーマンには不向きな彼が哲学を志したことは彼の日頃の性質からいっても、僕には当然のことだとよく判る。

少し吃音の傾向があるせいか人見知りで、こうと思ったら議論よりも先に動いてゆく。論より行動とは小川の矜持のようなものだった。このあたりを「あまりに山一辺倒で、仲間内でさえケムッタイ存在だったらしい。天才の孤高を感じさせる」と登山史家の遠藤甲太は書いている。あまりに求心的なのである。登山史などで散見する人物像はどれも寡黙で鋭い印象に描かれるが、あながち間違いとは言いきれまい。

就職後の小川も枡田も、当時みんながそうであったように仕事一筋の生活となっていった。山と言ってもハイキングに出かける程度となり、結びつきの強かったはずのOB会の集まりにもほとんど顔を出すことがなかった。

ひとつだけ、一九三六年から三七年にかけての冬、東北帝大山岳部の合宿が蔵王ヒュッテで行なわれたとき、小川、田名部、枡田のトリオがひょっこり顔を出したという話が残っている。田名部を除いた二人はまだ三〇歳に届いていなかった。昼は跡見坂の急斜面で現役部員を指導し、夜の反省会では女人禁制の「我らが山小屋」に女の子を連れてきたことに、苦言を呈していたという。また前年秋の飯豊登山で金魚のフンのごとくつながって登るありさまを嘆き、叱責したとも言われる。

当時の山岳部は中だるみの時期で、これといった活動記録がなかったらしい。そのときの様子を鈴木芳彦（一九三七年卒）は「小川さんは、神様みたいな存在で直接話しかけることもはばかるような雰囲気があった」（東北大学山岳部『山の会会報』一一号）と回顧している。

俸給生活に入る前後と思われるが、小川は田名部を鹿島槍ヶ岳のカクネ里に入ろうと誘っていたという。鹿島槍の氷壁を狙っていたのである。ところが田名部の都合がつかなかったため、小川は単身で入山した。その山行で悪天候に巻き込まれたらしく、遠見尾根で行方不明の報まで伝わった。無事生還したものの、仙台時代に田名部とおそろいで作った特注のザックを失なっていた。北壁に一人で取りついて雪崩にでも巻き込まれたものか、壁では墜《お》ちなかったあの小川にしてと思わされる遭難騒ぎであった。

じつはもう一人、国塩（のちの今井田）研二郎にも冬の鹿島槍北壁をやろうと持ちかけていたらしい。国塩はあまりに大胆なプランに、たじろぎながら辞退したと語る。

鹿島槍北壁は一九三五年前後、「当時のエリートクライマーの最大の標的だった」（『登山史の森へ』）とされるから、小川の企図も時代的にまさしく符合する。その北壁の積雪期初登攀は、一九三五年三月二一日に中村英石、今西寿雄ら浪速高校山岳部員によってなし遂げられた。北壁右端のルンゼだったが、一六時間のアルバイトを要する雪崩をかいくぐっての登攀だった（今西寿雄はのちの一九六五年、マナスル初登頂者の一人となっている)。そして一九三六年一月に早稲田高等学院の小西宗明、村田愿《げん》のペアによって北壁中央の主稜が登攀され、実質的な北壁登攀の先陣争いは終わる。
小川は一九三四年、山岳雑誌『山』(第一巻第九号、九月号、梓書房)に「森の中」と題したエッセイを書いている。タイトルに裏切られるような哲学的で内省的な、原稿用紙一〇枚ほどの小文だが、デカルトのことばを引きながら近代登山の本質に言及していて興味深い。

……ひとたび、激しい行為を通して強い生命の喜びを知り得た者にとって、心はただ自然を愛する自由な旅人ではなくなっている。彼の眼にはやはり山の美しさが映っている。しかしそれは静かに眺められた美しさではない。彼の心には、彼みずからの意欲によって開かれた山の激しい美しさが目覚めている。黝《かぐろ》い岩、鋭い雪稜、きらめく蒼氷、身をきる風の唸り、そして雪崩の咆哮。これらの美が彼の心を引きつけ、彼の魂に息苦しいまでの夢をつくり出す。そのとき山は、彼自らの生命をもって贏《か》ち取ろうとするプロメテウスの火となるのだ……。

人は問う。登山家とは何を求める人間なのか。小川は、生のきらめきを死との格闘によってのみ手にできる、プロメテウスの火にたとえたのである。新しい地平を見た者だけが知る、孤独と愉悦。火を盗んだ者はその記憶を胸深く刻み込み、もう後戻りできない。赦しを乞わぬ永遠の殉教者となるしかない。
きらめきのない人生など不要。ほんとうの生こそ死の向こう側にあるのであり、それ以外に欲しい瞬間など存在しない。命を賭けるとき、命は輝く。こんにちでも多くの登山家や冒険家に共通する、普遍的なテーマと言えるのだろう。

その彼は未知で困難な登攀に価値を認めるあまり、ついにはヒマラヤのような高峰へ憧憬の目を向けることになる。けれども、仮借ない現実の壁がある。大きな登攀意欲を抱きながらも、目標へ向かって進めない迷妄の森の中にとどまってしまう。そのようなときでも「少なくとも自分だけにとっては未知の山々がまだ自分の手のとどく所にある」「自分のとった方向が誤っていて、ついに憧れの山へ到ることができなかったにしても常に山に登ろうとする者には、道が開かれるだろう」。茫然と佇んではならない、志を高くもっておのれの信じる道を進め、そのような内容であった。桎梏《しっこく》の時代にありながら運命にあらがい、おのれが輝く日を忘れまいとする孤独な闘いの気配さえ感じられる。そして結果的に、これが小川にとって自分の山との訣別の辞となった。

小川の動静はその後ひさしく聞かれなくなった。あるとき国塩は彼が工場のベルトコンベヤーに挟まれる事故で指を数本失なった、と風の便りに聞く。工場の実務作業には関わらない立場にあったはずだが、生来の工作好きが災いしたのか。登山史に強い光芒を放った小川の登攀人生は、その時点で終わりを告げた。

日本山岳会の会報をめくると、会員消息欄に一行だけ一九四一年一月付けの西宮への転居届が見える。尼ヶ崎工業所の社員として赴任したものであろう。そしてその年の一二月、小川は両家を結ぶ知人の仲人により、縁を得て結婚するのである。三三歳であった。

転居先の住所が「兵庫県武庫郡鳴尾村字焼屋敷十」とあって、かなり辺鄙な印象を受ける。ところが鳴尾村はのちに西宮市に編入されることになる、川西航空機鳴尾製作所など軍需産業のひしめくいわば企業城下町であった。西宮は阪神工業地帯の中核にあり、中京（四日市市がある）、京浜と並ぶ太平洋ベルトの一角を担っていた。

一九四二年四月、爆撃機が日本本土に初襲来するにおよんで、西宮一帯も空襲の危険度が高まってゆく。大都市にかぎられていた焼夷弾の空襲が中小都市まで拡大されてきたのである。一九四五年になると五月から八月までB29による五回の波状攻撃を受け、文字どおり焼夷弾の雨が降り工業地帯は壊滅する。兵庫県下の戦災都市のうち、面積では西宮市が神戸市に次いで二番目、三番目は尼崎市であった。とくに八月六日の阪神大空襲ですべてが焦土と化し、終戦を迎えるのである。

小川が住んでいた鳴尾の家は、数多《あまた》の蔵書もろとも一九四五年八月六日の阪神大空襲で焼けた。藤子夫人とともに三重県四日市市に赴任していたためその身は戦災から逃れえたが、手元に残されたのは肌身離さず持っていた一冊のアルバムだけだった。

小川が大切にしていた仙台時代のアルバムの扉

小川が終生持ち歩き大切にしたアルバムを開くと、扉に「TOHOKU 1928～1931 SENDAI」の文字が筆記されている。中央には西欧の紋章のような蛇行する曲線で囲まれた絵が描かれている。皇帝ダリアのような花をつけた一本の果樹が立つエデンの園、そこに棲む餓えた天狼のような聖獣。この寓意をどう絵解きをすればよいのだろうか。隠された意図を探れば、小川自身の心の内を描いたカリカチュアとみてよいのかもしれない。孤独な青年の心をそのまま閉じ込めているようにも見え、あるいはアルカディアと夢見た仙台時代のみずからを象徴しているようにも見える。

小川は四〇歳直前の一九四七年に、一人娘真智子をもうける。同じころ、断ち切れない山への思いを確かめるように上高地へ向かい、小さな油絵を描く。徳本峠から見た明るくはち切れそうな新緑の明神岳と、岳沢から望む夕日に染まった穂高岳、二つの対照的な板絵であった。三号程度（26.5cm×22cm）の小さな絵の裏にはていねいな筆づかいで「二十二年・登」のサインが見られる。

今はすべてを失った。先鋭的な山に戻れない身となり失意のうちにありながらも、このころがむしろ家庭人としての平和な落ち着いたひとときであったかもしれない。

戦後の混乱期、人々も焼け跡から立ち上がろうとしていた。この年歌われた流行歌に「啼くな小鳩よ」「東京の花売娘」などがあるのを、年配の者なら思い出すだろう。

一人娘の真智子は二歳のときに父を失っているため直接の記憶はなく、わずかに母藤子から伝わる父親像を語る。「読書が好きで無口な人だったこと」「お酒が強かったこと」「冬には嬉しそうにスキーに出かけていたこと」「一度だけ娘をお風呂に入れてくれたこと」などというものであった。

一方、枡田定司が入社した尼崎工業所は一九三四年に富永鋼業株式会社へと改組され、のち一九四一年に大同製鋼株式会社と合併している。枡田は大同製鋼との合併一年前、経営的手腕を買われて富永鋼業の取締役に就任、大同製鋼になってからも取締役となり工場長にもなっている。その後大阪金属工業の常務取締役に就任する。

洋々たる道を歩んでいた枡田の人生に、突然幕が下ろされた。一九四八年の三月二〇日、仕事のた

小川のアルバムの１ページ。顔写真のキャプションに「Freies leben」とある。左下の写真は「土樋ノ家の裏」

め東京へ出向き、首相官邸の秘書官となんらかの折衝を行なった。その帰路、枡田はもう一人の関係者と大阪行き午後九時三五分発の急行に乗りこんだ。

その日にかぎって列車は非常に混み合っていた。枡田一人が席をさがして横浜駅で前列の車両に移ったあとに、事故は起こった。戸塚を過ぎて大船駅へあと七〇〇メートルほどのところで列車から転落、不慮の死を遂げたのである。原因、理由はまったく不明であった。なんという、あの頭脳明晰で人一倍俊敏な男とは思えない三九歳での客死であった。

五日ほどのち「枡田定司氏を偲ぶ会」が大阪金属工業の山田社長邸で催され、ごく内輪の近親者と関係者が出席した。親友の小川は大同製鋼株式会社の専務取締役に就任、大阪支店長の身でもあった。当然席に連なっているはずであった。

枡田は愛用のパイプを離さなかった
（枡田のアルバム）

だが枡田の訃報を聞いた小川自身も、病床にあった。あの翼を持った強靱な身体が、あろうことか病魔にとり憑かれていた。

ある日小川はひとりで伊吹山（滋賀・岐阜県境に位置する一三七七メートルの山）へスキー登山に出かけた。いい山行だったと気をよくして帰ったあと、呼吸器系の疾患にかかる。それが引き金となって肺結核となり、床に伏してしまう。とうてい駆けつけられる身体ではなく、枡田の葬儀には藤子夫人が参列したという。

アメリカでストレプトマイシンが開発されるのは一九四四年、日本で新結核予防法がスタートしたのは一九七六年である。結核はまだ「死の病」であった。

そして枡田の後を追うように、一年半後の一九四九年一二月一〇日、小川は兵庫県芦屋市で息を引き取る。四一歳。輝ける四肢と曇らざる額と永遠の若さと明朗快活なる精神を有した二人は、枡田が事故死、小川が病死というともに人生を半ばにしたあっけなくも慌ただしい最期であった。

東大時代の同期生清田清は「戦後の混乱のなかで彼は夭逝した。あの引き締まった頑健そうな容姿からは想像もできなかった」と、その死を悼んだ。

蔵王ヒュッテも二人の死の直前、一九四六年から四七年にかけての冬、積雪に絶えかねて倒壊した。戦時中にあって手入れがなされずに老朽化し、棟も朽ち果てるばかりになっていたという。

「我らが山小屋」でマドロスパイプをくわえ、バランスをとりながら自作の椅子に身をまかせた枡田の姿も、トーテムポールを器用に刻む小川の姿も消えた。

東京高等学校も一九四九年の旧制高校制度の廃止にともなって実質的に消滅。東北帝国大学もこの前後、新制の「東北大学」へと改組されている。

時を経てなお、小川は崇高な登攀を心に描いていたであろう。黝《かぐろ》い岩、きらめく蒼氷、そして雪崩の咆哮……。この世の美がつくり出す息苦しいまでの夢を求めていた。しかし数々の山に輝いた肉体を、すでに失なっていた。そのとき小川はどのような折り合いをつけたのだろうか。岩壁の裾をさまよい、山へのアンセムを歌い残しながら小川は逝ったのである。

弟の猛男が臨終の床に駆けつけたとき、登喜男は夢魔《むま》の境にありながらなお「もう一度穂高に登りたい」と口にしたという。誰よりも敬虔な山岳の崇拝者として殉じたい。たとい身は枯れ尽きても、物言わぬ霧や赤い夕陽に誘われて、私はいつまでも銀嶺を追いかけ彷徨《さまよ》うだろう……あのママリーの差し出したことばがそこによみがえっていた。

穂高に帰依した日々は、小川が追い求めた青春の象徴《しるし》であった。そのまなざしは遠く、仲間と過ごしたアルカディアの地へと注がれていたにちがいない。

あのころはいつも輝いていた――むすびにかえて

宮城県にある神室岳という小さな山の登山史に手を染めていた私は、昭和五十年代半ば（一九八〇年頃）の初夏、仙台市片平丁にある東北大学の山岳部室に向かっていた。歴史ある山岳部なので昭和初期から続く山岳部の記録があるかもしれないと、見当をつけていたのである。木造平屋建で羽目板造りの一見小屋といってよい部室は、今の遺伝生態研究所付近の片平通り近くにあって、鍵もかかっていなかった。居合わせた現役部員は問い合わせにあっさりと応じてくれ、積み重なった備品の下から古びた部室ノートを引っぱり出してきた。

ノートを開いた瞬間、わが目を疑った。そこにいまや伝説の人となった、小川登喜男（一九〇八年七月二三日～一九四九年一二月一〇日）の肉筆を見つけたからである。いささか大げさな言い方を許していただくなら、遺跡でも掘り当てた錯覚にとらわれた。読み進むうちに、小川とともに活躍したかつての猛者たちの書き流したメッセージが、みずみずしく立ち上がってきた。くせ字で走り書きされた断章を、古代文書でも解読するような興奮で読んだことを覚えている。

小川は、不世出の名クライマーとして登山史上つねに賞賛されてきたが、これまでまとまった評伝は何ひとつ書かれていない。多くの登山史家が書こうにも、一冊の単著すら残さず登山界を去っている。当時の東北帝大山岳部も、創立まもないこともあって会報が作られていなかった。谷川岳一ノ倉沢初登攀の報告さえ、地方紙や日本山岳会誌に請われてやっと書いたくらいで、小川自身も、事跡を残すことに淡泊だったふしがある。そのためか、散見する文献ではつねに神話的でどこか孤高の影がつきまとう。

私はノートを返却するさいに「これはたいへん貴重で、文化財的価値があるものであり、くれぐれも火災や紛失などのないように願いたい」と念を押したことだけは覚えている。のちに東北大学山の会会員の岩井昂《あきら》氏（一九四四年卒）の尽力によりタイプ打ちされ、『山岳部史覚書』全七冊として記録の保存がなされた。岩井氏はこの作業に体調を崩すほど打ち込まれたと聞いている（部室ノートの現物はその後失われたと聞いている）。

もともと仙台地方中心の登山史を書きたくて、私は登山記録を蒐集した。その史料は「神室岳——その山名と登山史覚え書」（一九八三年）を書いて以来、ほかの構想を思いつくこともなく漫然と整理するにとどまっていた。小川登喜男の記録もそのうちのひとつにすぎなかった。自分が書くにはあまりにも大きく、畏れおおい存在だった。

しかし二〇一一年三月一一日、東日本大震災に遭遇、数多くの命が失われた現実を目の当たりにした。かけがえのない人たちが亡くなる一方で、漫然と生きながらえている自分がいた。

明日ではできなくなる。取材のチャンスも、思い立ったそのときにしなければ消えてしまう。登山史を書くにも、関係者が存命中だったらどんなにか素晴らしい逸話が発掘できたろうと、これまでに逸した多くの機会を歯がみしながら思いおこすこととなった。

机に向かって時系列的に記録を打ち込む作業のなかで、いつのまにか小川登喜男の分量がふくらんでいった。もしかしたら……自分は八〇年の封印を紐解く使命をもっているのではないか、不遜ながらそう思うようにさえなった。

この本を書くにあたって小川登喜男氏のご令嬢高橋真智子氏から、貴重な情報と写真を提供して頂いた。また、小川猛男氏のご令息小川正良氏からも写真の提供を頂いた。枡田定司氏の次女稲鍵津紀子氏、登山史家の遠藤甲太氏、東北大学山の会の塩沢厚氏の資料提供にはとくに負うところが大きかった。また「覚書」を快く貸して頂いた葛西眞一郎氏（葛西森夫氏ご令息）、岩井純氏（岩井昂氏ご令息）と、小川登喜男の評伝を手がけておられる喜熨斗《きのし》政夫氏（東京高校ＯＢ）、北大山岳館の中村晴彦氏ほかたくさんの方から資料やアドバイスを頂戴した。

田名部繁氏が残した直筆の「山日記」を生前お借りした経緯もあり、参考にできたのもありがたかった。不手際の多い文章の校閲を辛抱強く引き受けてくれた岩佐直樹氏も含め、この場を借りて厚く御礼を申し上げげます。

またこのたびの執筆を励まして頂き、快く出版社への紹介の労をとって下さった、畏敬する岳人の高桑信一氏、そして出版の機会を与えて頂き、社会に問えるものへと導いて下さったみすず書房の浜田優氏には、心から感謝の意を表します。

＊

さて残る大事なことを、書かなければならない。小川登喜男の仲間たちのその後についてである。

登喜男の弟、小川猛男《たけお》（一九一〇年〜一九九六年）は、兄に次いで数多くの記録をつくった登山家である。田名部によると、あまり年が違わないだけに身ぶり口ぶりともに痛快なほど兄登喜男と似ていたらしい。経験が浅いわりに岩登りには兄に劣らず天賦の才能が見られたという。ともに運動能力の高い兄弟だったようだ。山と溪谷社発行の『目で見る日本登山史』の一九八ページには、ソフト帽をかぶった猛男の、北穂滝谷第三尾根の尖った岩頭に立つ写真が載っている。天性のバランスがなければ、こうした芸当はできるものではない。

小川兄弟は東京浅草に生まれ、公証人役場に勤めていた父正路と母ちよしのもと、四人兄弟で育った。長男は幼くして病死、次男は他家へ養子、登喜男は三男、四男が猛男であった。したがって登喜男が実質長男である。残されたアルバムに「大宮にて・幼き友々」と題して、テニスラケットを持った四人の少年の写真が遺っている。四人はおそらく小川兄弟と思われ、写真の様子から裕福な家庭に育ったことがうかがえる。

猛男は兄弟のなかでいちばん明るく、ワンパクに育ったと伝えられる。中学は青山学院で、そのころから登山に熱を入れはじめ、早稲田大学では山岳部員として一九三二年以降、積雪期の穂高滝谷に出牛陽太郎、今井反之助、折井健一らとともに数多くの初登攀記録をつくった。ここでは東京帝国大学スキー山岳部部報や『日本登山史年表』(山と溪谷社)を参考に紹介してみよう。

北穂高岳滝谷第四尾根初登　一九三二年七月二一日
今井友之助、小川猛男
滝谷の第五尾根を下降、ツルム南支稜から第四尾根を登った。

前穂北尾根（涸沢～5・6のコル～六峰P～5・6のコル～涸沢）一九三二年七月三一日
小山、小川猛男（早大）、竹島（東高）

北穂滝谷ドーム中央稜初登　一九三二年八月二日
小川猛男・今井友之助（『目で見る日本登山史』で尖った岩頭に立つ写真が撮られたときのもの）
第三尾根を第二峰まで下って中央稜を登攀、ドームに達した。

北穂高岳、槍平～滝谷第三尾根積雪期初登　一九三三年一月三日～四日
今井友之助、小川猛男
暮れの一二月二二日、二四日に試登をしている。午前五時三〇分槍平発～一六時一〇分、第二尾根末端でビヴァーク。今井がビヴァーク中、足の凍傷を負う。

奥穂高岳ジャンダルム飛騨尾根厳冬期初登　一九三三年一二月三〇日
小川猛男、池野信一
上高地を午前一時半発、天狗のコルを経由して奥穂高岳に一三時到達、さらに下降を続け、上高地に一七時半に帰着した。一六時間の行動であった。

猛男は大学卒業後毎日新聞社に入社、のち東京放送に移っている。ＯＢになってから兄同様あまり登山界に顔を出さなかったが、実社会では長く活動を続け八六歳の長寿をまっとうしている。

小川や枡田とともに東北帝大山岳部で活躍した深町富蔵（一九〇〇年～一九八三年）も長寿を全うしているが、山は帝大時代に燃焼しつくしたのか社会に出てからほとんどやらなかったらしい。卒業後は一時台湾の製糖会社に勤務したが、東北帝大にもどり金属研究所の助手を経て、そののち日本電気に勤務した。最後は千葉工業大学金属科の教授をつとめている。

一九八三年一一月二八日、神奈川県藤沢市で亡くなっている。筆者が頂戴した最後の手紙には、于《う》武陵《ぶりょう》の漢詩が書かれていた。勸君金屈巵　滿酌不須辭　花發多風雨　人生足別離（「勸酒」）「この盃を受けてくれ　どうぞなみなみと注がせておくれ　花に嵐のたとえもあるぞ　さよならだけが人生だ」（井伏鱒二訳）。そのひと月半ののち逝去されている。八三歳であった。

小川と深く共鳴しあった田名部繁（一九〇四年～一九八四年）は、帝大卒業後満州の航空機関連会社や発動機製造に従事していたが、やがてみずから起業する。外国人相手の内装業やスポーツ用品と釣り具の店を自分一人できり盛りし、旺盛な独立心を満たした。組織に属さず自由人として貫いた、田名部らしい生き方だった。晩年まで山を忘れず、また夫人と一緒に親しむなど、山や釣りを楽しむ余生を送った。

――山登りは今のほうが面白い。執拗に続けてきて初めてわかる。あのころは二人とも岩遊びが好きでね。オレたちはいつも輝いていた。ギリシャ神話のアポロンとはよく言ったもんだ。その記憶はまだ眠っちゃいない。

お会いしてこう語ってくれたのは、七八歳のときだった。登山活動は一九八四年一二月二九日、八〇歳で亡くなるまで「東京トレッキング・クラブ」の偉大な創設者および代表者として続けられた。頂戴した最後のハガキには「昭58（1983）年2月12日、T・T・Cの四人パーティで、西上州東福寺沢岩場の奥にある、サスの峰から栗原山へ入りました」とタイプ打ちで記されていた。
田名部繁は数々の登攀行をともにした小川への餞《はなむけ》に「霧の中の山」と題するエピタフ（墓碑銘）を捧げ、最後にこう結んでいる。

赤黒い巨大な岩峰の直下に、二人の男が小さく動いている。こつ然として霧が沸き起こり、見る見るうちに濃く広がって二人の男を掻き消してしまう。やがて霧は晴れて岩峰は不動の姿で現れるが、二人の姿はもはや見えない。彼らは岩峰の中に溶け込んでしまったのだ。そして彼らと岩峰は同じものになったのだ……。

東北大山の会・山岳部会報第四号（一九五九年）

［付録］森の中

小川登喜男

中世の哲人デカルトが、このようなことを云っている。

「森の中で道を見失った時は、あちこちさまよってはならないし、また一つ所に止まっていてもならない。常に一つの方向にむかって出来るだけ真直ぐに進んで行き、たとえ最初に選んだその方角が勝手にきめられたものであっても、薄弱な理由でみだりにそれを変えてはならない。なぜなら、こうすれば自分の欲する所へ正しく行かないにしても、少なくとも森の真ん中にいるよりは、よりよい場所に行き着くに違いないからである。……」（方法論　第三部）

もし、登山ということに関して、或いは山登りの注意などに就いて、こんなことが云われたとしたら、その人は乱暴きわまる馬鹿か気狂いに違いないと見なされても仕方がないだろう。登山の注意の第一課として、道に迷ったと感じた場合には躊躇せず後戻りをして考え直すこと、方角が解らなくなったらむやみに前進してはいけない、霧にまかれたり吹雪に遇ったりした場合には、原則として霽れ間を待つべきで無方針にそこを動いてはいけない、ということは登山の常識に属することと云ってもいい。実際、道に迷った場合には、直観的な、だがあやふやな判断で方角を決し、衝動的な気持でやたらに動き回り、はたから見たら無鉄砲、無分別な行動に出ることが多く、その結果、えて遭難を惹き起こし易いからこそ、安全第一を説く登山術教本にはすべからく速やかに後退し、出来るだけ慎重であれと教えねばならないのである。

しかし上のデカルトの言葉は、何も実際の登山術について云っているのではなく、ただ思索の道に於ける苦しい彷徨の場合についての彼の感想を比喩的に表現したものに過ぎないのである。そうわかれば、この数語が何かしら心に触れるものを持っているように思われるのは、哲学的労作にたずさわらなくとも、何か真なるものを追求しようと努力し、その途次に於いて苦々しい迷いの泥濘の中にあえいだ経験のある者には、或る程度まで受け入れられることではあるまいか。

われわれが漠然としたいたずら気の多い好奇心から、またはその他の色々な動機から山に遊び、山に親しみ、山に登るようになっても、その山への関心が軽い趣味の程度を出ない間は、山に対するつながりは気儘であり自由であり得る。また都会の生活の蕪雑さに濁った心の汚点《しみ》を洗い流すために、美しき景観を求め、なごやかな天地にすべてを忘却し、しみじみと静かな自然のうつろいゆく姿を味わいつつ、山に自己の無上の友を見出して喜び娯しむ場合にも、心は自由でのびやかであろう。

しかしながらひとたび、激しい行為を通しての山との結びつきに、強い生命の喜びを知り得た者にとっては、心はすでにただ自然を愛する自由な旅人の素直さではなくなっているに違いない。

彼の眼にはやはり山の美しさが映っている。しかしそれは静かに眺められた美しさではない。彼の耳にはやはり快よき山の声が聞こえてくる。しかしそれは甘やかされた愛撫の声のみではない。彼の心には彼みずからの意欲によって開かれた山の激しい美しさが目覚めているのである。黝《かぐろ》い岩、鋭い雪稜、きらめく蒼氷、身をきる風の唸り、そして雪崩の咆哮。これらの美が、彼の心を牽きつけ彼の魂に息苦しいまでの夢をつくり出すのである。

登攀は、常により大きな山へ、岩と氷によって鎧われた、彼にとってより美しい山へと向けられる。そこでは必然的にその困難が予想され、そしてその困難な恐るべき山へと向けられた彼の心の中には、避けがたい情熱の宿命をさえ見出すであろう。

その場合、山は彼にとっては決して空気のいい遊び場でもなく、心易い楽しい揺籃でもなく、また趣き深い仙境でもない。恐らく彼の、身をもって刻み込むべき一つの芸術品であり、彼自らの生命をもって贏ち取ろうとする一つの火である。その火はただ単に彼自身の歓びのための火ではなく、人間のために持ち来たらさるべきプロメテウスの天上の火である。彼がその目指す頂に立つことが出来たならば、強い歓びと共に、積石《ケルン》をつみながら、「今、吾征服せり」の言葉をはっきりと感じまた叫ぶに違いない。

かく云えばとて私は、朗らかなそぞろ歩きや気軽な漂泊、素朴な山の生活を愛することを否定するものでもないし、また旅情に、古き峠の追憶に、山と人とのうらぶれた交渉を想いなつかしむことを無視するものでもない。山に於いて詩を求める心の真実であることは疑わない。否、あの麗しい夕映えや、静かな夜明けの一時《とき》に、迫りくるこの世ならざる情感の動きこそ、私を山へと誘う大きな動機でもあると云える。けれどもそれら以上に私の心には、上の激しい登攀への意欲が感ぜられもし、それが、その真実性を肯定せしむる強さをもって迫ってくるのを偽ることが出来ないのである。

しかしながら他面、かように登攀行為を通してのみ山の価値を考えるとき、われわれの全霊をもって登るべき山は、全き情熱を抱いて打ちあたるべき対象は、種々なる条件のもとに多くの制限を蒙るものであることを見逃し得ない。

登山が一つの文化形態であり（この意味の登山が、ツーリズムに対してアルピニズムと呼びなされ、両者対立しないまでも並立しているものであることは一般に認められている）一つの文化的価値の観点に立つ限り、登攀せらるべき価値のある山というのは、第一に未知であることがその要件であった。第二に、それがより困難なることであった。そして第三に、その容姿がより高く美しきものであるということであった。この三つの要件に従って、山々の頂は登られ、より手強い岩壁に人の息吹きがかけられ、厳冬の雪嶺に確固たる歩みが続けられて行ったのであった。而して今や、世界は、最後の峯頂を求めてその熱情をヒマラヤへと集めている。われわれも正常なる登攀の意欲を感ずる以上、大きなアルバイトを要するアルペンへ、しかしてヒマラヤへと憧憬の瞳を向けないわけにいかない。だが、この熱情は容易くは満たさるべくもなく、或いは遂に現実化しない夢となりおわるものかも知れないのだ。

と云って、われわれは、その夢を捨て去る理由はない。心の火の続くかぎり、それが遂に満たされない心の山であったとしても、それへの志向をもつことは許されるべきであろう。息苦しい登攀への熱情が描く幻想的な心情の山でなく、確然たる現実の対象性をもつ此の世界の山であることは、それへの志向を全く無意義なものとせしめない充分の理由をさえ持つ。

けれども、われわれの熱情が描く憧れの山が、実在性を有すると否とに関わらず、現実に登攀することが出来ないものであるかぎり心の火は満たさるべくもない。否、その意欲が大きく、憧憬が強いだけにわれわれの周囲の貧しく見劣りのする山々へは強い興味も感じないし、現実の登攀を考えようとすることが出来なくなる。ここに於いて、当然彼の心の中には空虚と矛盾とが芽生え、やがてそれが一般的となるに及んでは、行き詰まりという声に変わって行くのである。而してその耐えがたい空しさは、やがて彼の心を蝕み、その山への熱情をさえ奪ってしまうに到るであろう。

今、われわれの道は行き詰まった。いかなる方向を目指して進むべきであろうか。それは実に、強き、しかし遠き憧れに、ひたむきな歩みを続けて来た者が、その目的を見失い、内心の不安に思わず立ち止まった呟きである。彼の意欲は激しいが、現前の混迷を如何にすべきか。彼は迷妄の森の中に佇んで空しく時を過ごすべきだろうか、或いはもとの道に戻って始めから出直すべきだろうか。

ここに私は最初に誌したデカルトの言葉を思い合わせる。かの一般に探究や創作の道に生きる迷い多き人々に対して、一つの生活態度を指示するかの如き言葉は、またわれわれの現在の状態についても一つの示唆を与えてくれるもののようである。道を見失ったからといって、たじろいではならない。良いと信ずる方角に向かってまっすぐに歩んで行けばよいのだ。その方向はともかく、行くべき一つの方向を定めて行動しなければならないと。われわれは山に行くことに於いて山を自己のものとすることが出来る。何らの行為せざるより、なし得べき行為に自らを生かさねばならない。少なくとも自分だけにとっては未知の山々がまだ自分の手のとどく所にある。その山々の現実の登攀に於いて、正当なる山への熱情を育むことが出来よう。そしてその登攀を通して常に新たに心の山へと確かなつながりを求めることが出来るに違いない。自分のとった方向が誤っていて、遂に憧れの山へ到ることが出来なかったにしても、かのデカルトの云う如くそこに何らかの展望が開けて、或る地点に達することは出来るであろう。常に山に登ろうとする者にこそ、山への道が開かれると信ずるほかはない。アルピニズムの精神を知り、その正当な熱情の消え絶えないかぎり、行くべき所は未知の山にある。それへの道を見失ったとしても、それへの憧れ、真なるものへの熱情を喪わないかぎり、道を拓いて進むことは出来る。現在現実の状態に於いて、多くの混迷と障害とにはばまれながらも、その方向を、行くべき所により近くあると信ずる方角に選び、そしてそれに向かって真直ぐに歩み続けることは出来よう。その方が、茫然と森の中に佇んで居るよりはまだましに違いないであろうから。

（一九三四・八・六）

（『山』第一巻第九号、一九三四年九月号、梓書房）

＊　旧仮名づかいは現代仮名づかいに、漢字は新字体に改めた。

参考文献一覧

東北大学山岳部史覚書（一〜七） 山岳部史編纂委員会

登高行 全一七冊（一九一九年〜） 慶應義塾体育会山岳部

MY CLIMBS THE ALPS AND CAUCASUS, A. F. Mummery (London: T. Fisher Unmin, 1895)

THE BADMINTON LIBRARY: MOUNTAINEERING (Longmans, Green, Co., 1901)

山岳 第二六年第三号 日本山岳会 一九三一年

山岳 第六三年 日本山岳会 一九六九年

山岳 第六九年 日本山岳会 一九七四年

山岳 第七四年 日本山岳会 一九七九年

山岳 第七五年 日本山岳会 一九八〇年

山岳 第一〇〇年 日本山岳会 二〇〇五年

会報第4号 東北大学山岳部・東北大学山の会 一九五九年

会報第5号 東北大学山岳部・東北大学山の会 一九六一年

会報第7号 東北大学山岳部・東北大学山の会 一九六四年

会報第9号 東北大学山岳部・東北大学山の会 一九七二年

会報第1号 東北大学山岳部・東北大学山の会 一九七九年

会報第12号 東北大学山岳部・東北大学山の会 一九八四年

会報第15号 東北大学山岳部・東北大学山の会 二〇〇五年

日本風景論 志賀重昂 政教社 一八九四年

山とスキー 第三八号・三九号 札幌山とスキーの会 一九二四年

田名部繁の山日記
屋上登攀者　藤木九三　黒百合社　一九二九年
河北新報　一九三〇年九月九日～一二日
山と渓谷　一三号　山と渓谷社　一九三二年
登山とスキー　第九号　アルピニズム社　一九三二年
登山とスキー　第一〇号　アルピニズム社　一九三二年
東京帝国大学スキー山岳部部報　一九三三年
山　九号　梓書房　一九三四年
ケルン　一七号　朋文堂　一九三四年
ケルン　二〇号　朋文堂　一九三五年
ケルン　三号　朋文堂　一九五九年
雪艇彌榮　立上秀二　文藝春秋社　一九三六年
山小屋　一〇一号　朋文堂　一九四〇年
山の幸　深田久弥　青木書店　一九四〇年
單獨行　加藤文太郎　朋文堂　一九四一年
谷川岳研究　長越茂雄　朋文堂　一九五四年
アルプス・コーカサス登攀記　アルバート・フレデリック・ママリー　石一郎訳　朋文堂　一九五五年
谷川岳　瓜生卓造　中央公論社　一九六九年
日本登山史　山崎安治　白水社　一九六九年
大島亮吉全集　全五冊　あかね書房　一九七〇年
谷川岳鎮魂　瓜生卓造　実業之日本社　一九七二年
増補近代日本登山史　安川茂雄　四季書館版　一九七六年
山と友　東大山の会　一九八一年
私の山　谷川岳　杉本光作　中央公論社　一九八一年

日本登山大系　谷川岳　柏瀬祐之・岩崎元郎・小泉弘編　白水社　一九八二年
クライミング・ジャーナル　創刊号　白山書房　一九八二年
谷川岳　白山書房　一九八二年
新稿日本登山史　山崎安治　白水社　一九八六年
山と峠と氷河　成瀬岩雄遺稿集　茗渓堂　一九八六年
クライマー　高野亮　随想舎　一九九九年
菊葉の岳人たち（東京高等学校山岳部史）　東高山岳部史編集委員　二〇〇〇年
登山史の森へ　遠藤甲太　平凡社　二〇〇二年
遙かなる山と友　東北大学山の会　二〇〇二年
谷川岳に逝ける人びと　安川茂雄著・遠藤甲太編　平凡社　二〇〇五年
清き渓から真夏の空へ　東北大山の会・二高山岳会　二〇〇五年
目で見る日本登山史　山と溪谷社　二〇〇五年
アルプス・コーカサス登攀記　アルバート・フレデリック・ママリー　海津正彦訳　東京新聞出版局　二〇〇七年
東北大学史料館資料（仙台市青葉区片平2―1―1）
ある登攀者の軌跡――小川登喜男伝（仮題）　喜熨斗政夫

著者略歴

（ふかの・としお）

1942年東京浅草生まれ．戦争末期に仙台へ疎開，物心つく頃から疎開先の里山を遊びまわり新しい世界を知る．現在宮城県仙台市土樋在住．公益社団法人日本山岳ガイド協会所属．無名山塾仙台塾長．仙台ＹＭＣＡ山岳会前会長．広告デザイン事務所（株）深野プロ代表取締役会長．20歳頃から本格的な登山を始め，東北おもに宮城県周辺の山の谷や岩，積雪期登山に傾倒．地方登山史・山名考・民俗学などに興味をもち，ひいては文献と山とをつなぐ行為に自分の地平を見つけ日々フィールドワークにいそしむ．著書に『神室岳――その山名と登山史覚書』（日伸書房）『〔詩集〕きのうからの手紙』（私家版）『宮城の山ガイド』（歴史春秋社）『産土の山を行く』『山遊び山語り栗駒・船形編』『山遊び山語り蔵王・二口編』『天翔ける船紀行』『上遠野秀宣・栗駒山紀行/Mt. Kurikoma Ski Cruising Traveloge』（江戸時代の侍が行なった登山と現代の登山を同じ山，同じ紙面で対比させ，21世紀型の新しい登山形態を探ろうとした試み．以上無明舎出版）．ほかに『日本登山大系』（北海道・東北の山編，白水社）『日本百名谷』（白山書房）『森と水の恵み――達人の山旅2』（みすず書房）など共著多数．

深野稔生
銀嶺に向かって歌え
クライマー小川登喜男伝

2013年 3月12日　印刷
2013年 3月22日　発行

発行所 株式会社 みすず書房
〒113-0033 東京都文京区本郷5丁目32-21
電話 03-3814-0131(営業) 03-3815-9181(編集)
http://www.msz.co.jp

本文・口絵組版 ユウトハンズ
本文・口絵印刷所 萩原印刷
扉・表紙・カバー印刷所 栗田印刷
製本所 誠製本

© Fukano Toshio 2013
Printed in Japan
ISBN 978-4-622-07739-8
[ぎんれいにむかってうたえ]
落丁・乱丁本はお取替えいたします

生きるために登ってきた 山と写真の半生記	志水哲也	2625
山で見た夢 ある山岳雑誌編集者の記憶	勝峰富雄	2730
サバイバル登山家	服部文祥	2520
狩猟サバイバル	服部文祥	2520
狩猟文学マスターピース 大人の本棚	服部文祥編	2730
山と私の対話 達人の山旅 1	志水哲也編	2100
森と水の恵み 達人の山旅 2	高桑信一編	2100
渓のおきな一代記	瀬畑雄三	2940

（消費税 5%込）

みすず書房

辻まこと全集 1-5・補巻		8400-9975
辻まことの思い出	宇佐見英治	2730
ヒマラヤにかける橋	根深 誠	2625
自由人の暮らし方 池内紀の仕事場 4		2940
日時計の影	中井久夫	3150
瓦礫の下から唄が聴こえる 山小屋便り	佐々木幹郎	2730
被災地を歩きながら考えたこと	五十嵐太郎	2520
漁業と震災	濱田武士	3150

（消費税 5%込）

みすず書房

ブーヴィエの世界	N. ブーヴィエ 高橋　啓訳	3990
巡礼コメディ旅日記 僕のサンティアゴ巡礼の道	H. カーケリング 猪股和夫訳	2730
野生の樹木園	M. R. ステルン 志村啓子訳	2520
雷鳥の森 大人の本棚	M. R. ステルン 志村啓子訳	2730
安楽椅子の釣り師 大人の本棚	湯川　豊編	2730
アラン島 大人の本棚	J. M. シング 栩木伸明訳	2625
死ぬことと生きること 大人の本棚	土門　拳 星野博美解説	2940
アネネクイルコ村へ 大人の本棚	岩田　宏	2940

（消費税 5%込）

みすず書房

環境世界と自己の系譜	大井　玄	3570
いのちをもてなす 環境と医療の現場から	大井　玄	1890
自然倫理学 エコロジーの思想	A.クレプス 加藤泰史・高畑祐人訳	3570
エコロジーの政策と政治 エコロジーの思想	J.オニール 金谷佳一訳	3990
福島の原発事故をめぐって いくつか学び考えたこと	山本義隆	1050
自然と権力 環境の世界史	J.ラートカウ 海老根剛・森田直子訳	7560
ドイツ反原発運動小史 原子力産業・核エネルギー・公共性	J.ラートカウ 海老根剛・森田直子訳	2520
生物多様性〈喪失〉の真実 熱帯雨林破壊のポリティカル・エコロジー	ヴァンダーミーア/ペルフェクト 新島義昭訳 阿部健一解説	2940

（消費税5%込）

みすず書房